广西重点学科数量经济学研究成果

新时期我国保险企业内部风险管理及实践研究

刘家养 著

四川大学出版社

项目策划：梁　胜　陈　纯
责任编辑：陈　纯
责任校对：孙滨蓉
封面设计：优盛文化
责任印制：王　炜

图书在版编目（CIP）数据

新时期我国保险企业内部风险管理及实践研究 ／ 刘
家养著． — 成都：四川大学出版社，2019.4
　　ISBN 978-7-5690-2841-6

　　Ⅰ．①新… Ⅱ．①刘… Ⅲ．①保险企业－风险管理－
研究－中国 Ⅳ．① F842.32

　　中国版本图书馆 CIP 数据核字（2019）第 060005 号

书名　　新时期我国保险企业内部风险管理及实践研究

著　　者	刘家养
出　　版	四川大学出版社
地　　址	成都市一环路南一段 24 号（610065）
发　　行	四川大学出版社
书　　号	ISBN 978-7-5690-2841-6
印前制作	优盛文化
印　　刷	成都市金雅迪彩色印刷有限公司
成品尺寸	170mm×240mm
印　　张	13.5
字　　数	255 千字
版　　次	2019 年 12 月第 1 版
印　　次	2019 年 12 月第 1 次印刷
定　　价	68.00 元

◆ 读者邮购本书，请与本社发行科联系。
　电话：(028)85408408/(028)85401670/
　(028)86408023　邮政编码：610065
◆ 本社图书如有印装质量问题，请寄回出版社调换。
◆ 网址：http://press.scu.edu.cn

四川大学出版社
微信公众号

前　言

保险业具有高负债、高风险的行业特性。作为具有高经营风险的特殊金融机构，保险企业内部的风险管理不仅是其自身经营安全的重要保证，也是有效提高企业价值的基石。随着社会的不断发展，保险业也在不断创新，保险企业面临的风险也日益增多。同时由于保险公司在经营过程中的特征日益突出，就使保险风险管理给保险业的生存和发展带来了重要影响。因此，对新时期我国保险企业内部所面临的风险及对风险管理对策进行研究具有非常现实的意义。

基于此，为提高保险企业的管理水平，进一步普及保险公司内部风险管理的相关内容，并结合工作实际情况特编写此书。本书通过对保险企业内部风险管理的相关内容的详细阐述，对完善保险企业内部风险管理制度的科学性、合理性提出了必要的建议，为今后企业经济目标的实现可起到促进作用。

本书可以为专业从事保险研究的人提供参考，也可以为从事实务工作的人提供帮助，也会对那些希望了解保险或仅对保险感兴趣的人很有裨益。

本书在编写过程中得到许多专家教授的帮助，在此表示感谢。由于时间仓促，专业水平有限，书中难免存在不妥之处，敬请读者和同行批评指正。

目 录

第一章　新时期我国保险企业
发展现状

第一节　保险与保险企业

一、保险发展简史

在人类发展的历史过程中，人们逐步探索着各类应对自然灾害的途径和方法，一些国家或地区的古代文明出现了保险思想的萌芽和各种原始形态的保险。随着社会经济的发展，现代保险在欧洲应运而生。

（一）保险产生的基础

1. 保险产生的自然基础——自然灾害和意外事故的客观存在

风险时时有、处处在。在人类社会不断进步、发展的过程中，洪水、台风、飓风、暴雨、火灾、爆炸和车祸等天灾人祸时有发生，给人类造成不同程度的财产损失和人员伤亡。这些客观存在的灾难，不以人们的主观意愿为转移，往往是不可避免的。为了有效应对自然灾害和意外事故，人们不得不采取各种措施，保险就是其中之一。

2. 保险产生的经济基础——商品经济的发展

保险是随着商品经济的发展而逐步生发出来的，可以说商品经济是保险产生的经济基础。在原始社会初期，人们的生产几乎只能满足基本的生存需要，没有剩余。从原始社会后期开始，随着生产力的发展和社会分工的出现，社会上有了少量的剩余产品，并出现了私有制，人类社会随之进入奴隶社会。在这一时期，一些经济较发达的国家或地区已经具备建立资金后备的可能，因而出现了保险的萌芽——救济后备制度。而封建社会，尤其到后期，由于生产工具和技术的改进，出现相当多的剩余产品，诞生了近代商业性保险。

人类社会生产力水平大幅提高，商品经济得以迅速发展还是在进入资本主义社会之后。资本主义社会的商品经济高度发达，剩余产品极大丰富，因此保险业得到了空前的发展。商品经济的发展，使得生产逐步社会化，生产、分配、交换、消费成为社会生产总过程中不可分割的经济链条，每个环节都有可能遭到自然灾害或意外事故的侵袭。处于各个环节中的众多经济单位都希望以较少的费用支出，求得较大的安全保障，从而为商业保险的发展奠定了重要的经济基础。

3. 保险产生的数理基础——大数法则

用以阐明大量的随机现象因偶然性相互抵消所呈现的必然数量规律的一系列定理统称是大数法则，主要包括切比雪夫大数法则、贝努利大数法则和普阿松大数法则等。大数法则为保险经营利用统计资料来估算损失概率提供了理论基础，为保险活动中的损失分摊提供了合理、准确、科学的方法，是保险产生和发展所必需的技术基础。

（二）保险的产生

1. 国外的古代保险思想与保险的原始形态

国外保险思想最早出现于中东和欧洲各地的古代文明。古巴比伦、古埃及、以色列、希腊和罗马等地都出现过各种原始的保险形态。

（1）财产保险的萌芽。公元前 20 世纪时，古巴比伦的僧侣、法官及市长等统治阶层曾被国王要求对他们管辖区域内的侨民征收税金，用来解决自然灾害给侨民们造成的经济及财产损失。

随后在公元前 16 世纪时，巴比伦国王汉谟拉比为解决商队财产损失频发的问题制定了《汉谟拉比法典》。《汉谟拉比法典》规定，一旦商队在运输过程内发生货物、马匹被歹人劫走或产生其他的损害情况，如果商队所有人经宣誓并无纵容与存在过失等，由商队损失产生的个人债务可免予偿还，而由此产生的债务则由全体商队成员共同担负。该办法后又传到腓尼基，并被用于船舶运载的货物。

以色列国王所罗门约在公元前 1000 年时也开始对从事海外贸易的商人收税，将税金用以补偿海难者的损失。

（2）人身保险的萌芽。人身保险的萌芽与雏形在古埃及、古希腊、古罗马等地都有体现。

古埃及的石匠中有一种互助基金组织，参加互助基金组织的人员需要交一定金额的费用并以此支付参会人员去世后的丧葬费。这与现代的人寿保险、意外伤害保险等有相似之处。

无独有偶，在古希腊，相同职业的工匠或者政治、宗教信仰相同的人组成的团体中，团员每个月也要按时交一定的会费。当成员遭受不幸或因意外受到伤害乃至死亡时，团体会将这笔钱用来救济他们。

古罗马的宗教组织或军事组织中也存在相似情况，团体成员缴纳会费，死亡时由其家属领受一定金额的丧葬费。

2. 现代保险的形成

虽然古代社会保险的雏形已经存在，但是我们所说的普遍意义上的保险却是近代资本主义商品经济发展的衍生品。现代意义上的保险其实最早在14世纪中期的欧洲出现，且出现的前后顺序为：财产保险先于人身保险；海上保险先于陆地保险。在各类保险的发展中，现代保险制度逐步成型。

（1）海上保险的形成。伴随海上贸易和航运的发展，现代保险的最早形式——海上保险开始出现。德国经济史学家萧培考证，海上保险为现代意义上的保险的最早形式，产生于14世纪中后期的意大利。这一观点为大多数保险学学者所支持。目前，保险理论界对海上保险起源的认识基于共同海损制度和海上的借贷制度。

在海上贸易中，风险与收益并存，在长期的航海实践里逐步产生并形成了由多数人分摊海难等海上发生意外导致损失的方法，即共同海损分摊，也就是"一人为众、众为一人"的原则。公元前916年罗地安海商法运用此原则，该法规定："为了全体利益减轻船只载重而抛弃船上货物，其损失由全体受益方来分摊。"此制度于罗马法典里得到进一步完善，最终形成著名的共同海损基本原则，人们将此视作海上保险的萌芽。

古代巴比伦和腓尼基的船货抵押借款思想演化出了现代海上保险制度，这种借贷制度非常接近今天的保险制度。早期的海上借贷是船东或货主在出航前向资本商人借入资金，若船舶和货物在航海中遭受海难，根据受损程度可免除部分或全部债务；若安全抵达目的地，则应偿还本金和利息。当然，这种抵押借款的利息明显高于当时借款的法定利息，后被罗马教会禁止。之后的海上借贷又以另一种形式出现，资本商人在航海前以借款人名义向贸易商人借入一定资金，如果船舶和货物能够安然无恙到达目的地，借款人不用还债；如果在运输途中船舶和货物出现损失，借款人需要偿还债务。

最早的这种海上借款合同是一个名叫乔治·勒克维伦的热那亚商人于 1374 年 10 月 23 日签订的，至今仍保存在热那亚的国立博物馆。14 世纪后，现代海上保险这种方式已成为意大利商人的潮流。勒克维伦出立的这份合同在内容上非常接近今天的保险合同，因而被视为最早的保险合同。在形式与内容上均与现代保险差别不大的最早保险单是 1384 年 3 月 24 日在佛罗伦萨出立的，这张保险单的内容为承保一批纺织品从意大利的比萨到法国南部阿尔兹。这是世界上第一份具有现代意义的保险单，其中有较为明确的保险标的及保险责任，如"海难事故，其中包括船舶破损、搁浅、火灾或沉没造成的损失或伤害事故"。在其他责任上也列明了因"海盗、抛弃、捕捉、报复、突袭"等产生的船货损失。

近代海上保险在英国获得了进一步发展。15 世纪后，新航路的开发使大批西欧商品不再选择途经地中海，而选择从大西洋运输货物。16 世纪英国商人从外商手中夺回海外贸易权，并开始着手积极开发贸易及保险事务。16 世纪后半期，英女王特许在伦敦皇家交易所创建一个保险商会，负责制定标准保险单和条款，同时专事办理保险单登记等相关事务。1720 年女王准许"皇家交易"和"伦敦"这两个保险公司作为从事海上保险业务的专业公司。因此，海上船舶抵押借贷制度被认为是海上保险的初始形态。同时，英国劳合社的成立进一步推动了海上保险的发展，在海上保险中也占有重要地位。1906 年，英国颁布了海上保险法，为解决海上保险纠纷、调整海上保险民事法律关系提供了法律依据，对世界海上保险的发展起到了非常重要的促进作用。

（2）火灾保险的形成。12 世纪初，冰岛的互助社是火灾保险的起源，冰岛的互助社对火灾或家畜死亡造成的损失担负赔偿。中世纪的欧洲手工业者们按各自行业组成的行会对其会员遭受的火灾损失予以补助，可以说是互助保险的开始。

1118 年，在北欧的冰岛出现了"黑瑞甫"（Hrepps）社，对于火灾等造成的财产损失负责互助赔偿。在 17 世纪初，德国北部流行一种"基尔特"（Guild）制，根据这一制度德国建立了多个互助性质的火灾救助会，某一成员如因火灾造成了损失，其他成员会对他进行救济。

1591 年，德国汉堡的地方酿造业商人建立了"火灾合作社"，用以挽救火灾中损毁的酿造厂。1676 年，46 个协会进行了合并，创建了"汉堡火灾保险局"，由此公营火灾保险首次出现。1781 年，德国的柏林也创办了公营火灾保险机构，由此公营火灾保险在德国逐渐得到了广泛传播。

当今的火灾保险业务的来源是英国的火灾保险制度。1666 年 9 月 2 日，在伦敦的皇家面包店发生了严重的火灾，大火持续了五个日夜。因这次毁灭性的火灾，伦敦城有约五分之四被毁，且有 20 万左右的当地居民无处可去。许多人因为这次严重的毁灭性火灾开始思考怎样处理火灾损失。1667 年，一位名叫尼古拉·巴蓬的牙科医生出资独自创建了专业承保火灾保险的营业机构，且在 1681 年正式建立火灾保险公司，开始按照房屋危险等级收取差别保费。这也是现代火灾保险差别费率的起源，巴蓬也被称作"现代火灾保险之父"。

（3）人身保险的形成。人身保险起源于早期的海上保险。15 世纪在海上贸易的发展过程中，作为商品的奴隶在海上贩运过程中被作为保险标的投保，形成了早期的人身保险，以后发展到以陆上奴隶的生命为保险对象的人身保险，再后来，以自由人（船长、船员、旅客等）为保险对象的人身保险也开始出现。近代人身保险是由基尔特制度、公典制度、年金制度等汇集而成的。

基尔特制度源自欧洲中世纪，是职业相同的人们以互助精神为基础形成的组织中的一种相互救济、帮助的制度。此制度伊始，有商人基尔特和工人（手工）基尔特两种，当团体中的会员死亡、疾病或遭受火灾、盗窃等灾害时，会员共同出资予以救济。此后，基尔特的相互救济职能发生变化，专门把保护救济当作目标，产生了"保护基尔特"形式，并形成了类似保险的运营方式。

公典制度是 15 世纪后半期在意大利北部和中部各城市中的一种有一定慈善性的金融机构。这一机构为与当时犹太人的高利贷抗争，对下层工人、商人及一般平民贷给低利资金。其资金源于捐赠，后出现经营难题开始收集资金，存款者在最开始的一定时间里不发放利息，在一定时间后，可以得到相比存入资金多几倍的本利。

年金买卖始于中世纪，典型代表为 1689 年法国为募集公债减缓财政困难而实施的特殊年金制度——联合养老制。为让公债募集更易于计算，法国做出了这样的规定：公债本金每年的利息分配给该年的生存者。按此规定，政府需要支付每年相同额度的公债利息，而公债持有人中生存者收取的利息逐年增长，直至最后一人死亡，停止支付利息，公债本金不需要偿还，这些本金最后将交给政府。

现代人寿保险的发展与精算技术的发展息息相关。荷兰的政治家维德曾提倡终生年金现值的计算方式，为国家年金公债发行和利息的产生奠定了科学依据。1693 年，世界上首张生命表由数学家哈雷编制出来，这张生命表为现代人寿保险奠定了科学依据，这张生命表在计算人寿保险费率方面的第一次应用，标志了现代人寿保险的起始，数学家哈雷也因此被认为是人寿保险的一位先驱。18 世纪 40 年代至 50 年代，辛普森以数学家哈雷的生命表为基础，创造了依据死亡年龄增加而递增的费率表。与辛普森不同，数学家陶德森倡导以年龄差为根据衡量保费。

世界上首家真正的人寿保险组织——英国孤寡保险社在 1699 年成立。1762 年，英国公平人寿及遗嘱公平保险社成立，首次将生命表运用于人寿保险费用的计算，采用均衡保险费率科学计算保险费，此公平保险社的创办是现代人寿保险形成之标志。

（4）其他保险种类的形成。责任保险是对无辜受害者的一种经济保障，相对其他保险业务而言，其发展历史较短，只有近百年。替肇事者赔偿受害者的财产或人身伤亡损失这种情况，曾经在一段时间内被认为是违反公共道德标准的事情。此看法到 19 世纪中期在工人们为得到自身保障而反抗统治者定立针对维护劳工权利的法律时才发生了变化。英国铁路乘客保险公司在 1855 年第一次针对铁路部门提出了铁路承运人责任保险，这件事使责任保险开始出现。

信用保证保险是随着资本主义商业信用风险和道德危险的频繁发生而发展起来的。1702 年，英国开设主人损失保险公司，承办诚实保险。1842 年，保证公司于英国建成。紧接着，美国于 1876 年在纽约创立了确实保证业务。1893 年，美国成立了专门经营商业信用保险的美国信用保险公司。

二、中国保险业发展的历史沿革

早在夏朝后期，人们已经意识到自然灾害发生的不可预料特征，《逸周书·文传解》就有着对"天有四殃，水旱饥荒，其至无时，非务积聚，何以备之"的记载。孔子、墨子、荀子等古代大思想家很早就已经产生储备剩余粮食以备荒年以及扶助鳏寡孤独和残疾者的思想。古代中国也曾有着仓储、镖局以及长生会、长寿会、老人会等原始保险形式。但是，由于商品经济不发达，中国的原始保险思想和形式尚未演化为现代商业保险。随着外国资本主义对中国的侵蚀，近代保险业在我国产生了。1805 年，广州出现了首个保险机构——"谏当保安行"，该行为英国商人创设。1865 年 5 月 25 日，由中国人创立的首个保险公司——"义和公司保险行"于上海建成，改变了外商保险公司一家独大的情况。此后我国保险业在曲折中发展，并随着中华人民共和国的成立进入了新的历史发展时期。

（一）中华人民共和国保险业的诞生

1949 年 10 月 20 日，在北京，中国人民保险公司的建立使中国保险业发展史揭开了新的一页。中国人民保险公司的资金统一由人民银行"保本运营"，用来援助国家建设，这意味着有国家制度特征的保险市场出现了。

在早些时候，中华人民共和国成立后保险业大致将财产保险作为主要业务。到 1950 年 5 月，整个国家各类保险公司总保费收入中国公司为 70%，华商公司为

8%，外商公司为 22%。中国人民保险公司因特有的资本背景，信用良好，这使国民经济得到了保护，同时领导了我国的保险市场，终止了中华人民共和国成立前外商资本长时间控制中国保险市场的情况。

在中华人民共和国成立初期的三年经济恢复时期，国营保险业以苏联模式为范本，依靠政府帮助，办理强制保险。1951 年 2 月 3 日，中央人民政府政务院在《关于实行国家机关、国有企业、合作社财产强制保险的决定》中将中国人民保险公司确定为办理强制保险的法定机关，县以上国家机关财产的绝大部分也都投保。

我国的国民经济成分随着"一五"社会主义改造的完成渐渐变得单一化，经济成分最终只剩下国有经济和集体经济，故人们对保险在我国继续存在的必要性形成了质疑。1958 年 12 月，武汉全国财贸会议发布公告，决定"立即停办国内保险业务"。中国人民保险公司积蓄的 4 亿元人民币（新币）准备基金拨给各省、自治区、直辖市财政各 400 万至 600 万元，余 5000 万元当作继续办理涉外保险的基金，余款全数上缴国家财政。在接下来的 20 年中，除上海、天津、哈尔滨等少数地方还办理少量国内保险业务外，国内保险业务基本中止。

（二）国内保险业的恢复

乘着改革开放的春风，中国人民银行在 1979 年 2 月举办的全国分行行长会议上提出恢复国内保险业务的建议。1979 年 4 月，提出"逐步恢复国内保险业务"的《中国人民银行分行行长会议纪要》得到国务院批示。中国人民银行立刻发布《关于恢复国内保险业务和加强保险机构的通知》，对恢复国内保险业务和设置保险机构进行安排。1979 年 11 月，全国保险工作会议对 1980 年恢复国内保险业务的工作进行了具体的部署。随后，中国人民保险公司在全国各地恢复了分支机构，同时经营产险和寿险业务。中国人民保险公司分支机构接受总公司和中国人民银行当地分支机构的双重领导。自 1984 年 1 月，其分支机构脱离中国人民银行，变为总公司直接领导，实行系统管理。但是，保险监督管理机构仍为中国人民银行。据统计，20 世纪 80 年代前 5 年，我国累计保险费收入 85 亿元，赔款支出 33 亿元，税收 18.8 亿元，积累各种准备金 28 亿元，同期的涉外保险费收入 11.7 亿美元，与 120 个国家和地区建立了分保和代理关系。

随着我国经济体制改革的不断深入，传统保险体制的制度性障碍日益明显，影响了保险业的发展，这就要求保险体制要实行与经济体制相适应的改革。1982年，香港民安保险公司经中国人民银行批准，在深圳特区设立了分公司。1986 年，中国人民银行批准设立新疆生产建设兵团农牧业保险公司，专门经营新疆生产建设兵团农场内部的种植业和养殖业保险（即"两业"保险）。1987 年，中国人民银行批准交通银行及其分支机构设立保险部。一年后，平安保险公司在深圳成立。1991 年，中国人民银行要求保险业与银行业分业经营、分业管理，批准交通银行在其保险部的基础上组建中国太平洋保险公司，成为继中国人民保险公司之后成立的第二家全国性综合性保险公司。1992 年 9 月，平安保险公司更名为"中国平安保险公司"，成为第三家全国性综合性保险公司。因保险市场主体的多元化，我国保险市场产生了极大改变，保险经营的垄断体制不复存在，并已逐步形成了竞争的格局。

1995 年 10 月 1 日，《保险法》的正式实施，对保险业产生了深远影响。1996 年 7 月，经国务院批准，中国人民保险公司改组为中国人民保险（集团）公司，下设中保财产保险有限公司、中保人寿保险有限公司、中保再保险有限公司，实行产寿险分业经营。1998 年 10 月 7 日，国务院又批准《撤销中国人民保险（集团）公司实施方案》，将中保财产保险有限公司更名为中国人民保险公司，将中保人寿保险有限公司更名为中国人寿保险公司，将中保再保险有限公司更名为中国再保险公司，将中保集团所属的其他海外经营性机构划归香港中国保险（集团）有限公司经营。1996 年，为对寿险与财产险分业经营的发展进行探索，中国人民银行允许建立新华人寿保险股份有限公司等专业寿险公司以及华泰财产保险股份有限公司等专业财险公司。1998 年，中国保险监督管理委员会正式成立，标志着新的保险监管体制的形成。

（三）保险市场的开放

中国保险业是较早引进外资主体进入国内市场竞争的金融行业之一，1980 年开始，一系列国外保险公司得到了设立代表处的许可。1992 年 7 月，中国人民银行颁布了《上海外资保险机构暂行管理办法》，对外资保险公司的设立条件、业务范围、资金运用以及外资保险公司的监管等做出了较为明确的规定。1992 年 9 月，美国国际集团（AIG）的全资子公司友邦保险公司和美亚保险公司在上海设立分公司的请求得到了许可，开始经营人身保险和财产保险业务，这是我国保险市场对外开放的起点。美国友邦保险和美亚保险于 1995 年在广州创建分公司，这意味着我国保险市场对外开放的区域从上海拓展到了其他城市。

在中国加入世贸组织之前，外资保险公司经营范围主要包括：境外企业的各项保险和境内外商独资企业的财产保险及其相关的责任险、外国人和境内个人缴费的人身保险业务以及上述两项业务的再保险。从我国保险市场对外开放到我国加入世贸组织之前的 10 年间，共有 29 家外资保险公司进入中国市场，对外开放的积极作用逐步发挥，并得到了全行业的广泛认同。截至 2013 年底，外资寿险公司在中国的市场份额仅为 5.6%，而在财产险领域，外资保险公司的市场份额仅为 1.3%，自 2005 年以来这个数字基本保持不变。

（四）加入世贸组织与中国保险业的发展

中国于 2001 年 12 月 11 日正式成为世贸组织（WTO）成员国。我国加入世贸组织时对外承诺关于保险业的主要内容有经营区域、业务范围、公司组织形式、法定分保等，承诺在 5 年内取消外资保险公司的地域限制和大部分业务限制，并取消法定分保。随着加入世贸组织 5 年保护期的终止，中国保险业已到了全面对外开放的阶段，并进入了一个新的发展时期。中国加入 WTO 后保险发展情况见表 1-1。

表1-1　中国加入WTO后保险发展情况

年份	原保险保费收入（亿元）	保险密度（元）	保险深度（%）
2002	3 053.14	238	2.98
2003	3 880.40	287	3.33
2004	4 318.14	332	3.39
2005	4 927.34	376	2.70
2006	5 641.44	431	2.80
2007	7 035.76	532	2.93
2008	9 784.10	741	3.25
2009	11 137.30	834	3.27
2010	14 527.97	968	3.14
2011	14 339.25	1 047	3.04
2012	15 487.93	1 131	2.98
2013	17 222.24	1 266	3.03
2014	20 234.81	1 518	3.18
2015	24 282.52	1 766	3.52
2016	30 959.10	2 239	4.16
2017	36 581.01	2 646	4.42

经过 30 多年的快速发展，通过保险市场大约十多年的对外开放，我国的保险市场的经营主体、资本规模、保险覆盖面均得到了不同程度的发展。保险市场结构也在此时逐渐完备，经营活动理性化成分增加，经营效率逐步提升，可以看出我国保险市场趋于稳定发展。

无论从保费收入、保险深度，还是从保险密度指标分析，与保险业发展历史悠久、发展较快的国家或地区相比，中国保险业的发展水平均显落后，但这也意味着中国保险业未来发展存在巨大的潜力。

第二节　新时期我国保险市场主体发展现状

一、我国寿险市场的基本现状

（一）寿险业务高速增长，成为保险市场主力

20 世纪 80 年代恢复办理人身保险业务开始，国内寿险业的发展可分为三个阶段：恢复增长期（1982—1992 年）、高速增长期（1993—1997 年）、调整增长期（1998 年至今）。

统计显示，截至 2017 年底，寿险公司原保险保费收入 26 039.55 亿元，同比增长 20.04%。

（二）保险市场竞争主体多样化

进入 20 世纪 90 年代后，寿险业的经营主体逐步增多，由过去都是人保公司的情况发展为经营主体十多家、所有制形式多样化的市场竞争格局。

中国人寿的市场份额在全国范围内已经下降到了 80%，一些发展较好的地方甚至出现了多元化的竞争格局。

（三）经营管理水平不断提高

经营管理水平不断提高主要体现在四个方面：一是用个人寿险的业务和管理体系替代了原先的业务；二是经营部门和监管者、政策制定部门越来越注重完善风险管理制度；三是在生产的商品层面，非传统商品逐渐取代了传统商品；四是服务理念得以确立。

（四）建立了监管体系的雏形

监管体系的内容主要有三步。第一步，成立保监会。中国保监会于1998年成立，自此与银行等金融机构一样，保险监管也成为不可缺少的金融支柱。第二步，一系列与保险有关的法律法规出台，保险法规体系得以确立并逐渐完备。第三步，保险行业协会在20多个地区成立，行业自律体系形成，促进了行业的自律、市场的规范、培训教育的发展。

二、我国非寿险市场的基本现状

非寿险业作为保险市场的重要组成部分正呈现高速发展的态势。而我国非寿险市场逐渐呈现多元化趋势，多极化竞争格局亦日益明显。从市场主体的宏观发展态势看，非寿险市场呈现三足鼎立的局面，即人保财险、太平洋财险、平安财险三大公司占据着非寿险的大部分市场。多家中资中小型财险公司在非寿险市场中迅速崛起；发展迅速、绩效优秀的外资财险公司成为非寿险市场中的新兴力量，非寿险市场多极化格局逐渐形成。但是，非寿险竞争格局也将长期存在明显的不平衡特征：一方面，不论三大保险公司还是一些中小型保险公司、外资保险公司，都呈现稳定增长并逐渐趋缓的态势；另一方面，财险公司也面临着一些困境和有待解决的问题。由于扩张迅速，财险公司遭遇了管理不当、风险控制不足、偿付能力不够等状况。而三大公司因发展能力的高低不均、创建时间早晚不一、管理经营方法不同也导致其内部发展将面临长期失衡的处境。

三、我国保险市场发展的新趋势

（一）经营主体增加，保险市场集中度开始下降

保险业市场过度集中一直是影响我国保险业发展的重要原因。目前，因以下三方面有针对性的措施，保险行业向多极化方向发展，这种状况明显缓和。第一，对国有体制下的保险公司进行市场化改造，使其在股份制前提下积极提高经营能力，减少不必要的损失。第二，为促进保险市场主体多元化，《保险公司管理规定》降低了保险公司设立以及其增加下设分公司所需的资本，这使一些小型保险公司与之前相比更容易进入市场。第三，引进政策使外资保险进入中国保险市场，有效分散了过度集中的资本流向大型保险公司。第四，为了使小中型企业在市场竞争中生存发展，进一步促进保险行业的良性发展，一些扶持政策也在商讨制定中。

（二）市场竞争呈现全方位、多层次态势

中国的保险行业市场始终呈现一种不平衡的态势。大部分保险公司倾向于在投保需求旺盛、国家政策有保障的东部大城市寻找市场。近年来，由于这些地方的保险行业竞争过于激烈，且保监会不再对公司经营的区域范围过多限制，以前注重地方性单一发展的保险公司开始关注到市场广阔、潜在需求巨大的中小型城市甚至农村，这使保险行业市场竞争不再局限于某一地区，而是在全国范围内展开。一些大型保险公司在这种大环境下为了生存不得不进行自我改革，巨头垄断时代已经过去，取而代之的是外资保险公司、中小型保险公司联手合作分一杯羹的时代。

（三）保险产品品格化

伴随经济改革的不断深入，人们越来越注重通过投资获得收益，商业保险市场不断被开发且日趋成熟。在选择保险时，人们不仅重视多功能的组合和多元化的选择，还十分看重保险产品的品格。若一家保险公司品牌良好、价格适中，并且服务质量良好，企业和个人选择它的概率就会很大，这就是保险产品品格化的典型特点。在市场化不断深入的今天，保险行业的竞争更多地体现在产品价格和服务的竞争上。只有能够准确把握市场动向、考虑到人们切身利益的保险公司才能开发出好的产品，在保险行业中脱颖而出。

（四）从业人员专业化

在外资保险公司进军国内市场的外部环境和国内新型保险公司不断涌现的内部压力下，许多保险公司意识到专业人才培养的重要性。他们不仅重视培养核保师、核赔师、精算师这些熟知国内保险业务的人才，还广泛吸引通晓国际保险业务的人才，积极开拓国内外市场。

第三节　新时期保险监管工作的开展与发展方向

一、我国现行监管体系

目前，我国的保险监管体系，不论是框架、内容还是形式上，都是在对国外经验取其精华、去其糟粕的基础上结合本国实际国情和保险行业行情以及国际惯

例标准制定的，因此是具有很强的科学性、实践性、创新性和法律效力的。它推进了我国保险行业迈向现代化的步伐，是我国保险行业发展的里程碑。

（一）借鉴国际保险监管核心原则，建立了"三支柱"保险监管框架

加强保险监管能力，需要制定标准，加强控制力，以提高公司监管偿付能力。在借鉴国际保险监管的核心原则后，保险监管框架得以确立。2006年，《关于规范保险公司治理结构的指导意见（试行）》发布，保险公司监管管理条例不断明晰，稽查委员会和行政委员会成立，"偿二代"制度出台，监管公司真正具有了可实践性、可操作性。

（二）遵循审慎监管的基本原则，构筑了防范风险的长效机制

要实现监管防范的长期作用，就要从以下五点建立起监管机制：一是以保险公司的自我管理监控为第一手段。只有从内部解决问题才能准确把握核心矛盾，从根本上解决问题。二是坚持对保险公司偿付能力的监管，这是保障安全的重中之重。如果公司不具备一定的偿付能力，企业和个人的保险投资都无法得到保障。三是对保险业的实施检查是督促其自觉遵守法规条例的有力措施。四是资金是投资保险的筹码，因此对保险行业资金运用的监察关系到资金的正确运转。五是在保险保障基金的庇护下使保险业健康发展。

（三）针对行业发展和监管面临的新情况，建立了比较系统的保险监管制度体系

《中华人民共和国保险法》（以下简称"保险法"）第二次修订将33项部门规章、277个规范文件进行制定和修订，综合了各个部门的规定和文件，涵盖了广泛的法律法规和经营、监管保险制度，是保险监管体系的法律和制度保障。

（四）着眼于提高监管效率

建设了全覆盖、标准化的数据体系和信息系统，保险监管统计数据实现集中化管理，开发了保险机构、高管人员、产品管理、现场稽查等门类比较齐全的现场和非现场监管信息系统，信息化技术手段在监管中得到广泛应用。

（五）根据监管任务需要，建立了比较完备的监管组织体系

第十三届全国人大一次会议审议通过，将银监会与保监会合并为中国银行保险监督管理委员会。银监会与保监会的合并顺应了金融综合经营的趋势。为我国保险与银行机构的资源监管工作进行优化整合，从而使监管资源得到更充分有效的利用。

二、我国现行保险监管模式

我国保险监管模式将实践和理论相结合，从四个层面监管保险业。首先，采用纵向和横向交叉的管理模式，表现为将保险业看作一个整体机构进行统一管理，又从内部入手对其各个业务部门进行管理，形成内外兼管的管理形式。其次，不仅要关注保险行业自身的运行状况，还要关注整个社会经济大结构的变化趋势，从微观、宏观两方面审视市场，提早发现风险、应对风险。第三，既要进行日常惯例的现场检查，又要防微杜渐，提前分析可能产生的问题、可能引起的风险，并有针对地提出解决方案，做到非现场检查。第四，保险行业的自我监管是实现该行业健康发展的根本因素，但是外部监管力量又是促进其自觉遵守制度的动力。只有内外统一，从政府、行业、企业、社会四方面形成良好的监管体系，才能将监管力度发挥到最大，形成长效监管格局。

三、我国保险监管制度发展趋势

2018 年全国保险监管工作会议指出，我国保险业已经进入新时代。当前，保险业面临前所未有的良好外部发展环境。习近平新时代中国特色社会主义思想已经确立，保险业发展的指导思想前所未有的清晰；党的十九大确立了到 2050 年把我国建成富强民主文明和谐美丽的社会主义现代化强国的战略目标，保险将成为人民群众幸福生活的必需品，必须进一步坚定做好保险监管工作的信心和决心。同时要深刻认识到新形势下保险业面临的挑战和困难与传统问题相互交织，保险监管仍处于自我修复、不断完善的进程中，必须进一步增强忧患意识和底线思维，打好防范风险的持久战。

党的十九大提出，在实现宏伟目标的伟大历史进程中，在推动我国经济实现高质量发展的过程中，保险业肩负着光荣而艰巨的使命，这个使命就是要建设一个与我国进入高质量发展阶段相适应、与两个一百年特别是到新中国成立一百年时把我国建成社会主义现代化国家相匹配的新时代现代保险服务业，在维护金融安全、服务实体经济、完善社会保障、分散社会风险等任务中努力成为中坚力量、发挥支柱作用。今后很长一段时期的保险监管，都要围绕服务上述目标来开展工作。

我国保险监管工作的指导思想：更加紧密团结在以习近平同志为核心的党中央周围，以习近平新时代中国特色社会主义思想为指引，全面贯彻落实党的十九大、全国金融工作会议和中央经济工作会议精神，把人民对美好生活的向往作为奋斗目标，落实全面从严治党要求，按照稳中求进工作总基调，更好地服务防范化解重大风险、精准脱贫、污染防治"三大攻坚战"，深入贯彻服务实体经济、防控金融风险、深化金融改革"三大任务"，自觉服从服务于国务院金融稳定发展委员会的领导，切实保护好保险消费者合法权益，加快推进新时代现代保险服务业发展，奋力开创保险监管工作新局面。

做好保险监管工作，关键在于坚持党中央的集中统一领导，坚持"保险业姓保，监管姓监"理念，把落实"1+4"系列文件作为重要抓手和任务推向深入。要加大防范化解风险力度，把防控风险放在更加重要的位置，坚持疏堵结合、标本兼治，力争用三年时间，有效防范化解处置保险业各项风险，提升全行业风险防范能力和水平，聚焦重点领域、重点公司、重点环节，切实打赢防控重大风险这场硬仗。要以重塑保险监管为契机，坚持从严监管，聚焦股权、资本、资金运用等突出风险和农业保险、中介市场、互联网保险等重点领域，开展专项检查，坚决整顿市场乱象，加大消费者权益保护力度，严厉打击违法违规行为和市场乱象，形成高压震慑。要进一步深化保险改革，全面扩大保险对外开放，加快补齐短板、加强薄弱环节监管制度建设，提升保险监管水平和保险业可持续发展能力。要推动保险业回归本源，重点围绕服务精准脱贫、污染防治攻坚战和国家供给侧结构性改革，充分发挥保险保障和保险资金的独特优势，更好地支持现代化经济和社会体系建设。

第二章 新时期保险企业内部风险的认知与沟通

第一节 经济学角度的认知与沟通

一、期望效用模型

描述风险认知和偏好的标准经济学模型是期望效用模型，这个模型在微观经济学教材中有详细的介绍，这里将内容做了适当的简化。

为方便讨论，经济学中的风险描述采用相对简化的表示形式，譬如可以采用在通常商品空间中引入所谓"彩票"的方法来刻画风险。在引入这种方法前，有必要对客观和主观概率这两个概念做一点说明。

风险评估主要是指对风险概率分布的统计进行估计，一般来说，是从纯粹技术分析的角度进行的，并不涉及人类行为中的价值判断，也就是通常所说的客观概率。但通常很难找到风险的客观概率分布，任何风险评估方法实际上都包含了某种意义上对这种方法的价值判断，这种涉及风险相关参与人的主观价值判断的概率评估即主观概率。客观概率与主观概率的区分也是要讨论的风险心理学观点中的重要内容。本章先从经典经济学的角度对这两种概率的区分进行论述。

（一）Von Neumann–Morgenstern 理论

冯·纽曼（Von Neumann）和摩根斯坦（Morgenstern）在彩票空间中引入了偏好关系，其满足如下三条公理：

1. 完备性和传递性公理

在完备性和传递性公理中，偏好关系是完备的，同时满足传递性，即对于任

何的 f, g, $h \in X$，如果 $f \leq g$，$g \leq h$，则 $f \leq h$。

2. 阿基米德公理

在阿基米德公理中，对于任何的 f, g, $h \in X$，如果 $f \leq g \leq h$，则存在 p, $q \in (0, 1)$ 使得 $pf + (1-p)h \leq g \leq qf + (1-q)h$。

阿基米德公理的经济含义是，如果彩票 g 的好坏程度介于 f 和 h 之间，那么必然存在 f 与 h 的两种复合 $a = pf + (1-p)h$ 和 $b = qf + (1-q)h$，使得 g 的好坏程度介于 a 和 b 之间。

3. 独立性公理

在独立性公理中，对于任何的 f, g, $h \in X$ 及任何实数 $p \in [0, 1]$，如果 $f \leq g$，则 $pf + (1-p)h \leq pg + (1-p)h$。

独立性公理的经济含义是，如果彩票 f 不优于 g，那么对于任何第三种彩票 h 来说，f 与 h 的任何复合彩票 $a = pf + (1-p)h$ 必然也不优于 g 与 h 的相应的复合彩票 $b = pg + (1-p)h$。从独立性公理立即可知，当 $f \sim g$，即 f 与 g 无差异时，复合彩票 $a = pf + (1-p)h$ 与 $b = qf + (1-q)h$ 也无差异。

以上三条公理称为期望效用公理。

完备性公理的经济含义是，对任何两种彩票都是可以进行偏好比较的；传递性公理的经济含义是如果彩票 f 不优于 g，彩票 g 不优于 h，则彩票 f 不优于 h。

冯·纽曼和摩根斯坦证明了满足上述三条公理的偏好关系可以用期望效用函数来表示。具体而言，存在这样的函数 u，对前述的彩票 l，其期望效用值为 $u(l) = pu(x) + (1-p)u(y)$。并且对任何两种彩票 l_1, l_2，满足 $l_1 \leq l_2$ 当且仅当 $u(l_1) \leq u(l_2)$ 时。

对于更复杂的彩票，期望效用的形式可以有比较复杂的形式，通常可以用概率分布表示成积分的形式。

冯·纽曼和摩根斯坦证明了如下期望效用函数定理：

设"$\leq$"是彩票空间上的偏好关系。"$\leq$"具有期望效用表示，当且仅当"$\leq$"服从完备性和传递性公理、阿基米德公理和独立性公理。当"$\leq$"具有期望效用表示时，"$\leq$"的期望效用函数在仿射变换下是唯一的，即若 u 和 v 都是"$\leq$"的期望效用函数，则必然存在实数 a 和 b 大于零，使得对一切 $f \in D(S)$，都有 $v(f) = a + bu(f)$。

（二）风险规避度量

不同个体对风险的偏好是不同的，喜欢冒险的人会对未来不确定性的结果充满期待，而有些人则希望尽量避免风险。个体对待风险的不同态度就反映在他的期望效用函数的形式上。效用函数越凹，个体就越厌恶风险。下面在个体期望效用函数为二阶可微的假设下，介绍几种常用的风险规避度量方法。

1. Arrow-Pratt 风险规避度量

阿罗（Arrow，1965）和普拉特（Pratt，1964）分别独立提出了测量个体风险规避程度的 Arrow-Pratt 风险规避度量。

由于直观上看，预期效用函数 u 越凹，消费者的风险规避倾向越强。因此，可以考虑用预期效用函数的二阶导数 $u''(w)$ 来对风险规避的程度加以度量。但由于预期效用函数只是在仿射变换下具有唯一性，所以用二阶导数度量风险规避程度，会因表示同一偏好的效用函数的不同而发生变化。为此，需要对这种度量进行标准化，用一阶导数 $u'(w)$ 去除二阶导数 $u''(w)$，这样便得到了一个合理的度量，即 Arrow-Pratt 绝对风险规避度量：

$$A(w) = -\frac{u''(w)}{u'(w)} \tag{2-1}$$

式中，$w \in R$ 表示个体的财富。这里绝对的意思是因为这种定义的相应风险规避是一个货币测度的绝对值，有时需要用到下面的相对风险规避度量：

$$R(w) = -\frac{u''(w)w}{u'(w)} \tag{2-2}$$

对于上述 Arrow-Pratt 绝对风险规避度量，经济学中经常分三种情况进行分析。按照该度量函数是财富 w 的递增函数，或常数函数，或递减函数，分别称为 IARA（Increasing Absolute Risk Aversion）、CARA（Constant Absolute Risk Aversion）和 DARA（Decreasing Absolute Risk Aversion）。

上述绝对风险规避度量或相对风险规避度量反映的仅是在局部的风险规避情况，有时需要考虑全部区域的风险规避，即需要说明一个个体是否比另一个个体对所有风险活动都具有更强的风险规避倾向。对此有下面的普拉特定理。

2. 普拉特定理

设 u_A 和 u_B 为两个递增、二阶可微、凹的效用函数，X 为风险选择空间（即彩票空间），则下面两个条件相互等价：

（1）对任何 $w \in \mathrm{R}$，都有 $r_A(w) = -\dfrac{u_A''(w)}{u_A'(w)} > -\dfrac{u_B''(w)}{u_B'(w)} = r_B(w)$。

（2）存在递增的严格凹函数 g，使得对任何 $w \in \mathrm{R}$，都有 $u_A(w) = g(u_B(w))$。

（三）主观效用理论

上面的期望效用理论是在假定了存在客观概率的情况下给出的，当无法得到客观概率时，萨维奇（Savage）于1954年构建了主观概率公理体系用于推断主观概率的存在。在主观概率公理体系下，个体在风险环境下的选择行为可以视为他在根据某种主观概率度量的期望效用进行决策。

具体而言，萨维奇对风险的偏好关系"≤"提出了以下六条公理：确认性公理、独立性公理、定性概率公理、非退化公理、无原子公理和条件单调性公理。

他还提出了如下的萨维奇定理：

对于彩票空间上的任一偏好关系"≤"来说，下面两个命题等价：

（1）"≤"服从确认性公理、独立性公理、定性概率公理、非退化公理、无原子公理和条件单调性公理。

（2）存在唯一的概率测度，存在一个在仿射变换下唯一的有界函数 $u : S \to \mathrm{R}$ 使对任何"≤"当且仅当 $\int_\Omega u(\zeta(\omega))dp(\omega) \leq \int_\Omega u(\eta(\omega))dp(\omega)$。

萨维奇定理指出了保证主观概率和期望效用函数唯一存在的不确定性经济行为公理。如果我们仿效客观概率论的做法来研究主观概率问题，那么所得到的主观概率就会同经典概率论中使用的概率具有同样的性质，因而可用经典概率处理主观概率问题。

利用萨维奇定理可以证明，只要观察到的选择行为服从某些合理的公理，那么主观概率和效用函数都可以从观察到的行为构建出来，其概率服从贝叶斯定律：

$$P(A/B) = \frac{P(B/A)P(A)}{P(B)} \tag{2-3}$$

这里 A，B 为任意两个事件，$P(A/B)$ 为条件概率，即事件 B 发生的情况下事件 A 发生的概率。

贝叶斯定律说明了理性决策者如何根据事实（或依据得到的信息 B）来调整和修正他的主观概率判断。如果把贝叶斯公式中的 A 解释为某一特定的假设 H，把 B 解释为推断假设 H 为真的证据，把 $P(A)$ 解释为决策者认为假设 H 为真的主观概率 $P(H)$，即 $P(A) = P(H)$，那么贝叶斯定律说明了决策者如何根据证据 B 来调整他相信假设 H 为真的概率。

贝叶斯定律把先验概率 $P(A)$（在观察证据前假设为真的概率）与后验概率

P（A/B）（在观察证据后假设为真的概率）联系在一起，这成为大多数理性学习行为模型的基础。

期望效用理论除了理论意义外，在实际决策中也是一种强有力的工具。

有些学者认为实际上没有客观概率与主观概率的区别，而是只有主观概率。譬如，诺贝尔经济学奖获得者米尔顿·弗里德曼（Milton Friedman）就指出，这是"因为我们自始至终都在解决主观概率的概念（尤其是萨维奇于 1954 年所提出的）：概率仅是一种信念程度……（因为我们从不知道真实的客观概率）"。

米尔顿·弗里德曼在他的诺贝尔奖获奖演说中讲过一个关于科学判断与价值判断如何分离的有趣故事。弗里德曼在参加剑桥大学的一次晚餐时，坐在另外一位经济学家与著名数理统计学家兼遗传学家费雪（Fisher）的旁边。这位经济学家告诉弗里德曼，他辅导的劳动经济学方面的一位学生所做的关于工会影响的研究，不同的经济学家对这种影响可能有不同的观点。他认为这是经济学的一种灾难，因为不可能有一种脱离价值判断的实证经济科学。当弗里德曼询问费雪这种现象是否确实只存在于社会科学中，费雪不动声色地回答"不"，接着就一个接一个地讲故事，说明他如何能从某人的政治观点精确判断出其遗传学观点。

二、保险市场的经济学理论

保险市场是保险风险沟通的重要模式，本节介绍在期望效用风险偏好假设下保险市场的需求和供给理论以及保险负债的公允价值的确定方法。本节内容假定市场参与者之间信息完全对称，信息不对称环境下的保险供求相关理论可以参考一般的微观经济学教材。

（一）保险需求理论

在风险环境中，由于不同个体面临的风险和风险偏好程度不一样，个体之间可以通过风险交换，重新配置其风险资产增加效用。保险市场是典型的风险交换市场。在期望效用模型的基础上可以建立风险市场的经济学模型。经济学中的风险沟通主要是指风险的交易、买卖和重新配置。下面以保险市场为例介绍保险需求理论。

保险市场中交换的保险合同一般比较复杂，但保险交换的基本原理相对来说是简单的，因此这里仅以比例共同保险（proportional coinsurance）为例介绍保险需求的经济学理论。

具体而言，假定个体的初始财富面临的随机损失为 W，保险合同的赔付函数为 $I(x)$，$I(x) = \alpha x$，如果 $\alpha = 1$，则称此时的保险为足额保险。

假设该保险合同的保费为：

$$P[I(x)]=E[I(x)+c[I(x)]] \tag{2-4}$$

这里的 E 表示期望值，$c[I(x)]$ 表示附加成本，如果 $c[I(x)]=0$，称此时的保费为公平保费。为简单起见，这里仅考虑附加成本是保险损失 $I(x)$ 期望值的一定比例的情景，此时有：

$$P(\alpha)=E(\alpha x+\lambda\alpha x)=\alpha(1+\lambda)Ex \tag{2-5}$$

其中，λ 是附加因子。

在购买保险合同后，个体的最终财富可以写成如下随机变量：

$$Y(\alpha)\equiv W-\alpha(1+\lambda)Ex-x+\alpha x \tag{2-6}$$

该最优问题的一阶条件为（二阶条件在效用函数假设为凹时自然成立）：

$$\frac{\mathrm{d}Eu}{\mathrm{d}\alpha}=E[\alpha'(Y(\alpha))(x-(1+\lambda)Ex)]=0 \tag{2-7}$$

在 $\alpha=1$ 时，上式取值如下：

$$\left.\frac{\mathrm{d}Eu}{\mathrm{d}\alpha}\right|_{\alpha=1}=Eu'[W-\alpha(1+\lambda)Ex][x-(1+\lambda)Ex]=-\lambda(Ex)u'[W-\alpha(1+\lambda)Ex] \tag{2-8}$$

由于 $u'>0$，上式在 $\lambda=0$ 时取值为 0；在 $\lambda>0$ 时，取值为负数。因此，就有以下关于保险需求的著名的 Mossin 定理。

Mossin 定理：当保险合同价格是公平保费（$\lambda=0$）时，最优保险需求是足额保险（$\alpha=1$）；当保险合同价格包含了正的风险附加（$\lambda>0$）时，最优保险需求是部分保险（$\alpha<1$）。

利用前面介绍的 Arrow-Pratt 风险规避度量，有如下三个命题：

（1）命题 2-1 假定风险附加因子 $\lambda>0$，则对不同情形的 Arrow-Pratt 风险规避度量，有：

① 在 DARA 风险规避度量情形，最优保险比例 α 是财富的递减函数。

② 在 CARA 风险规避度量情形，最优保险比例 α 是财富的常数函数。

③ 在 IARA 风险规避度量情形，最优保险比例 α 是财富的递增函数。

（2）命题 2-2 假定风险附加因子 $\lambda>0$，则在 CARA 和 IARA 风险规避度量情形下，保险合同不可能是吉芬商品；而在 DARA 风险规避度量情形下，保险合同可能是吉芬商品。

（3）命题 2-3 假定风险附加因子 $\lambda>0$，在其他条件不变的假设下，全部区域的风险规避趋向越强，最优保险比例越大。

（二）保险供给和定价理论

前面讨论了保险需求理论，下面则讨论保险市场的产品供给。如果供给保险产品的保险人（保险公司）是风险厌恶的，那么其提供的保险产品费率除了反映保险期望损失外，还应该包含规避风险的问题。因此，从直观上来看，一个风险厌恶型的保险人应该比一个风险中性的保险人要求更高的费率。但实际上下面阐述的 Arrow-Lind 定理（又称风险均摊定理）表明，即使保险公司的股东是风险厌恶型的，但随着其股东人数的增加，在不考虑保险公司的管理成本等交易费用时，其提供的保险产品的费率将等于公平保险费率，也即该保险产品的纯保费。

1. Arrow-Lind 定理

实际上，如果假设个体都是风险厌恶型的，阿罗（Arrow）和林德（Lind）在1970年证明，随着所汇集的保险公司股东数量的不断扩大，只要在损失概率即公平精算费率的基础上筹集保险费，保险公司股东群体就可以解决个别投保人的损失补偿问题。

这里需要指出，在传统保险学教材中通常认为满足符合大数法则是可保风险的必要条件之一，也即可保风险必须是大量的、同质的。但由 Arrow-Lind 定理可以发现，只要保险公司的股东群体足够大，即使是单个保险标的，也是可保的，并且保险公司要求的保费也应该是公平保费。

在精算学中，公平保费或纯保费有时又称精算现值。其计算方法依据的是所谓精算等价原理，即保险公司纯保费收入现值的数学期望值等于保险金支出现值的数学期望值。如上所述，虽然精算现值是纯粹的数学概念，但实际上是有一定的经济学意义的，在 Arrow-Lind 定理条件成立的假设下，保险公司要求的保费就应该是公平保费，也就是纯保费或精算现值。

当然，实际上保险公司的股东人数是有限的，不可能是无穷多，保险公司的管理成本也很高，Arrow-Lind 定理的条件是不满足的，保险公司对保险风险并不是风险中性的，其实际收取的保费也不可能是纯保费。如果考虑保险公司的管理成本，则有所谓"毛保费"的概念，即在纯保费的基础上附加管理费用。毛保费的计算原理还是精算等价原理，并且保留了保险公司风险中性的假设，因此本质上还是公平保费。如果我们放宽保险公司风险中性假设（保险公司的股东人数是有限的），则保险公司要求的保费需要在公平保费的基础上再加上一定的风险安全附加。下面在不考虑保险公司管理费用的情形下，介绍一些常用的确定安全附加的方法，也就是通常所称的保险费率原则（premium principle）。

2. 保险费率原则

美国密歇根大学的 V. R. 杨（V. R. Young）将保险费率原则分为三种主要方

法：特别法（ad hoc method）、赋性法（characterization method）和经济学方法（economic method）。前两种方法是由精算学中发展出来的，虽然它们在一定程度上与经济学方法是一致的，但也会产生一些问题。

（1）特别法。这种类型的方法有很多，大多是精算师在实践中发展起来的确定风险附加的一些基本原理。具体而言，假设 X 表示赔付支出的随机变量，相应保险产品的保费 P 可以看作 X 到实数集合的一个映射规则，记作 $P = H[X]$，因此保费的计算原理就可以归结为如何描述这个映射规则。常见的特别法保险费率确定原理有均值原理、方差原理、标准差原理、指数保险定价原理、Esscher 保险定价原理、效用原理、破产理论原理。

（2）赋性法。这种方法对保险费率原则赋予了一些需要满足的性质，由这些性质可以确定保险费率映射规则的具体形式。这些性质主要包括以下六点：①独立性：$H[X]$ 仅依赖于随机变量 X 的分布函数。②风险附加性：$H[X] \geqslant EX$。③无非合理风险附加：对常数 c，有 $H[c] = c$。④协单调风险可加性：对两个协单调风险 X 和 Y，满足 $H[X+Y] = H[X]+H[Y]$。这里的两个风险是协单调的意思，也就是对任何两个状态，如果 X 在第一个状态大于等于 Y，则在第二个状态也同样如此。⑤单调性：对两个风险 X 和 Y，如果在任何状态下都有，则 $H[X] \leqslant H[Y]$。⑥连续性：对风险 X，有 $\lim_{\alpha \to 0+} H[\max(X-\alpha, 0)] = H[X], \lim_{a \to \infty} H[\min(X, \alpha)] = H[X]$。

（3）经济学方法。有关风险交易的经济学理论最早可以追溯至阿罗（Arrow）在 1953 年发表的经典论文，但阿罗的论文并非专门针对保险风险进行分析。之后主要是由于博尔奇（Borch）和伯尔曼（Buhlmann）等人的贡献，针对保险风险交易的经济学理论陆续建立。

在经典的完美保险市场经济学模型中，其标准假设是经济中有大量的行为人，每个行为人拥有一定的（有保险风险的）禀赋。行为人的偏好是标准的期望效用最大化，其效用函数是递增的凹函数。另外，还有以下假设：①市场中无交易成本。②保险风险的分布函数是公共信息。③该风险的分布函数依赖于行为人的防范风险的努力程度。这种努力程度可以无成本观察得到。④风险导致的损失也可以无成本观察得到。⑤模型是静态的，或者说，对未来的风险有完备的保险市场。

在上述模型假设下，可以得到如下结果：①对任何影响行为人的保险风险，都存在相应的完全竞争的保险市场。在该市场，行为人交易该风险相应的保险合同。②该竞争市场对风险的配置是帕累托最优的，换句话说，没有其他的风险配置方法能在不减小某位行为人的效用的同时增加另一位行为人的效用。③这种竞争的风险配置满足相互原则（mutuality principle），也就是说，所有可以分散的风险在市场交易中都消除了。特别是当经济中不存在系统风险时，该经济的总财富是确定的。而由相互原则可得，任何行为人的财富都应该是确定的。④当经济中存在系统风险时，该风险在行为人之间的配置使得该行为人财富和总财富的相关性与其Arrow-Pratt绝对风险厌恶系数成反比。也就是说，行为人的风险厌恶程度越大，其承担的风险越少。⑤虽然风险的分布函数依赖于行为人的防范风险的努力程度，但由于这种努力程度可以无成本观察得到，该经济中不存在道德风险和逆选择问题。因此，投保人防范风险的努力会导致其保费减少。特别是当经济中不存在系统风险时，行为人每增加一元钱的努力进行风险防范，总财富就因此增加一元钱。

显然，从金融经济学的角度考察上述完美保险市场模型可以发现，该模型和金融经济学中的均衡模型，如资本资产定价模型（CAPM）的假设和结论是一致的，并且都可以统一在阿罗的不确定条件下的一般均衡模型中。

在此模型框架中，在一定的具体假设下，可以得到保险的均衡费率。下面是瑞士苏黎世联邦理工学院（ETH）的伯尔曼（Buhlmann）用经济学方法确定的一种保险费率原则。伯尔曼假设总共有 n 个行为人，其中第 j 个行为人面临的风险是 X_j，其效用函数为指数效用函数 $u_j(\omega) = \dfrac{1}{\alpha_j} \mathrm{e}^{-\alpha j\omega}$，则在保险市场达到均衡时，保险风险 X 的费率厘定原则为：

$$H[X] = \frac{E\left[X\mathrm{e}^{\alpha Z}\right]}{E\left[\mathrm{e}^{\alpha Z}\right]} \tag{2-9}$$

其中，$Z = X_1 + X_2 + \cdots + X_n$，并且 $(1/\alpha) = (1/\alpha_1) + (1/\alpha_2) + \cdots + (1/\alpha_n)$。

可以发现，这里的定价方法也就是前面特别法中介绍的 Esscher 保险定价原理。采用金融经济学的语言，这种定价公式可以看作保险风险 X 在风险中性等价鞅概率测度下的期望值，其风险中性概率测度是在实际概率测度基础上乘以 $\dfrac{X\mathrm{e}^{\alpha Z}}{E[\mathrm{e}^{\alpha Z}]}$，给出了概率扭曲。

实际上，这里的保险定价方法隐含了一个假设，即在这个模型中组建的保险公司是无限公司，或者说这里的风险仅考虑保险风险，还没有考虑保险公司的破产风险。如果保险公司是有限公司，则该公司要求的保费中还应该在上述费率基础上减去公司的破产成本，这种破产成本可以看作一种以保险公司资产交换负债的卖出期权（put option），即：

保险费率 = PV（没有破产风险的保险损失）$-PV$（破产期权）

注意，这里的 PV 是指在风险中性概率的情形下得到的期望现值。

（三）保险负债的公允价值

在上述保险定价理论中，由于保险合同在市场上可交易，公平保费实际上就是保险的市场价值。但对保险公司而言，同样重要的是保险负债的定价原理。一般而言，保险负债并没有市场价，在会计理论中则用公允价值（fair value）的概念来确定保险负债的价值。国际会计准则委员会将资产和负债的公允价值定义为"两个熟知参与方，自愿近距离交换资产，或结清负债所需的金额"。按照这个定义，保险公司负债的公允价值也就是假设当存在该负债的交换市场时，该公司将负债责任转移给另一方时需要支付的价值。对有限公司而言，同样涉及破产期权的问题，但在保险会计中，一般假定另一方没有破产风险，此时，保险负债的公允价值也即没有破产风险的未来保险责任（在风险中性概率下）的期望现值，即：

$$保险负债公允价值 = PV（没有破产风险的保险损失）\qquad(2-10)$$

由于保险负债没有市场价（用金融经济学的术语，即此时市场是不完备的），如何确定这种期望现值并没有唯一的方法（用金融经济学的术语，即此时没有唯一的等价鞅测度）。

第二节　理性期望效用决策的悖论

一、阿莱悖论——关于期望效用的悖论

阿莱悖论（Allais paradox）是诺贝尔经济学奖得主 M. 阿莱（M. Allais）在1953 年提出来的对期望效用理论的挑战。这个悖论如下：

假设有两种选项，A 和 B。如果选择 A，一定能得到 100 万元。如果选择 B，则有 10% 的概率得到 250 万元，89% 的概率得到 100 万元，还有 1% 的概率什么也得不到。这两种选项见表 2-1。

表2-1　阿莱悖论例一

选　项	A	B		
金额（万元）	100	250	100	0
概　率	100%	10%	89%	1%

参试者会做出怎样的选择呢？实验结果发现，即使选项 B 的期望值（可以计算出是 114 万元）大于 100 万元，大多数人还是选择 A，即大多数人都认为 A 优于 B。

现在假设提供了另外两种选项，这一次选项 C 有 11% 的概率获得 100 万元，89% 的概率什么也得不到；而选项 D 则有 10% 的概率获得 250 万元，90% 的概率什么也得不到。这两种选项见表 2-2。

表2-2　阿莱悖论例二

选　项	C		D	
金额（万元）	100	0	250	0
概　率	11%	89%	10%	90%

这次大多数人会选择 D，即大多数人都认为 D 优于 C。因为人们通常会这样认为，10% 与 11% 的概率相差很小，但 100 万元与 250 万元相差很大，而选项 D 的期望值是选项 C 的两倍多。

如果将期望效用理论应用于这个例子，假设期望效用函数为 u，那么：

$u(A) = u(100)$

$u(B) = 0.1u(250) + 0.89u(100) + 0.01u(0)$

$u(C) = 0.11u(100) + 0.89u(0)$

$u(D) = 0.1u(250) + 0.9u(0)$

显然应该有 $u(A) > u(B)$ 及 $u(C) > u(D)$。

从 $u(A) > u(B)$，可以推出

$0.11u(100) > 0.1u(250) + 0.01u(0)$

在此式两边加上 $0.89u(0)$，可得：

$0.11u(100) + 0.89u(0) > 0.1u(250) + 0.9u(0)$

即 $u(C) > u(D)$，这与上述实验结果 D > C 相矛盾。

上述的阿莱悖论说明，实际中人们往往并不是按期望效用大小对风险行为进行评价的。

二、埃尔斯伯格悖论——关于主观概率的悖论

以下将介绍一个违背萨维奇主观期望效用理论中独立性公理的悖论，可称为埃尔斯伯格悖论（Ellsberg paradox），它在国际上负有盛名。如下列所示：

假设袋子里有红、蓝、黑三种颜色的球共 90 个，其中红球 30 个，剩下的是蓝球或黑球，但比例不清楚。现有四种形式的选项：

选项 A：从袋中摸出一球，如果为红球，可得 100 元。

选项 B：从袋中摸出一球，如果为蓝球，可得 100 元。

选项 C：从袋中摸出一球，若不是红球，可得 100 元。

选项 D：从袋中摸出一球，若不是蓝球，可得 100 元。

选项的不同令人们需要做出自己的判断选择，不同的人对于袋中篮球和黑球的具体数量都有自己的猜测，这就是主观概率涉及的问题了。实验发现，A 优于 B 是大多数人共同的选择，C 优于 D。但这样的偏好却不符合主观概率理论。

为了说明这一点，用 P（事件）表示该事件的主观概率，u 表示在这个主观概率下的期望效用函数，F 表示摸出红球这一事件，当摸出蓝球这一事件发生时用 G 来表示，只要摸出的球不是红球时都可用 F^c，G^c 表示摸出的球不是蓝球。

显然，$P(F^c) = 1-P(F)$，$P(G^c) = 1-P(G)$。

下面分别计算这四种选项的效用：

$u(A) = P(F)u(100)+[1-P(F)]u(0)$

$u(B) = P(G)u(100)+[1-P(G)]u(0)$

$u(C) = P(F^c)u(100)+[1-P(F^c)]u(0) = [1-P(F)]u(100)+P(F)u(0)$

$u(D) = P(G^c)u(100)+[1-P(G^c)]u(0) = [1-P(G)]u(100)+P(G)u(0)$

由于 A 优于 B，即 $u(A) > u(B)$，因此 $[P(F)-P(G)]u(1000) > (P(F)-P(G))u(0)$。

由于 C 优于 D，即 $u(C) > u(D)$，因此 $[P(F)-P(G)]u(1000)<[P(F)-P(G)]u(0)$。

然而，由此得到的这两个不等式相互矛盾，这说明按照主观概率理论不可能有 $A > B$ 且 $C > D$。然而实验发现，$A > B$ 且 $C > D$ 同时发生了。这就与萨维奇主观概率理论相矛盾了。在心理学中利用模糊性厌恶（ambiguity aversion）的概念可以解释这个悖论。

期望效用理论并不能准确描述人们实际的决策行为。虽然曾有许多决策学者希望将期望效用理论推广成一个描述人们实际决策的所谓描述性决策模型，但这些尝试都没有成功。因此，人们开始转向寻找其他的替代决策模型，其中 1978 年诺贝尔经济学奖获得者赫伯特·西蒙（Herbert Simon）在 1956 年提出的模型是最早的替代模型之一。西蒙认为，人们决策时寻求的只是相对满意的决策，而不是最优决策。特别是对经济组织内（如企业主）的决策过程，西蒙否定了传统经济学中古典厂商理论关于企业主无所不知及十分理性地追求利润最大化的假设，而是假设决策者的能力一般并满足于不尽如人意的决策方案。

自西蒙以后又出现了许多替代期望效用理论的模型，其中广为大家认同的是卡尼曼和特沃斯基提出的前景理论（prospect theory），下一节对此将详细介绍。

第三节　心理学前景理论的风险认知

前景理论是 1979 年卡尼曼和特沃斯基在著名的《计量经济学》（*Econometrica*）杂志上发表的一篇论文中首先提出来的，这篇论文是该杂志历史上引用率最高的论文。不同于期望效用理论，前景理论能够成功解释许多期望效用理论不能解释的、似乎不理性的现象，从而极大地帮助人们在分析不确定情况时能够做出判断和决策。因为这一突出贡献，卡尼曼成为 2002 年的诺贝尔经济学奖获得者。

这个理论的基本假设是：每个个体分析初始状况时立足点不同，思维方式不同，故而对风险的态度不同。也就是说，个人在不确定条件下的决策选择，取决于问题的框架。这个框架关注的是结果与前景预期的差距，而不是结果本身。如果相对于某一参照点，某项结果看起来是一种收益，那么就假定其价值函数是凹函数，此时决策者是风险规避的；相反，如果对于某一参照点，某项结果看起来是一种损失，那么就假定其价值函数是凸函数，此时决策者是风险偏好的。以下是前景理论的相关数学模型：

类似前节的定义，记 $[p; x, y]$ 为某风险事件，事件发生的概率为 p，该事件发生时某人得到 x，否则得到 $-y$（也即损失 y）。假定某人现在的财富为 W。按照标准期望效用理论，该风险事件的期望效用为：

$$V = pu(W + x) + (1 - p)u(W + y) \qquad (2-11)$$

而按照前景理论，则定义价值函数如下：

$$PT : V = \prod(p)\upsilon(x) + \prod(1 - p)\upsilon(y) \qquad (2-12)$$

其中，$\prod$ 是概率权重函数，υ 是价值函数（value function）。

概率权重函数在小概率时（p 较小时）是凹函数，在大概率时（p 较大时）是凸函数。

因此，当 p 较小时，$\prod(p) > p$；当 p 较大时，$\prod(p) < p$。这表明对小概率事件，会反应过敏（over-react）；而对大概率事件，会反应不足（under-react）。

价值函数画出的是在决策者心中不同可能结果的相对价值。根据前景理论的说法，价值函数的线无论怎么画都应当会穿过中间的"参考点"（reference point），并形成如下曲线，如图 2-1 所示。

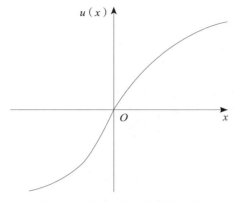

图 2-1　前景理论中的价值函数

　　它的不对称性表明，损失结果对应价值的绝对值大于获利结果对应价值的绝对值，而且这在任何情况下都适用，也就是所谓的"损失厌恶性"（loss aversion）。与期望效用假说相反，前景理论并不考虑"绝对所得"（absolute wealth）来衡量获利与损失。并且，对获利，价值函数是凹函数；对损失，价值函数是凸函数。

第四节　风险的社会学观点

　　社会和文化因素经常在人们的决策判断和沟通中起着关键作用。因此，凯恩斯在其《就业、利息和货币通论》结尾部分指出："既得利益之势力，未免被人过分夸大，实在远不如思想之逐渐侵蚀力之大。这当然不是在即刻，而是在经过一段时间以后；理由是，在经济哲学以及政治哲学方面，一个人到了25岁或30岁以后，很少再会接受新说，故公务员、政客，甚至鼓动家应用于当前时局之种种理论往往不是最近的。然而不论早晚，不论好坏，危险的东西倒不是既得利益，而是思想。"风险的社会学观点提出了不同于经济学观点的描述风险沟通模式的理论。

　　风险的社会学观点的一个主要问题是，由于社会学的理论与社会学家人数几乎一样多，风险的社会学研究学派繁多，很难找到一个如经济学中期望效用理论或心理学中前景理论那样的主导的理论框架。然而，所有社会学的风险概念都有一个共同视角：人类并非用纯粹经济学的方式感知风险，而是通过由家庭、朋友、上司、同事等影响所传播的社会与文化意义过滤后的知觉透视镜来感知风险。因此，风险的社会学研究呈现出一个侧重风险的由特殊的情景和环境的不同概念组成的混合物。在此视角下，风险的社会学研究方法可以从两种维度进行分类：第一种维度是个人主义相对于结构主义的；第二种维度是客观实在相对于建构主义的。

具体而言，这两种维度的社会学意义是：个人主义相对结构主义这两个属性指出了研究的基本对象是个人还是社会机构，如一个组织、社会团体、亚文化群或社会。结构主义强调复杂的社会现象（如风险）并不能被个人的行为所单独解释，而只能建立在个人与较大的组织之间互动的结果上。实在论相对建构论这两个属性对风险的本质和表现形式的不同分析则表现在：实在论的概念表示风险及其表现形式是真实的、可观察并可客观评估的；而建构论的概念则宣称风险及其表现形式是由社会团体或组织制造的人工制品。相对于两种维度的不同组合有不同的理论方法，这里强调两种主导方法，即理性行动者范式和背景主义范式。

一、理性行动者范式

按照理性行动者范式，人们对风险的评估和认知是建立在个人主义概念上的，风险测量和感知是科学性和技术性的，往往也是非历史的和非背景主义的。前面介绍的风险的经济学研究观点就是这种范式最成熟、最具影响力的风险认知理论。

在理性行动者范式中，风险事件的人只是按照下述说法进行的：个体经由外部风险刺激感知到风险后成为尝试风险的主体，随后产生风险管理行为，以防止风险损失或减轻其影响。在这种范式中，个体的风险感知（包括风险评估和认知）是指视觉和听觉感知，而非触觉和嗅觉感知。感知个体基本上是风险刺激的被动接受者，而非主动参与者。就像风险的心理学研究中显示的，这种范式的主要问题是人们对风险评估和认知与实际情况或专家评估结果之间的差距。这种范式中的风险沟通模式则主要是以教育接受者为目的的一种信号传输。这里的关键在于如何将风险的概率和相关定量信息从传输者通过某种渠道传输给接受者（譬如，保险市场就是这样一种风险传输媒介）。

二、背景主义范式

背景主义范式的典型是风险的文化观点。风险的文化观点研究源自人类学研究。譬如，马林诺夫斯基（Malinowski）在其经典著作《魔力、科学和宗教》中就说明了部落文化应对高风险和不确定活动的宗教仪式和宗教惯例的功能。费孝通在其名著《江村经济》中也提到干旱、水灾和蝗灾与开弦弓村的宗教和刘皇会这样的庙会娱乐活动之间的关系。

风险的文化观点认为，风险是基于在社会组织特定形式中形成的原则而被定义、感知、管理的。不同于理性行动者范式，风险的文化理论通常预设了一个积极的而非被动的感知者，而且这个感知者不再只是个人，而更可能是一个由某种规律约束的管理风险的制度或组织。根据风险的文化观点，制度结构是风险感知的源泉，风险沟通则强调了相互信息共享意义上的信任关系。

因此，风险的文化观点本质上是结构主义和建构主义的一种社会理论，它首先强调的是人类自身之间的社会关系，其次才注重人类与自然的关系。从个人行为推出社会行为的个人主义方法论在文化分析观点中没有位置。

风险的文化观点方面最重要的研究之一，是英国人类学家道格拉斯（Douglas）和维达斯基（Wildavsky）在 1982 年发表的著作《风险与文化》（*Risk and Culture*）。这本著作认为应该研究风险感知背后的社会规范或政策。对那些有助于强化某种制度安排的风险尤其应该关注。譬如，他们描述的一个案例是乌干达的一个游牧民族——希马人，希马人认为如果牛与女性接触或有人喝牛奶时吃了耕作作物，牛就会死掉。这种信仰加强了希马人之间传统的性别分工和有别于农耕民族的独特身份。道格拉斯指出，在古代文明中许多惯例和信仰，如动物禁忌、食物禁忌等都可以用在规避风险和在混乱中产生秩序这一功能来解释。对人类学家而言，这里的关键问题是：为什么不同的文化背景会选择不同的风险（譬如，希马人认为牛与女性接触会导致牛死亡的风险）以及作为对这种风险的反应——在其信仰结构里产生某些禁忌惯例？通过风险的文化观点，道格拉斯实际上提供了将经典人类学和社会学推广应用于全球化、工业化的当代社会跨国界和国际化风险问题的一座桥梁。

美国社会学家谢尔顿·克里姆斯基（Sheldon Krimsky）在其"理论在风险研究中的作用"一文中指出，从文化观点对风险的理解视角有三种：①风险的本体论地位；②风险选择理论；③将社会学的变量与个人对风险的态度连接的可测试模型。

风险的本体论是指风险作为一种属性在物质世界中的形而上学地位。风险是一种客观测量，还是一种随背景变化的主观价值？文化理论学者批评理性行动者范式提出的风险的实在论、本体论观点，认为风险尽管在自然界有物质基础，但仍不可避免要受社会进程的控制。风险的文化本体论还对以个人主义或通过个人行为解释风险行为的方式给予批评，认为是团体和社会背景，而不是个人的认知在应对风险中起主要作用。按照这种观点，风险分析的合适范围是社会学的而不是心理学的。解释的顺序是从社会背景到个人而非相反。因此，"风险是一种社会产物"。

　　风险的文化观点中的风险选择理论则关注风险选择在提供群体文化稳定性方面的功能和作用。功能主义阻碍了理性的作用，因此对风险的解释和选择没有绝对意义上的对错，而是来自其在社会系统中的功能和有用性。不同文化信仰的社会的风险相关者会对风险事件和活动的作用有不同的看法。

　　文化观点对风险的第三种理解视角是可测试模型，从中我们可以得到社会组织和风险选择的因果或结构联系。组织和文化联系限定了风险的信仰结构，如果在不同社会背景中的个人依附于对世界的不同信念，那么可以预测他们对那里的风险是什么也会有不同的观点。

　　风险的文化观点中最重要的分析模式是如图 2-2 所示的网格 / 群体模型（grid-group model），这个模型与一般的网格 / 群体模型稍有不同。政治和社会学的变量（即网格 / 群体）区分了某人是一个在市场条件下安逸的个人主义者（individualist），还是等级主义者（hierarchist），或者是平等主义者（egalitarian），抑或社会连带主义者（solidarist）。涉及个人的文化类型，一个有意思的哲学元问题是：究竟是个人性格决定了其社会关系或政治关系，还是社会关系或政治关系决定了个人性格？与生物进化理论中所说明的一样，道格拉斯和维达斯基表达了这样的观点："关于风险的争论所提出的主要问题表明，把问题分为客观估算了的物质风险和主观偏见的个人认知是不合适的。"风险的文化感知理论把社会环境、选择原则和感知的主题视为在一个系统内。

图 2-2　网格 / 群体模型

第三章　新时期保险企业的风险管理理论的多元分析

第一节　保险企业内部风险管理的经济学原理

通常的保险教科书将"风险管理"理解为"企业或组织系统全面、科学地分析和评价所面临的各种不确定性和风险因素及其影响，并在此基础上合理使用各种管理风险的方法和措施，以有效防范和控制不确定性和风险可能引起的各种损失后果"。

实际上从更一般的角度出发，"风险管理"可以理解为个人或企业为改变其面临的未来现金流的风险/收益情景所进行的管理决策。这里的理解包括三方面的含义：一是风险管理的主体可以是个人或企业；二是风险管理的行为不仅包括个人或企业减少所面临风险的所谓套期保值（hedging）的过程，也包括个人或企业增加所面临风险（以获取超额收益）的所谓投机（speculating）的过程；三是风险管理的客体并不只是包括保险风险，而且包括个人或企业面临的所有风险。

因此，更为合适的风险管理的定义是行为人（包括个人和企业）改变未来面临的随机现金流以最大化期望效用的决策过程。本章主要论述企业风险管理的理论研究。

企业风险管理在实践中首先于20世纪50年代在美国发展起来，当时美国的许多大公司都在投资中因为没有考虑风险吃了亏，损失惨重，这就向高层敲响了一个警钟——"风险管理很重要"，有了这个意识以后大企业开始招聘从事风险研究的专业人员，甚至成立了风险管理研究部门来为他们的投资保驾护航。其专职从业人员被称为"风险经理"。这些职业风险经理还成立了全国性的职业团体——"风险和保险管理学会"（RIMS），其宗旨是传播风险管理知识，并出版相关刊物和定期举行相关会议。

随着企业风险管理越来越多地付诸实践，在实务领域有了很大成效，教育界和学术界也纷纷摩拳擦掌跃跃欲试，使企业风险管理发展成为一门新的管理学科。1960 年以后，美国以商业研究为主要学科的商学院争先恐后地进入企业风险领域，专门开设企业风险管理课程，传统的保险学系也闻风而动将风险管理作为教学重点，有的商学院把保险系干脆改名为风险管理和保险系。有些学术机构，如美国风险和保险学会（ARIA）、欧洲日内瓦协会（Geneva Association）等也将保险的研究重点放在风险管理方面。从某种意义上说，风险管理和保险学已经融合成为一门学科了。

与通常保险专业的企业风险管理教材的内容不同，本章对企业风险管理理论研究的综述性概括将从现代金融理论的研究视角对其进行更深层次的分析。这样的选择基于以下两点理由：

第一，在实践中企业风险管理的范畴不仅包括保险风险，也包括利率风险、信用风险、汇率风险、股票市场的波动风险等通常所谓的金融风险。企业的风险管理也因此形成了所谓的 ERM（Enterprise Risk Management）概念，提倡对企业面临的所有风险整体考虑以解决风险管理中的问题。1999 年，发表在英国《经济学家》（*The Economist*）杂志上的一篇文章也因此宣称"企业的金融业务和保险业务正在融合为一体"。

第二，保险学的学术研究也开始越来越多地采用现代金融理论的研究框架。如果说传统的保险学教学和科研比较偏重于保险实务中的具体问题和方法，并因缺乏理论深度而曾引起 1969 年度美国风险和保险学会主席格林（Green）的感慨："我们（指风险管理和保险方向的教授）需要改变目前我们的专业教学过于依赖保险业的实务问题的现象，建立更加概念化的教学体系。"在最近几十年，西方的保险学术界因此开始提倡采用现代经济学和金融学的研究方法分析和讨论保险和风险管理中的相关问题，与实务中的发展相同，保险学和金融学的理论研究也正在融合为一体。

根据风险管理的研究理论，不同的企业从事风险管理的原因是不尽相同的，但大致可以归为四类。

一、企业管理人员与股东目标的不一致

这方面的研究首先是在斯图尔兹的论文中提出的，其主要观点是，由于企业管理者与决策者面对他们自己的私有财产，特别是与企业挂钩的他们在所属企业的股份、工资、红利等收入需要进行资产组合，但现有条件不允许他们规避风险获得最大收益，由此自己的资产总是受到损失，并且企业管理人员与股东因为理

念不同、学识不同，所以在企业运作上所做出的决策也不同，突出表现在企业管理人员想要通过风险管理增加收益红利惠及自身，而股东们并不认同。

进一步研究企业管理人员通过资本市场对冲风险限制的深层次原因，主要有以下几点：

首先，企业管理人员可能受法定限制，不允许做空自己企业的股票。或者即使没有法定限制，企业一般投资者和管理人员的信息不对称也不允许管理人员用这种方法控制自身的资产组合。我们不难想象，当公众知道持有股票的公司老总正在大量抛售做空该公司股票时的反应。

其次，企业破产或发生财务危机时，企业管理人员可能会失去职位，在职业市场存在交易成本时可能并不能很快重新找到合适的工作。为了避免这种现象，企业管理人员有动机进行风险管理以减小企业业绩的波动，即使企业股东对此并没有要求。生活中我们也确实会观察到有些企业即使在破产清算有利的时候，其高管人员还是千方百计继续企业运作的现象。

最后，市场具有非完美性，置身在其中的企业管理人员的实际职业受市场的影响并不是那么明显，模糊的职业名称使得评价企业管理人员的好坏优劣有一定的困难，需要企业业绩作为参考因数，后来就发展为唯一标准。市场千变万化，有时因为决策偏差使得业绩波动过大引起股东不满，对双方都不好。企业管理者便想通过风险管理的方法减小波动，这在当时不失为一种理性选择。

综上所述，企业管理人员与股东目标的不一致导致企业的目标不仅包括最大化企业价值，还包括其他目标，譬如最大化企业管理层的价值，而这种改变后的目标使得企业的目标函数不再是线性和风险中性了，而是表现出某种风险厌恶的特点。

企业管理人员与股东目标的不一致导致的企业风险管理对企业股东的作用是负面的，本质上还是一种净损失成本。但以上三方面的分析显示，在非完美市场风险管理实际上确实能够提高企业（股东）的价值。

二、税收的非线性结构

企业的税收结构显示其税收函数通常为凸函数。这点体现在两方面：一方面，企业的所得税和股东红利税可能是非线性的，表现出累进的形式；另一方面，即使税率是固定比例的，由于企业亏损时不再收取税收（对负的利润并不收取负的税收，或者说给予税收补贴），因此税收函数还是会表现出某种凸性。因此，股东实际所得的结构就表现为凹函数的形式，也就是说，与风险厌恶的期望效用函数一样的特点。

三、破产成本的影响

不完美市场中，破产成本对公司金融的影响在 MM 理论中早已有详细的讨论。所谓破产成本，一方面，企业破产时变现资产往往会低于账面价值，特别是破产企业可能会完全丧失其无形资产的价值；另一方面，破产企业还会导致相当可观的行政费用和法律费用。即使公司并未进入破产程序时，破产成本就可能产生，包括破产可能性增加时企业声望的损失，员工、供应商和客户的关系损害等。破产成本对企业而言是净损失成本，企业为了避免这种无益成本，有必要进行风险管理。此时，企业管理层将对风险管理产生的净损失成本和破产成本产生的净损失成本进行权衡，选择适当的风险管理方式以最大化企业的价值。

有意思的是，单个企业的破产对整体经济的影响也许是微小的。或者说，即使对单个企业的股东而言，破产确实会产生额外成本，但对整个社会而言，破产企业并不会从地球上消失。它们也许还像以前那样继续运转，只是换了主人。甚至即使企业真的关闭了，其存货、设备、员工和客户也会流向经济中的其他地方。因此，有人也许会认为企业风险管理在不完美假设下确实能增加单个企业价值，但对整个经济的价值不大。但实际上，单个企业破产有可能会引起成批企业的破产，这在金融和保险行业表现得尤为突出。譬如，2008 年金融风暴就是由雷曼兄弟倒闭引起的世界性的经济危机。因此，企业特别是金融和保险企业的风险管理对减少整体经济的无益成本、增加整体经济价值也是有用的。这也是为何金融和保险企业的风险管理尤其重要，并需要特别的监管机构对其风险状况进行控制的一个原因。

四、信息不对称

梅叶斯（Myers）和梅吉拉夫（Majluf）于 1984 年在其开创性研究中指出，当外部投资者对企业实际情况的了解与企业内部管理层存在信息不对称时，企业的融资成本存在所谓的"强弱顺序"（pecking-order），即企业对投资项目融资的先后顺序是：首先考虑内部留存利润，然后是低风险的债券，最后才是发行新股。

也就是说，由于信息不对称的原因，企业（在考虑风险溢价后）的融资成本按从低到高排列为：留成利润融资→债券融资→股票融资。与完美市场不同，此时企业可能会丧失一些净现值为正的项目机会，或者说企业会有投资不足的现象。而当企业的风险增加时，企业寻求外部融资的可能性也随之增加，并因此减少企业的价值。举个例子，保险公司在发生巨大灾害时由于保险赔付额大幅增加或其他原因，现金流面临短缺。但往往由于此时公司在资本市场融资成本的增加导致公司资金来源断绝，不仅必须放弃那些可以为公司带来净现值的项目，并且可能陷入破产的困境。在 2008 年全球金融危机中，美国国际集团（AIG）的表现就是一个典型案例。美国投资大师巴菲特也曾在其一年一度写给股东的信中宣称：（其所在的）伯克希尔 – 哈撒韦公司最重要的比较优势就在于当整体资本市场面临资金短缺时，由于该公司有雄厚的资本金，就可以投资那些（别人无法投资的）能够给公司带来超额利润的项目。

弗鲁特（Froot）、沙尔夫斯坦（Scharfstein）和斯坦（Stein）在 1993 年从上述由信息不对称导致的企业融资"强弱顺序"的现象入手对企业风险管理的影响做了详尽的经济分析。得出的结论是，企业如果有较高的风险管理水平，就可以阻挡一部分在整体市场表现较差时从外部资本市场融资的现象，从而增加企业自身价值。

与金融学中的研究方法一样，企业风险管理的研究人员对上述的各种理论分析也进行了实证检验。对上述企业管理人员与股东的目标不一致的原因，相关的一项主要研究来自于图法诺（Tufano）。他考察了金矿行业的经理薪酬计划与企业风险管理的关系，其实证分析的结果显示，那些收入和所在企业的股份持有额挂钩的经理从事风险管理的积极性超过那些收入和所在企业股票买入期权挂钩的经理。这个结果显然与前面所述的第一个原因是一致的。这是因为股票买入期权的收益结构决定了经理与企业整体收益风险的相关性比较小，经理对企业风险管理的需求也就相应减弱。但图法诺的研究也发现上面提到的其他两个原因并未能得到实证支持。

与图法诺的研究结果不同，其他一些研究则发现了支持信息不对称和交易成本对风险管理影响的一些证据。早期的研究发现，信用评级较差的企业比信用评级较好的企业更倾向于致力利率风险管理。这个结果和破产成本导致企业风险管理的假设是一致的。后续研究则对信息不对称引起的融资成本问题对风险管理的影响进行了检验，其结果也支持前述的这种理由。特别是针对金融企业，相关研究调查了几百家美国的商业银行和保险公司，检验结果显示，那些资产流动性相对较差的银行和保险公司更倾向于使用衍生产品进行风险管理，这些结果同样支持了融资成本问题对风险管理影响的假设。

可以发现，以上对企业从事风险管理原因的理论和实证研究实际上都是在现代公司金融的研究框架中进行的，这也进一步显示了保险学研究与金融学研究相互融合的趋势。

第二节 "度量理论"对保险企业风险管理的影响

企业对风险管理的要求和个人或家庭对风险管理的要求是不同的：后者是因为其期望效用函数一般都是凹函数，因此即使在完美市场中也会有风险规避的需求；而前者在完美市场中是不需要进行风险管理的，其风险规避和风险管理要求来自市场的不完美，譬如信息不对称、破产成本、代理成本和税收成本等。因此，对企业风险的度量应该将这些因素都考虑进去。由此相应地，在商业银行、投资银行和保险公司的风险管理中，发展出了许多风险度量方法，譬如著名的 VaR、CVaR 等风险度量概念。下面介绍一些企业（特别是保险企业）风险管理中常用的风险度量方法。

假设 X 代表保险损失变量（也可以用于表示其他的财务变量，如收入、净利润等），$F(X)$ 是 X 的累积分布函数。$E[X]$ 用于描述分布的数学期望。$E[XY]$ 代表 X 的条件期望。

（1）均值 μ，即 $E[X]$。通常 $E[X]$ 并不用于度量风险，但可以测量风险收益的平均值。

（2）方差 σ^2，即与其均值距离的平方的期望值，用于测量偏离其均值的程度。

（3）标准差 σ，即方差的平方根。

（4）半方差。由于方差并没有给出究竟 X 与其均值是向上偏离还是向下偏离，所以当没有分清偏离的方向时，对于风险的测量会有偏差。半方差就解决了这一问题。例如，$E[(X-\mu)^2)/X > \mu]$ 表示的是向上偏离的方差，$E[(X-\mu)^2)/X < \mu]$ 则表示向下偏离的方差。

（5）破产概率。在测量保险风险时，由于巨灾的发生必须经常考虑破产概率的问题，即公司意外发生巨额损失将导致资不抵债的风险的概率。

（6）在险价值 VaR。VaR 是一个常用概念，后文将对此详细讨论。

（7）保单持有人期望损失 EPD，即保险公司破产的期望损失值。它也能够一般化定义为超过一定水平而不是保险公司的破产水平的期望损失。如果 c 是一个目标值，那么超过 c 的 EPD 即 $E[(X-c)^+]$。

（8）在险尾值 TVaR，是指在损失超过风险目标值的情况下的期望损失，如果目标损失水平是 c，那么在险尾值是 $E(X/X > c)$。TVaR 与 EPD 很相似。

（9）条件在险价值 CVaR，是指在一定置信水平下计算得到的给定持有期内组合损失超过 VaR 的条件期望值。条件在险价值与在险尾值是类似的概念，但依赖一定的置信水平。

（10）期望短缺 ES，即条件在险价值的修正。后面将详细讨论这个概念。

（11）超在险尾值 XTVaR，与在险尾值相似，但不是损失超过一定水平下的期望值，而是损失超过整体均值的期望值，即 $E[X-\mu|X>c]$。虽然超在险尾值在形式上与在险尾值很相似，但两者并不完全等价。

一、一致性风险度量

为了对不同的风险度量方法给出一种统一标准，阿兹那（Artzner）等人在1999年提出了一致性风险度量（coherent risk measure）的概念，即要求一种良好定义的风险度量应该满足单调性、正齐次性、平移不变性和次可加性四条假设。下面分别对这四条假设加以介绍，以下以大写字母表示随机变量，代表企业的某种资产或负债组合，ρ 代表一致性风险度量算子。

（一）单调性

$$X_1 \geq X_2 \Rightarrow \rho(X_1) \leq \rho(X_2) \qquad (3-1)$$

随机变量 $X_1 \geq X_2$，意味着对几乎任何状态 ω 都有 $X_1(\omega) \geq X_2(\omega)$。单调性假设的含义是：如果 X_1 在任意情况下价值都比 X_2 的价值大，则 X_1 的风险度量至少不应该比 X_2 的风险度量大。

（二）正齐次性

$$\forall \lambda \succ 0, \rho(\lambda X) = \lambda \rho(X) \qquad (3-2)$$

正齐次性假设要求风险度量值与风险呈正齐次变化。

（三）平移不变性

$$\forall c = const. \rho(X+c) = \rho(X) - c \qquad (3-3)$$

这意味着：

$$\rho[X+\rho(X)] = \rho(X) - \rho(X) = 0 \qquad (3-4)$$

上式的含义是，如果把金额为 $\rho(X)$ 的资金加入到组合 X 之中，则恰好可以抵消组合 X 的风险。

（四）次可加性

$$\rho(X_1+X_2) \leq \rho(X_1) + \rho(X_2) \qquad (3-5)$$

次可加性公理意味着，用一致性风险度量出来的组合之和的风险 $\rho\left(\sum_i X_i\right)$，要小于各单个组合的风险之和 $\sum_i \rho(X_i)$。这与金融经济学中的资产组合理论是一致的。

一致性风险度量中的四条假设比较合理，因此被广泛接受。下面考察几种特殊的风险度量概念。首先考察 VaR，即在险价值；其次考察 CVaR，即条件在险价值以及 ES，即期望短缺。

二、在险价值 VaR、条件在险价值 CVaR 和期望短缺 ES

（一）在险价值 VaR

在险价值 VaR 作为风险度量最初是由 J.P. 摩根（J.P. Morgan）针对其银行业务风险的需要提出的，它依靠优势得到广泛认可，成为一种行业标准并通过巴塞尔协议获得了法律认可。在一本关于 VaR 的开山之作中，作为鼻祖的 P. 乔瑞昂（P. Jorion）是这样定义 VaR 的："VaR 是给定置信水平和目标时段下预期的最大损失（或最坏情况下的损失）。"

通过数学公式可以更加明确形象地表达，在给定置信水平 $1-\alpha$（其中 α 为损失概率）下，资产或负债组合在给定的持有期间内的价值损失用 X 表示，则在险价值 VaR 定义为：

$$1-\alpha = \text{Prob}(X \leqslant \text{VaR}_\alpha) \qquad （3-6）$$

这里的 VaR_α 为组合在特定持有期内在置信水平 $1-\alpha$ 下的 VaR。

例如，当持有期为 10 天，置信水平为 99% 时，如果某个资产组合的 VaR1% = 100 万。这意味着，投资者可以有 99% 的把握估计该资产组合在 10 天内发生的损失额不会超过 5 000 万。

VaR 作为风险测度的指标，一般来说不满足一致性风险度量四条假设中的次可加性公理，因此一般而言 VaR 不是一种一致性风险度量。

一般来说，对厚尾的随机变量，或当随机变量之间的相关性满足一定条件时，VaR 不满足次可加性公理。但对常见的正态分布族，VaR 确实是一种一致性风险度量。在给出证明前，这里先介绍另外两种常用的风险度量方法——条件在险价值 CVaR 和期望短缺 ES。

（二）条件在险价值 CVaR

条件在险价值是指在一定置信水平 $1-\alpha$ 下，计算得到的给定持有期内组合损失超过 VaR_α 的条件期望值。

假设 X 是描述组合损失的随机变量，$F(x)$ 是其概率分布函数，则 CVaR 可以表示为：

$$CVaR_a = -E\{X \,/\, F(x) \leqslant a \quad (3-7)$$

（三）期望短缺 ES

ES 修正了 CVaR 的一些不足，其定义如下：

假设 X 是描述组合损失的随机变量，$F(x)$ 是其分布函数，令 $F^{-1}(p) = \inf F\{X|F(X) \geqslant p\}$，则 $ES_\alpha(X)$ 可以表示为：

$$ES_a(X) = -a^{-1} \int_0^a F^{-1}(p)\mathrm{d}p \quad (3-8)$$

由定义可知，ES 就是组合在给定置信水平决定的左尾概率区间内可能发生的平均损失，因此被称为期望短缺，也称尾部在险价值（TailVaR 或 TVaR）。

在分布函数 $F(x)$ 是连续的假设下，期望短缺即条件在险价值（CVaR），实际上存在如下关系：

$$\begin{aligned}
ES_a &= VaR_a + a^{-1} \int_{-\infty}^{-VaR_a} F(x)\mathrm{d}x \\
&= -a^{-1} \int_{-\infty}^{-VaR_a} xf(x)\mathrm{d}x \\
&= -E\{X \,/\, X \leqslant -VaR_a\}
\end{aligned} \quad (3-9)$$

可以证明，ES 是一致性风险度量。对于正态分布族，可以计算得到 VaR 和 ES 的具体形式，具体如下：

假定损失 $X \sim N(\mu, \sigma^2)$ 并且 $0 < \alpha < 1/2$，则

（1）$VaR_\alpha(X) = \mu + \sigma\Phi^{-1}(1-\alpha)$，这里的 Φ 是标准正态分布函数。

（2）$ES_\alpha(X) = \mu + \sigma\dfrac{\varphi(\Phi^{-1}(1-\alpha))}{\alpha}$ 是标准正态分布的密度函数。

显然，在正态分布的情形下，VaR 和 ES 的形式是类似的，因此此时的 VaR 也是一致性风险度量。

三、资产组合的 VaR 计算方法

资产组合的 VaR 计算方法。由定义可知，VaR 或 ES 的计算依赖两个因素：一是置信水平，其选取一般依赖对验证需求、内部风险资本要求、金融监管当局的要求以及同行业之间进行比较的需要等；二是持有期间，其选取一般要考虑金融市场流动性、正态分布的要求、头寸调整的需要和数据约束。譬如，巴塞尔委员会对金融机构支持 VaR 损失的计算要求针对市场风险是 10 天的持有期和 99%

的置信水平，而针对信用和操作风险则采用 1 年的持有期和 99.9% 的置信水平。为了计算资产组合的 VaR，需要考虑组合中各种资产之间的风险相关性，下面详细说明其计算方法。

设 W_0 是期初资产组合的价值，R 为收益率，W_0 在给定置信度 c 的最低回报率为 R^*，在此收益率下的期末价值假设为 $W^* = W(1+R^*)$。则 VaR 值就是期末价值均值减去期末置信度 c 下的价值最低值，即

$$\text{VaR} = E(W) - W^* \tag{3-10}$$

其中，$W = W_0(1+R)$ 为资产组合的期末值。由上式可知，估计 VaR 值，只需要求出在置信度 c 下的 W^* 或 R^*。

为了计算资产组合在置信度 c 下的 W^* 或 R^* 的风险度量，需要研究组合中各种资产风险的相关性，考虑这种相关性的 VaR 计算方法通常包括方差—协方差法、历史模拟法、蒙特卡罗模拟法。

（一）方差—协方差法

对于正态分布函数族，由于组合仍然是正态分布，因此组合的 VaR 或 ES 都可以写成其标准差的函数，而组合的标准差可以由组合中的各种资产的方差和协方差组成，因此组合的 VaR 或 ES 计算比较简单。这种方法称为方差—协方差法（Variance-Covariance Method，VC 法）。

这种方法的核心是基于对资产收益的方差和协方差矩阵进行估计。其基本假设如下。

假设 1：线性假定，也就是说两者之间有线性关系。

假设 2：正态分布假设，即风险因素服从正态分布。

在此假设下，方差—协方差法有以下几个步骤需要遵循：

第一，糅合以前的大量数据来计算资产组合的方差、协方差、标准差；

第二，假定正态分布是资产组合收益的固定特征，根据已知的一定置信水平，得出分布偏离均值程度的临界值；

第三，建立与风险损失的联系，推导 VaR 值。

例如，假设投资组合的持有期为 Δt，又假设持有期内的收益率 R 服从均值和方差分别为 $\mu\Delta t$ 和 $\sigma^2\Delta t$ 的正态分布，即 $R \sim N(\mu\Delta t, \sigma^2\Delta t)$，也就是说，$\dfrac{R-\mu\Delta t}{\sigma\Delta t}$ 服从均值为 0、方差为 1 的标准正态分布，即 $\dfrac{R-\mu\Delta t}{\sigma\Delta t} \sim N(0,1)$，其概率密度函数为 $\varPhi(x) = \dfrac{1}{\sqrt{2\pi}}e^{-\frac{x^2}{2}}$。

由于 R 服从正态分布，要想求出给定置信水平 c 下的 R^*，只要利用正态分布表找到标准正态分布的一个上分位点 z，使 $1-c = \int_{-\infty}^{-z} \phi(x) \mathrm{d}\omega$，即可求出与置信度 c 相对应的 R^*，即 $R^* = -z\sigma\sqrt{\Delta t} + \mu\Delta t$。

将上述等式代入前面 VaR 的计算公式，可得：

$$
\begin{aligned}
VaR &= W_0 \left(E(R) - R^* \right) \\
&= W_0 \left(\mu\Delta t - R^* \right) \\
&= W_0 \left(\mu\Delta t + z\sigma\sqrt{\Delta t} - \mu\Delta t \right) \\
&= W_0 z\sigma\sqrt{\Delta t}
\end{aligned}
\tag{3-11}
$$

这里的 z 是置信水平 c 对应的 z 值。例如，置信水平为 95%，则 $z = 1.645$；置信水平为 97.5%，则 $z = 1.96$；置信水平为 99%，则 $z = 2.33$。σ 为资产收益率的标准差。

由上式可知，只要知道了 σ 值，就能知道置信水平 c 下的 VaR 值。

实际上，如果假设上述投资组合由 n 种资产组成，已经知道各种资产的在险价值分别为 VaR_i，$i = 1, \cdots, n$，则在正态分布的假设下，按照方差—协方差法，下述组合在险价值的计算公式为：

$$
VaR_a = \sqrt{\sum_{i=1}^{n} VaR_i^2 + 2\sum_{i \neq 1} \rho_{ij} VaR_i VaR_j}
\tag{3-12}
$$

其中，ρ_{ij} 表示第 i 种资产和第 j 种资产的相关系数。

方差—协方差法的计算简单易行，但有以下几项不足。

1. 对研究极端风险不太合适

极端风险是指发生非正常或极端情况的可能性，如金融市场的崩溃。当极端风险概率较大，即业界周知的"厚尾现象"便会蛰伏在市伺机待发，那么 VaR 值很可能会受此影响，因为以正态分布假设为基础的模型的变化而持续走低。实际上，方差有时甚至并不存在，此时用这种方法计算 VaR 值就失效了。

2. 收益率风险分布

一般来说，收益率风险分布并不关于零点对称，而是经常向一侧偏斜，即偏斜度不等于零。此时，采用基于正态分布假设的方差—协方差法也不够合适。

3. 不能充分测量非线性金融工具的风险

实际上，对期权产品，方差—协方差法采取的是一阶近似，但期权价值却是现货价格的非线性函数，线性相关系数无法捕捉变量之间的非线性相关关系。

方差—协方差法被作为测量风险价值的主要方法不是没有道理和依据的。作为一种科学、快捷的计算方法，它只需要了解相关投资组合的具体组成，再糅合有关基础市场风险因素的历史数据，便能实现精准分析计算，更为神奇的是它从不失手，十之八九都能充分准确地测量出风险价值。有着这么大的优势，上述的缺陷便不算什么大问题了，可以忽略排除。故而，简单又计算方便的方差—协方差法成了首选。

（二）历史模拟法

中国讲究"一物降一物"，攻坚克难是科学研究的必需工作。虽然方差—协方差法上述的缺点构不成威胁，但是致力于克服缺点总归不是错。专家们在研究中发现，历史模拟法和蒙特卡罗模拟法可以克服上述方法的某些缺陷。其中，历史模拟法是非理论的方法，这种方法对风险的分布函数不做假定，比较直观简单，因此受到监管机构和产业界的广泛欢迎。

历史模拟法一般应用三个步骤计算 VaR：

（1）选择合适的历史数据时间序列，譬如对市场风险而言，一般用 3 ～ 5 年的日数据；

（2）在得到的时间序列基础上，计算考虑的资产组合价值变动的时间序列；

（3）在从历史数据归纳出的资产组合的实际分布中，选择某一概率水平，计算该分布在此水平内可能出现的价值，并据此计算相应的在险价值。

历史模拟法有两个明显优势：一是非常简单，无须假定数学模型，因此易于和管理层或其他相关方沟通；二是体现了风险因素的实际分布，分布的各阶矩以及风险因素之间的相关性均可据此计算得出。但历史模拟法也有许多不足之处：首先，如果风险因素的未来分布与历史分布差别很大，计算结果就会有很大的误差；其次，历史模拟法需要大量的样本数据并承担大量的运算。对一些缺乏历史数据的风险，特别是取样时间比较短、风险比较极端的情况，历史模拟法是不太合适的。

（三）蒙特卡罗模拟法

蒙特卡罗模拟法综合了历史模拟法和方差—协方差法的优点。与方差—协方差法一样，蒙特卡罗模拟法也利用了适当的分布模型假设，但一般并不能给出 VaR 等的解析表达式，而是通过模拟计算。与历史模拟法不同，这种模拟并非取自历史数据，而是基于适当的模型假设得到的。为了考察风险之间的非线性关系和刻画极端风险也即"尖峰厚尾"现象，风险管理中采用了诸如连接函数法来分析风险之间的相关性以及采用极值理论（EVT）来刻画风险的厚尾现象。

第三节　全面风险管理 ERM 理论对保险企业风险管理的评价

一、早期的风险管理理论与评价

万物皆有起源。金融风险管理思想的源头也是有迹可循的，这个思想最早出现在 19 世纪中后期的亚里士多德时代，这个时期同时是经济学说史上的圣经时代。最早提出的期限结构理论是在 1896 年，古老的智者伊文·费歇尔经过长期观察提出了纯粹预期假设，这一理论在当时引起了学者的广泛讨论。有不少经济学者都追随伊文·费歇尔的脚步深入研究，其中以希克斯和卡尔博特林为代表的经济学家潜心研究，经过 1939—1957 年十几年如一日的研究探索，提出了流动性偏好假设，这是对纯粹预期理论的修正和升华。从古至今，一个产业的发展必然促进相关产业的进步，同理，利率期限结构理论的研究进步，毫无疑问增加了利率风险管理的关注度，实务界与理论界抓住当口对利率风险管理进行研究并随实况变化及时调整修正。20 世纪 30 年代末，学者 Frederick Macaulay 结合前期基础理论与经济实时状况，提出了利率持续期和凸性的概念，得到了金融界广泛认同。由此，早期金融风险管理便以持续期分析作为工具拉开了序幕。

（一）传统利率期限结构理论

利率的期限结构顾名思义就是收益和到期日之间的关系。作为金融界的重要理论，它描述了利率随时间变化而高低起伏变化的特征。以此为基础，我们推演出了收益曲线。收益曲线作为重要资料，可以对未来长期的利率走势做出较为吻合的预测，这个功能给了人们很大的帮助。对利率的研究根植于利率期限结构。追根溯源，传统的利率期限结构有四种，即纯粹预期理论、流动性升水理论、市场分割理论和优先偏好理论。这四种理论彼此独立又相互联系，但最大的共同点就是它们都集中研究收益率曲线形状及其形成原因，并各有侧重点。

有关资料显示，伊文·费歇尔作为早期金融界前辈首开理论先河。他提出了纯粹预期理论（Unbiased/Pure Expectation Theory)，这也是出现时间最早的一种期限结构理论。纯粹预期理论认为预期是决定未来利率水平的唯一因素。期限结构反映出来的只是对未来短期利率的预期，决定着收益率曲线的形状，而可观察的长期利率是预期的不可观察的短期利率的平均值。为了更容易理解，我们可以根据上述文字写出预期理论的到期收益表达公式，其中必不可少的是 $E_t[r(s)]$，它表示的是某一时刻 t 对未来时刻的即期利率的预期，具体公式如下：

$$R(L, \ T) = \frac{1}{T-t} \int_t^T E_t[r(s)]ds_t \qquad (3\text{--}13)$$

纯粹预期理论排除其他因素单单指出预期对未来利率水平的决定作用，故而假设一个时期的远期利率仅代表市场对未来真正利率的预期。因此，长期即期利率本身可以用未来短期利率的市场预期来充分解释。如果短期利率在本段时期内一直处于上升阶段，那么人们就会对这个市场抱有信心，大多数人都会乐观地认为未来一段时间内短期利率会呈上升趋势，而已知长期利率与短期利率密不可分，长期利率等于预期未来短期利率的平均数，由此可以断定短期利率的持续走高会带动长期利率增长，即短期利率和长期利率一起波动。随着市场预期短期利率上升、下降或不变，期限结构将会上升、下降或平缓。从字面意思理解，"上升"的期限结构表明市场预期短期利率在未来呈上升趋势，"平坦"的期限结构表明市场预期短期利率将保持稳定不变，下降的期限结构则表明市场预期未来的短期利率将走下坡路。通过上述文字可以知道纯粹预期理论解释了利率和预期的关系，为未来进行有效的利率预测打下良好基础。人们的一切关于利率的预测行为都有迹可循，这无疑对利率预测模型的进一步发展壮大提供了良好机遇。同时，在纯粹预期理论的观点中，投资者有着极大优势，即活跃在投资市场上的人们根据自己的经验和已有知识可以做到有依据地猜测未来利率，并在此过程中形成自己的投资方案。由于每个人的思考方式与角度不同，预期会产生偏差，投资者并没有非投不可的资，也没有一定不投的市场，所以他们的立场是偏理性的，在他们看来各种期限的证券在一定情况下都是可以相互替代的，这种客观冷静的态度对投资者来说是十分有利的。

流动性升水理论（Liquidity Premium Theory)最早由希克斯提出，并经科塞尔做了进一步补充。该理论对纯粹预期理论进行了修正，纳入了风险因素，将金融市场看作风险的博弈，投资者作为操盘手，持有的长期债券比短期债券风险更大。为了让投资者打消顾虑选择长期债券，必须向他们支付流动性升水（实际上是风险溢价），而且流动性升水同到期期限成正比。值得一提的是该理论的进步意义，它否定了纯粹预期理论的"完全替代"说法，假设不同期限的债券可以替代，那么预期仍然可以影响不同期限债券的预期回报率；这些债券并非完全的替代品，投资者对短期债券和长期债券的偏好不同的事实说明流动性升水也会影响预期回报率。金融市场有风险，投资需谨慎是该理论的核心观点。依照这个看法来说，金融市场时刻都在变化，暴涨、暴跌都是很常见的。对于短期证券来说，跌了就放出去，涨了继续买进，貌似对投资者并没有多大的影响，长期证券则不同，投资者长期持有不能买卖，如果它在一段时间内一直跌下去，投资者也无能为力，这就造成了投资者持有长期证券的风险要远远大于短期证券。知道这个道理的投资者大多数都会规避风险选择短期证券，所以把他们吸引到长期证券的市场中来是很困难的。需要给选择长期证券的投资者一点利润或者补贴，他们才愿意冒这个风险踏入高危投资区。为了吸引投资者到长期债券领域需要支付一份流动性升水才能使他们愿意持有长期证券，即风险溢价。也就是说，该远期利率需同时反映利率预期和流动性升水。根据该理论，实际观察到的收益率曲线总是要比预期假说所预计的高。在风险溢价中，即使投资者预期短期利率保持不变，收益曲线也是向上倾斜的。如果 $R(t, T)$ 表示时刻 T 到期的债券的到期收益，$E[r(s)]$ 代表时刻对未来时刻即期利率的预期，$L(s, T)$ 是时刻 T 到期的债券在时刻 s 的瞬时期限溢价，那么结合预期理论和流动性升水理论，到期收益率为

$$R(t, T) = \frac{1}{T-t}\{\int_t^T [r(s)]ds_t + \int_t^T L(s, T) \ ds\} \tag{3-14}$$

期限结构理论发展应用到实践中经过了长期检验后，以卡伯特森为代表的经济学家发现了市场存在的非完美性和投资者本体变化着的理性尺度，进而提出了市场分割理论（Market Segmentation Theory）。该理论在研究利率期限结构的时候充分考虑了金融市场的独立性和不完全性并多次验证，得出预期理论在很多时候的假设条件仅是假设，意味着这个条件在现实中几乎没有可能成立，那么在这种条件的预期下所形成的收益曲线自然也就不复存在了。而一个从来都被人猜测却没有人能证明的情况也因为这一个理论的出现得到了证实，那就是长期证券与短期证券的分离问题，它们并不是相互联系或交织的，而是在市场中不由自主地被分成了不同的模块领域，这造成的结果就是金融市场正在有条不紊地变成一个个独立的模块，这个模块中活跃着不同期限的证券，而且不同期限的债券之间完全没有相互替代的可能，各司其职。综上所述，决定债券利率期限结构的关键因素是长期债券市场各自的供求状况，而市场对未来的短期利率的预测并没有起到实质性的帮助作用，长期与短期收益完全由各自分割的市场内的供求关系决定。

金融市场在后来的发展中又出现了新的情况等待专家给出科学的解释。莫迪利安尼和萨奇在摸索中提出了优先偏好理论（Preferred Habitat Theory），与前面三个理论不同，该理论利用期限结构的特征说明结构可以反映预期未来利率和风险升水，而风险升水作为重要部分，与限期期限内的供求状况挂钩，供求状况起到了至关重要的决定作用。当供大于求时，人们就会预期有风险升水或贴水。长期

利率取决于市场对未来短期利率预测的平均值，还要加上一项正值的期限升水。投资者思维方式不同、考虑角度不同，这种个体差异性反映在投资市场中可以解释为优先偏好习惯，这个概念是很容易理解的，从字面意思看就好。投资者经验不同，知识水平不同，心理承受能力不同等，不同的因素作用在不同的主体上就完成了他们对不同证券的倾向与选择。比如，想要高利润且经济能力强的就会选择高风险、高收益的证券；保险意识高的就会选择利润一般但是风险很低的投资。每个投资者的选择都是不同的，他们会在进行了充分的考虑后选择对自身有益的或者是自己把握比较大的期限市场进行交易，而且轻易不会放弃。只有出现了具有可以给投资者带来更多的具有极大诱惑力的投资点，如交付收益升水，他们才会考虑放弃原有的投资习惯与市场，转身到一个新的领域试试水，可能造成的结果就是短期市场投资者和长期市场投资者会发生相互转换；如果收益率没有达到投资者的预期水平，他们是不会轻易跳到新的领域活动的，因为转换投资需要承担风险才会带来更高的收益。

（二）利率风险的缺口管理理论

越来越多的金融学家注意到利率期限结构的重要性，都投身于对其的理论研究中，在业界掀起了一股热潮。这也造成了"众人跟风"现象，理论界和实务界都开始从不同方面、不同领域进军利率风险管理，关注度越来越高。造成利率风险的两个重要原因就是收益不稳定或者成本不稳定，利率的高低起伏变化使资产或负债的市场价值发生变化，直接影响投资者的收益，加剧了收益的不稳定性。另外，利率的变动使资产或负债产生的净收入或支出也发生了变化，增大了收益或成本的变化，环环相扣造成了牵一发而动全身的利率市场。正如打蛇打七寸，规避利率市场的风险要抓住关键影响因素，解决资产负债在利率结构上不匹配的问题。在长期的数据运算中，风险的缺口管理理论和方法应运而生，如同平地一声惊雷给金融市场带来了震撼与希望。它通过合理地匹配资产与负债的头寸，使资产与负债的净头寸暴露出来，当净缺口为零的时候风险自动解除。作为风险管理的功臣，到期日缺口模型和持续期缺口模型引人注目。

到期日缺口模型根据上述方法将浮动利率资产和浮动利率负债价值匹配起来，即使净缺口为零来规避利率风险；已知资产和负债存在固定利率，但是市场利率无时不在变动造成了市场价值的上下波动。为了减少影响，该模型将整个考察期内各时间段的利率敏感性资产和利率敏感性负债分别加总，得出累计缺口：

$$\Delta NII = \sum_{i=1}^{n}(RSA_i - RSL_i) \times \Delta R_i \qquad (3-15)$$

式中，RSA_i 是在 i 时间段里的利率敏感资产数量，RSL_i 表示在 i 时间段里的利率敏感负债数量，ΔR_i 为影响第 i 时间段里的资产和负债利率水平的变动。

累计缺口头寸充分意识到在整个期间内银行总的利率风险状况，并对此使用有效方法管理。

只要是人的理论都会存在考虑不周的弊端，毕竟做到面面俱到难度是很大的，到期日缺口模型也没有幸免，它虽然实用性很高但是却忽视了资产与负债利息的利率敏感性，利率敏感性这个新兴词汇是随着金融市场一起成长的，揭示了利率的动荡变化。不同的资金对利率变化的敏感性不同，差异很大。这两个因素结合到一起使得不能准确反映利率变化造成的影响，这是在 1938 年由美国经济学家弗雷德里·麦考莱（Frederick Macaulay）提出的，随后引起了广泛讨论。在一段时间后持续期缺口模型应运而生。该模型定义持续期 D 为

$$D=\frac{\sum_{t=1}^{n}\frac{P_t t}{(1+i)^t}}{\sum_{t=1}^{n}\frac{P_t}{(1+i)^t}} \qquad (3-16)$$

式中，P_t 是第 t 期现金流量的现值，t 是现金流量支付前的期数，i 是到期收益率，n 是支付总期数。持续期实际上是从投资中取得预期现金流量的时间的加权平均数，可更准确地反映利率变化对资产与负债的实质性影响。持续期缺口 $D_{GaP}=DA-\mu DL$，DA 为总资产持续期，DL 为总负债持续期，μ 为资产负债率，即 L/A。持续期缺口管理即通过调整资产与负债结构进行组合免疫管理，使金融机构实现一个正的权益净值及降低投资或融资的利率风险。持续期缺口模型后来被金融机构广泛地用于资产负债管理中利率风险的管理。

（三）评价

由上述利率期限结构理论可得，影响利率结构的三大重要因素为预期、必然存在的市场分割和流动性报酬大小，并从这几个因素分析入手，采用大量理论与数据试图说明它们对收益曲线形状及变化的影响，各有其合理性和局限性。

除了市场分割理论以外的其他三个理论的共通之处还是很多的，这个从下面的叙述中就可以体现出来。第三个理论都假设了短期内远期利率的作用，远期利率虽然决定的是未来的利率，但是跟近期的变化密切相关。对于长期合同中远期利率与市场对未来短期利率的预测密切相关，三个理论不约而同地抱着肯定的态度。能够判断这三个理论的不同的地方就是在远期利率方面是否有其他因素的影响。纯粹预期理论只肯定了假设条件下未来短期利率对远期利率的影响，而其他

两个理论还认为有别的干扰因素在内。因此，后两者又被称为有偏预期理论。

纯粹预期理论是利率期限结构理论的基础，它提出了计算隐含远期利率的量化方式，它的预期观点、金融资产选择和替代的观点被普遍接受。但是，该理论的假设条件过于严格和绝对，不适应经济的一般情况，它不能解释为何收益曲线上升形状比下降形状更常见的原因。所以，纯粹预期理论在一定程度上是作为一种特定理论而被接受的。流动性升水理论接受了纯粹预期理论关于未来收益的预期对收益曲线有很大影响的论述，但是又将纯粹预期理论加以扩展，并从风险回避的假设出发，认为不同期限的债券收益和风险程度也是影响收益线形状的一个重要因素，以风险收益正向联系的观点说明长短期利率的利差关系。但是，流动性报酬或者风险升水本身不稳定，在实际应用中常反映出模棱两可的特性。市场分割论指出了现实经济中的一些客观情况，说明了利率期限结构的变化极大受到了来自金融市场的不完全性和某种独立性的影响。该理论和完全预期理论在一些假设和观点上都截然相反。市场分割的理论虽然受到了广泛的赞同，但还是不能百分百肯定它，缺陷也是有的，正逐渐展露出来。比如，该理论下不同的期限债券的集中与分散造成了市场的分割，而且各个模块之间都是相互独立的，那么某种期限的债券收益率上升并不会对其他不同期限债券的收益率产生明显影响，因而当不同期限的债券的收益率在同一段时间内变化的时候，这个理论无力解释，显得有些苍白。

缺口分析是计量利率风险最早的方法之一，目前仍被银行界广泛采纳。该方法简单易算，是被大多数人普遍接受的计算方法，但依然存在弊端：首先，缺口分析是一种非动态的分析方法。它采取的是账面价值核算方法，无法显示利率变动对这些资产负债的市场价值所产生的影响，并且忽视了货币的时间价值，敏感性缺口间隔在划分的时候并没有考虑同样的现金流量在最初和最末时间段的变化差别。其次，缺口值并不是固定的某一个数，不同的时间段有不同的缺口值，而且资金缺口的正负值也随时间变化。再次，基准风险和期权性风险没有明确地反映出来。与敏感性缺口不同的持续期缺口分析为资产负债的利率风险提供一个综合性指标，这是其他分析方法所不能比拟的优势。持续期缺口的绝对值与银行资产净值对利率变动的敏感度成正比，前者越低后者越低。两个分析方法的明显区别特征就是持续期缺口将现金流量的时间价值考虑进去，使时隔划分不当造成的问题得到解决。综合性指标是持续期的标志特征，其有利于银行对总资产和总负债进行有效匹配，从而每一个账户都划入匹配范围。但是，万物有利必有弊，这个方法存在一定的缺陷是在所难免的。第一，持续期方法的技术力量并不是完全过关，持续期漂移问题等待着人们去解决。此外，存续期模型中有关假设在现实中未必总是成立。第二，准确计算存续期是困难的。计算有效持续期需要许多主观假设，这一方法对数据要求很高。对利率变动的预测很难真正准确。第三，持续期分析需要提供大量的现金流量数据，而且计算复杂，管理难度大，成本相对较高。

1990年以后，科学技术的发展使数据运用更加成熟，那些使用复杂的金融工具或者风险较大的银行更倾向于使用模拟技术，这是一种比上述两种模型更为完善、更有保障的利率风险衡量技术。模拟模型具有动态、客观和全面的优点。以模拟技术为基础的期权调整利差模型、VaR模型得到了广泛好评，如今被大规模地应用于西方商业银行的利率风险度量和管理中。

二、现代风险管理理论与评价

（一）资产组合管理理论（PMT）

20世纪中叶，哈里·马柯威茨提出了资产组合管理（Portfolio Management Theory，PMT)理论，该理论叙述了风险投资者与管理者根据不同风险资产有不同风险回报而进行有依据的选择，有助于投资者选择最有利的投资，以求得最佳的资产组合，使投资报酬最高，而其风险最小PMT理论包括马柯威茨的均值—方差模型和分离定理。PMT理论与以往不同，主要体现在衡量收益的依据不再是利率而是期望收益，衡量风险时重要的参考值是方差或者标准差，以上的创新方法已经形成了基本的结构框架，使风险量化分析和管理不再没有依据而变得有迹可循。有上面的一切作为基点，资产定价理论的出现便不再受人质疑。

1. 马柯威茨均值—方差模型

马柯威茨均值—方差模型建立的前提是有一系列的假设，否则一切都没有继续的空间：只要是投资者，最不想遇到的情况就是自己的投资有了风险，但与此同时他们却对财富利益有着狂热的渴望，都希望自己的财富越来越多，由财富画成的函数图形中最重要的参数就是效用，但是随之而来的就是递减得越来越快的财富的边际效用，边缘化严重；投资收益率的分布没有负态的，通过计算资产回报率的均值和方差可以精准预测该资产的回报状况和风险指数。投资者总是倾向对自己最有利的投资方式，即风险较高时利润最大或者利润不高时风险最低；投资者的投资决策并不是经过周密计算的，只有当期作为参考，而且所有的投资者都只能进行单期投资决策并没有多余的机会；投资者掌握较为完整的市场信息，当上述情况都存在时即有一个名词解释为齐性预期假设。

根据马柯威茨的理论说法，在上述假设条件都存在的情况下，个别证券预期收益的加权平均有很重要的作用，因为它相当于 N 种证券组合的预期收益，在这种情况下，不同证券在同一时期的相关性还是存在的，并不能完全被拖离排除出去，所以计算方法不能像上面如法炮制，这就使降低风险成为可能，组合投资完全可以使投资者乘机降低风险并取得收益。不同的投资者在面对投资的时候有自己的考虑，有的人侧重风险高低，有的人更偏向投资是否在自己的经济承受能力之内，他们在资产市场上通过组合风险资产与无风险资产，最后建立一个最适合自己的最终完全投资组合，这种情况下得出的资产组合方式能保证收益的同时兜住风险。

马柯威茨主要通过量化数据证明理论，其主要依据是某个资产的预期收益和预期风险。在这种方法下，每类数据都具有代表性，$E(R_i)$ 代表了个别资产的预期收益率，而预期风险也可以用有代表性的方差来表示。

$$\delta_i, \quad \delta^2(r) = \sum h_i r_i - E_r \qquad (3-17)$$

其中，r_i 为某实际收益率，h_i 为某收益率出现的概率。

对于 N 项风险资产组合而言，其资产组合的期望收益率 $E(R)$ 是各项资产期望收益率 $E(R_i)$ 的加权平均，即

$$E(R) = \sum_{i=1}^{N} W_i E(R_i) \qquad (3-18)$$

式中，权重 W_i 为第 i 项资产在资产组合中所占的比例。

该资产组合的风险用方差表示，即

$$Var(R) = \sum_{i=1}^{N} W_i \delta_i^2 + \sum_{i=1}^{N} \sum_{j=1}^{N} W_i W_j \delta_i \delta_j \rho_{ij} \qquad (3-19)$$

式中，δ_i，δ_j 为第 i，j 项资产的收益率标准差，ρ_{ij} 为资产 i 与资产 j 的相关系数。

通过这种方法进行计算就可以在一定程度上实现投资者在投资有一定风险的时候最大可能地获得最多利润，从而确定每种资产在整个资产组合中的具体占比。

PMT 理论通过分散资金的方式使降低风险成为可能。马柯威茨运用了全新的方法，把预测预期收益的任务交给资产收益的期望值，把度量风险的重任给予资产收益的标准差，这样对风险进行的定量化研究是极具说服力的，更何况还有极其有力的辅助工具，而这个辅助工具就是系统风险和非系统风险的概念。这两个概念具体结合到这个理论中，就是最优投资组合计算方法的问世，它在这种情况下应运而生不失为上天的礼物，是投资者的福音。无论收益率如何变化，都能确保投资者风险最小化，这是以前人们想也不敢想的。马柯威茨打破常规获得新知，是有智慧的智者。因为他让投资者有了最理想的投资组合方式。

2. 夏普单指数模型

运用马柯威茨模型选择资产组合，需要进行大量繁复的计算。一般情况下，对于 N 种风险资产而言，需估计的参数数量为 1 个无风险利率、N 个期望收益、N 个方差、C_n^2 个协方差，共 $\dfrac{N^2+3N+2}{2}$ 个待估参数。这些参数对选择最佳证券组合是必不可少的，一定程度上限制了马柯威茨方法的应用空间。为了解决马柯威茨模型存在的这一缺陷，威廉·夏善在《对于"资产组合"分析的简化模型》一文中提出了单指数模型。这一模型假设每种证券的收益因某一种原因并且只因该种原因与其他证券收益相关，而且每种证券收益的变动与整个市场变动有关。

与马柯威茨模型相比，单指数模型大大简化了，使现代资产组合理论的运用成本大大降低。但是，这种简化是以牺牲一部分精确性为代价的，因此其应用也受到一定限制。

马柯威茨投资组合模型成为国际通用的证券理论，而单指数模型推出的 β 系数作为反映风险的指标，成为国际上通行的衡量单种证券风险的工具。现代资产组合理论告诉了经济主体如何将手中的资金分配到众多的资产上，利用分散化原则进行投资来规避风险，获取最大收益。

（二）Downside-Risk 方法与哈洛资产配置理论（LPM$_n$）

虽然方差度量法特性优良、方便快捷是大家有目共睹的，但是自马柯威茨明确提出要将方差作为风险度量的指标之日起，批评、质疑、否定之声不绝于耳。大家的争论集中在一点上，即投资收益率的分布是纯正态的，在这种情况下，收益率的波动无法清楚显示出优劣，有时将高于均值的收益率也排在了有风险的行列。为了进一步证实自己坚持的观点，阻止方差作为风险度量的指标这一方法的实现，以依波特森、法玛和辛科费尔德为代表的一众专家开始对美国证券市场投资收益率分布状况展开研究，初步否定了正态分布。响应呼声，布科斯特伯、克拉克也跟随金融时代潮流开始研究含期权投资组合的收益率分布，与前面所做的研究吻合，投资收益率的正态分布假设得到了否定，自此方差没有成为度量风险的指标。均值—方差理论的假设条件是投资收益的正态分布，这个并没有多少说服力的理论总是受到各界的质疑和否定。这些质疑大多集中在真实损失的风险对投资的影响。另外，正态分布的弊端被人诟病了许久，金融界的专业人员为此创新性地引入了风险基准或参照水平来替代方差方法中的均值 μ，将损失在风险中的构成作用纳入考虑范围，建立了一个全新的资产配置模型，与它配套的风险度量法也更适用于现实中的各种情况，被业界称为 Downside-Risk 度量法。这一研究更为具体、全面的同时，准确度也大大增加，指导投资者实行有效的风险管控，寻找最适合自身的投资方式。它还有一个优势就是能够反映任何资产组合的风险与收益关系，但需要在市场均衡的条件下才能成立。下面介绍一个最具代表性的理论体系——哈洛的 LPMn 方法。

LPM 是 "Lower Partial Moments" 的缩写，它明确指出风险衡量的计算因子有且只有一个，就是收益分布的左尾部分，因为它代表了真实损失。一般情况下，在某个目标值 T（Target Rate）下，用 LPM 衡量一个经验（或离散）分布的投资收益的风险可表示为

$$LPM_n = \sum_{R_p=-\infty}^{T} P_P(T-R_p) \qquad (3-20)$$

式中，P_p 是收益 R_p 的概率；$n = 0，1，2，\cdots，n$ 取值的不同，反映在 LPM 的不同含义上。当 $n = 0$ 时，LPM_0 为低于目标收益值的概率；当 $n = 1$ 时，LPM_1 为单边离散的均值，称为目标不足；当 $n = 2$ 时，LPM_2 为目标半方差。

Downside-Risk 方法并不能与均值—方差理论完全分开，它的产生就是为了解决遗留弊端，所以只是一个好的修正版，有些遗留问题如资产价格的确定这个方法也无法解决。但我们可以它为基础继续深入研究解决遗留问题，它是一个很好的工具，专家对此抱有很大的信心。

（三）资本资产定价模型（CAPM）

20 世纪 60 年代中期，资本资产定价模型（Capital Asset Pricing Model，CAPM）理论问世，这个理论的前身是资产组合管理理论，提出者是美国经济学家威廉·夏善、摩森和约翰·林特。当然，他们也借鉴了其他专家的意见。这个理论研究了风险资产预期收益的预测方法，通俗来说就是研究当置身于投资市场中的投资者都使用了最佳资产组合方式时给市场所带来的影响。在这些基础上，现代资产定价理论走向了成熟。

不同资产在组合投资下有着不同的风险属性，采用马柯威茨的资产组合理论无法有效测量出数值，而该理论克服了这一缺陷，提出了一个可以统一的衡量方法，即在市场资产组合中，以 β 系数作为比较不同证券风险属性的指标来衡量对市场组合中风险作用的影响大小。CAPM 认为，市场风险（系统风险）可以构成线性函数，这一函数代表了所有风险资产的平均收益。不仅如此，风险与收益也存在着线性关系，并提供了风险资产定价的一般模型：

$$\mu_i = r + (\mu_m - r)\beta_i \qquad (3-21)$$

式中，r 为无风险收益；μ_i 为证券 i 的收益；μ_m 为投资组合 m 的收益；β_i 测度了上

述证券组合中的证券 i 的风险，是实务中构建投资组合时常用的风险指标。

资本资产定价模型结合了现代资产组合管理理论，更深层次地研究了怎样才能使风险资产在市场均衡状态下预测预期收益，给投资者评估风险投资的预期收益和风险补偿提供了的依据。以资产组合理论为基础，该模型的基本假设结合于此。不仅如此，资本资产定价模型还有几个要注意的假设前提：①资产交易成本不计入评估；②投资者享有的资本可以分化；③投资市场不存在市场操纵者，只有竞争性，只存在市场价格，个人则存在资产买卖行为，但这并不影响市场价格变化；④评估衡量过程中税收不计入考虑中；⑤投资者对证券选择只有一个依据，即证券的预期收益率与收益均方差；⑥不存在市场冲突。

夏普又在此基础上不断探索分析。他认为，每一位投资者投资条件都相同，按马柯威茨模型，他们做出的决定也就相同，那么这时就会形成一个资产组合点，而这一组合点是有效前沿上（$E(rp)-rf$）/$\delta(rp)$ 值最大的市场资产组合 M 点，资本市场线就是这条经过 rf 与市场资产组合 M 点的线。

1. 资本市场线（CML）

$$E(r_l) = r_f + [(E(rM) - r_f)/\sigma_{rM}]\sigma_l \qquad （3-22）$$

所有的投资者都必然知道处于这条资本市场线上某种资产的 β 值，从这条资本市场线上我们可以找到该种风险资产的证券市场线，还可以找到证券预期收益率与风险的关系。

2. 证券市场线（SML）

$$E(r_l) = r_f + [(E(rM) - r_f)]\beta_l \qquad （3-23）$$

式中，$E(r_l)$ 为某证券组合 j 的期望收益率；r_f 为无风险证券收益率（如国库券或银行存款利率）；$E(rM)$ 为市场指数组合的期望收益率，一般用股价指数代替；σ_l 为证券组合 j 的标准差；σ_{rM} 为市场指数组合收益率标准差；β_l 为证券组合 j 的风险因子。

CAPM 模型表明单一的资产在总风险中的利用价值不大，仅是系统风险有利于资产的预期收益的发展，而其他的非系统风险不会使投资者的预期收益增加一分一毫，CAPM 存在最优组合比例，但是这一比例并不是用总风险来计算的，是在每一种资产的系统风险的基础上计算的。因为非系统风险被包含在总风险中，若资产组合中有充足的资产，就会把它分散开，资本市场运动的现实规律就是这样的。

资本市场的投资行为需要靠指引，这时就可以用 CAPM 模型来引导。这一模型有两个假设：其一，一致性预测假设；其二，是资产收益存在只与市场收益相关的假设，但这一假设对衡量资产收益没有具体准确的数据，受现实限制，这就显现了这一模型的不足之处。1975 年，Morton 把市场因素与其他市场外因素相结合，创建了多因素 CAPM 模型。1976 年，在多因素 CAPM 模型的基础上，Ross 提出了 APT 套利定价理论，促进了资本资产定价理论的发展。

（四）套利定价模型（APT）

在金融定价模式领域，CAPM 模型是主流模型。但是，史蒂芬·A. 罗斯认为，实际上，实际的资产组合模型不能证明这一模型的有效性，他的题为 *The Arbitrage Theory Asset Pricing* 的文章在 *Journal of Economic Theory*（1976）上发表。在该文中，他提出了"套利定价理论"，即 APT 模型。

APT 的倡导者提出，比起 CAPM，APT 存在两个长处：一是受资者对风险与收益偏好的假设限制较少，二是有检验 APT 的依据。

该理论提出了一种关系，即预期收益与风险存在正比例关系：若改变了套利活动，那么标的的资产价格也会随着改变，也就没有了套利机会，就会形成高收益与大风险并存这一局面。资本资产定价模型对假设条件有严格要求，而该模型不需要这一条件，也不用假定风险规避。该模型唯一的要求是要有一个有着充足的财富，并且希望无风险的投资者。该模型假定证券的收益 R_i 由下列过程产生：

$$R_i = ER_i + \beta_{i1}(I_1 - EI_1) + \beta_{i2}(I_2 - EI_2) + \cdots + \beta_{in}(I_n - EI_n) + e_i \qquad （3-24）$$

式中，R_i 为证券 i 的收益，I_i 是第 i 种收益生成因素，β_{ik} 为度量因素 I_k 的变化对收益 R_i 的影响，e_i 为随机偏差（噪声）。

依照与 CAPM 模型中相类似的关系，我们可知 APT 模型中预期收益率与风险的关系为

$$E(r_i) = R_f + \beta_{i1}(E(r_1) - R_f) + \beta_{i2}[E(r_2) - R_f) + \cdots \qquad （3-25）$$

APT 认为风险资产的收益是一个线性函数，其函数必须要结合资产收益的因素。这也可以从多个要素的线性函数中寻找，当收益生成的指数与市场证券组合收益相同时，APT 会和 CAPM 相同。CAPM 可以说是特殊的 APT：要对资产的均衡收益进行衡量解释，需要更多的因素。与 CAPM 相比，APT 更加普通，这也是对前者的一种宣传推广。

不会受到市场证券组合的威胁是 APT 的主要优点，并且收益生成过程中包含了任何因素。因此，直观和易于理解、易于解释成为 APT 最大的特征。

相对于 CAPM 理论，APT 理论对风险来自哪些方面（公共因子）的问题解

释得更加清晰。对于投资者来说，他们可以衡量自身的风险偏好和风险承受力，投资者对不同风险因素有不同的承受水平，这一理论便可以引导投资者。可见，APT 理论中存在的方法有实用性和价值。

（五）期权定价理论（OPM）

1970 年以来，金融行业的衍生工具不断增加，金融风险管理也不断受到影响，改变极大，风险管理中存在的问题也随它们的出现得到了改善。一方面，衍生的金融工具具有对冲风险，投资者为应对此问题，运用多样的复合技术（即金融工程），创新了金融工具和资产组合。与旧的多样化降低风险的方法相比较，现代风险管理更加成熟完善。另一方面，衍生金融工具存在杠杆效应，因此这类投资工具风险很大。对待金融衍生产品，我们应该更加重视并严加管理。

20 世纪 70 年代，费雪·布莱克和迈伦·斯科尔斯在美国《政治经济学》上发表了论文《期权与公司债务的定价》，提出了一个定价公式，也就是现在的 B-S 期权定价模型。后续衍生金融产品想要确定价格也是以此为基础，对于传统的二项式模型来说，该模型在此基础上进行创新吸引了大量的期权投资者使用。布莱克和斯科尔斯的工作被喻为"华尔街的第二次革命的发动机"。

B-S 期权定价模型是欧式买入期权模型，这一模型有几个假设条件：①在期权还有价值时，股票可以拒绝提供红利；②股票回报率不断起起伏伏，这一波动要在正态分布中保持稳固的标准差；③股票价格必须连续波动；④税收和交易费用等因素可以不计入考虑。

通过构造特定的投资组合，他们发现在这些假设条件下手中有一种股票，把一定配比的看涨期权卖出，股票的投资风险就会大大减小。这使股票价格的变化完全不会影响到投资组合的收益。以资本资产定价模型为依据，若资本市场是均衡的，这种投资组合的收益率可以说没有风险。也就是说，标的股票和无风险资产构造的投资组合相当于股票期权的收益，如果在套利中不能保持一个均衡状态，期权价格应等于购买此投资组合的成本。所以，以此为依据形成的 B-S 模型并不依赖股票或期权预期收益率和任何市场风险程度，在该模型中期权价格仅依赖股票价格的波动率（a）、无风险利率（r）、敲定价格（X）、到期日（T）、股票价格（S）。在这几个变量中，大多数变量都是可以直接测量的，但有一个特殊变量即股票价格波动率，即使是股票价格波动率的估计也是既简单又实用，但是相对于此，股票价格未来期望值就不是特别简单了。欧式买入期权的价格由下式给定：

$$C(S,\ T)\ =SN(d_1)\ -X_e^{-rT}N(d_2)$$
$$d_1=[\log\ (S\ /\ X)\ +\ (r+\sigma^2\ /2)\ T]\ /\ \sigma T^{1/2}$$
$$d_2=d_1-\sigma T^{1/2}$$

（3-26）

在 B-S 模型所包含的变量中，股票价格 S、敲定价格 X、到期日 T、无风险利率 r 为已知量，价格波动率 a 可以通过历史数据有效地进行估算，$N(d_1)$ 和 $N(d_2)$ 概率分布函数值通过查表可以求得。其隐含的经济意义为欧式看涨期权价格等于卖出利率为 r 的无风险证券 $X_e^{-rT}N(d_2)$ 份并同时买入时价为 S 的 $N(d_2)$ 份所构成的投资组合的成本。

从表面上看，B-S 期权定价模型理解起来并不简单，但其中蕴含了经济学含义。如果假设与客观存在具有一致性，结合变量对期权的价值进行衡量后，是可以得到较为准确的数值的。这些变量中存在可以观察的变量，如所依附的标的物（如股票）的市场价格、期权的期限、期权合同所规定的执行价格、无风险利率以及唯一需要进行估计的变量，即标的物收益率的方差或标准差。这样，在风险中性的假设下，不但期权问题可以得到解决，而且部分衍生品的价格问题可以得到有效解决，具有期权特征的资产的定价难题也能得以解决。

（六）评价

资产组合管理理论应用了现代微观经济学和数理统计的规范方法，是历史上首次对投资活动衡量风险的现代金融理论，它对风险进行了全面、系统的研究。它站在投资者资产选择的立场上，重点考虑权衡投资者的风险和收益。资产的风险因素会影响投资者的选择，而这一理论深入地研究了对投资者决策的影响，指导投资者怎样使风险降低，指明了通过什么路径才能建立最优投资组合，使传统的投资多样化理论有了理论上的支撑。在现代的金融投资分析风险和管理风险中，这一理论有着重要的指导意义。Markowitz 模型和 Sharpe 指数模型有共同点，它们都是构建最小的方差集，但也有不同，Markowitz 模型的公式是准确具体的数值，而 Sharpe 指数模型衡量近似的数值（即假设公式余项互不相关）；如 Markowitz 模型计算量大，而 Sharpe 指数模型计算规模较小，它仅计算其中的有效数值。另外，在多种类型的证券（如债券、股票、房地产、风险资本金等）组合时，指数的标准确定有一定的困难，Sharpe 指数模型中的市场指数收益及其方差的值很难反映真实情况。

资本资产市场模型是对风险证券定价的模型，它提供了一种风险与回报之间的关系理论。由于它不能通过多样化消除风险，CAPM 认为投资者必须要对系统风险进行补偿。CAPM 认为零风险证券的利率加上风险溢价得到收益，证券或证券组合存在预期收益，这两者的收益价值相同。在 CAPM 中，风险溢价，证券或证券组合的 β 值存在一定的比例关系。更深刻地讲，风险和风险的市场价格（分别由 β 和预期市场收益与零风险利率之差表示）的乘积，即风险溢价。在 CAPM 假设中，与证券将来价格有关的风险比较重要，其他如投资者未来消费商品劳务的能力等风险的重要性就不大了。多因子 CAPM 假设投资者面临着被称为因子的额外市场风险来源，多因子 CAPM 中的预期收益是市场风险加上一揽子风险溢价。

APT 模型的支持者将该模型运用了更宽松的假设条件，并将其视为比 CAPM 或多因子 CAPM 有吸引力的特征，而且对 APT 模型的检测并不需要确认真正的市场组合。但是，它却要求对因子的实证确定，因为它们没有在理论中明确给出，结果 APT 模型以选择和测量相关因子中存在的问题代替了确定市场组合中的问题。

总而言之，CAPM、多因子 CAPM 和 APT 模型都对证券市场上的风险定价和证券组合选择等课题提供了理性思考，就理论内容或实证检验的难易度而言，没有一种比另外两个更好。只有等到将来才能确定哪一个揭示了真正规律。实际上，在这个问题上，这三个理论可能都对下一代均衡模型的发展提供了有价值的帮助。

期权定价模型解决了长期以来投资者对期权合约的价格难以合理衡量的难题，对衡量具有期权性质的其他金融产品价值和风险具有指导意义，使投资者可以更精确地衡量对运用期权对冲风险的成本。这一模型可以更准确地衡量这些金融产品的价值，可以全面深入地把握其风险属性。因此，期权定价模型完善了风险管理理论和现实上的不足之处，推动了风险管理理论的发展。

三、新型风险管理理论与评价

从均值—方差模型、CAPM 模型、APT 模型到 B-S 期权定价模型，金融风险管理的量化使模型化的特点更加明显。1990 年开始，模型中金融风险管理把数学、统计学及系统工程等理论相结合来评估风险。在金融机构中，完善的风险评估方法和更加完整的技术，扩大了风险管理的范围，以前只能衡量单一风险评估，现在可以综合评估多样化的风险。目前，风险管理理论有了更加重要的研究方向，即设计一种各种风险一体化的全面风险评估模型，国际金融业越来越重视全面风险管理，最终出现了风险管理 VaR 体系、整体风险管理 TRM 理论和全面风险管理 ERM 理论等新的管理理论。

（一）风险管理 VaR 体系

为了满足市场风险的管理需求，VaR 可以适用一个数值，并用此对所有的风险进行估测。摩根第一次提出了这一理论，可以科学、实用、准确和综合地衡量一个风险，国际金融界如监管部门等广泛应用了这一理论。1990 年开始，全球范围内大多数金融机构、公司及金融监管机构都应用了 VaR 方法及相关模型，风险管理的标准之一就有 VaR 方法的身影。风险管理的 VaR 体系包含了压力测试、情景分析和返回检验等一系列方法。风险管理中进行了一次 VaR 革命，正是由于 VaR 产生并且不断发展造成的。

资产定价理论、数理统计分析技术及市场风险有一些历史数据，VaR 方法及相关模型就运用了这一数据去评估在一个给定的置信区间和持有期间，在正常的市场条件下，把每一种金融资产或组合遭受的最大损失进行预测计算。这也运用了一个基本原理：资产组合价值有一定的变化，会形成一个统计分布，在这一分布中找到与置信水平相对应的 VaR 值。如果从数学的角度来精确定义 VaR，可令 W_0 为风险资产的初值，R 为目标时间区间 H 上的收益率，W^* 为给定置信水平 C 上的资产最低价值，则有 $VaR = E(W) - W^*$，其中，$W = W_0[1 + R(H)]$。

1. VaR 的特点

第一，VaR 为风险管理者量化指标。这一指标易于理解、较为全面。风险资产组合有一定的风险，VaR 把这一风险转化为一个具体的与收益相配比的数字。金融机构可以参考这一具体的指标数值（VaR 值）总结整个金融机构的风险状况，如此金融机构各个部门可以交换自己掌握的风险信息，机构最高管理层也可以及时了解机构的风险状况。

VaR 不仅可以预计未来损失的大小，还可以衡量损失发生的可能性，这一优点是其他市场风险衡量方法所没有的。

第二，VaR 为整体风险管理提供了基本工具。VaR 能全面综合地度量各种市场风险，包括利率风险、汇率风险、股票价格风险以及商品价格风险和衍生金融工具风险等。整体风险管理 VaR 的结果包含了整个企业的风险。传统的风险管理方法只适合于某种资产风险，而 VaR 弥补了这一不足，如 β 值只能评估股票价格风险，衡量债券和存贷款的利率风险只能用持续期和凸性，衡量期权等衍生金融工具的风险只能用 Delta 等希腊字母方法。

第三，不同置信水平上的 VaR 值可以用调节置信水平的方法得到。对于不同程度上的风险状况，管理者能用这一方法更清楚地分析和规避风险，这也满足了管理多样化的需求。

第四，VaR 应用了规范的统计技术，它能全面、综合地衡量风险。一些传统风险管理方法具有主观性、艺术性等特点，但 VaR 对金融机构可能面临的风险能更准确地反映出来，推动科学的风险管理系统的不断完善。

第五，VaR 也对风险资本进行定义。针对某金融机构的市场风险资本充足率，监管部门可以对其提出统一要求，并用 VaR 评估和监控风险。

各种层次的风险管理都可以用 VaR 来实现，它也能用于计算分散性影响，因此 VaR 可以把总体风险和单个风险相结合。

巴塞尔银行监管委员会对 VaR 技术进行宣传推广。金融市场中市场风险的规模不管多大，只要利用这一技术，不但单一资产、多个资产或多个资产类可以进行衡量，而且一个投资组合、多个投资组合也能进行分析和度量。同时，随着技术的成熟和发展，VaR 可以在金融市场的风险测量方面进行应用，也可以在信用风险、流动性风险、现金流风险和操作风险等方面应用。

如果市场出现极端情况，VaR 对市场风险的衡量不具有效性，只有在正常的市场条件下，VaR 对市场风险的衡量才具有准确性。一般来说，是否有有效历史数据的充分性决定了统计模型预测值是否具有准确性，因而对数据的要求比较严格。资产的交易数据在正常市场条件下比较丰富，这时的 VaR 模型的衡量具有有效性；当市场出现不正常的变化时，交易数据就会变少，尤其是市场有了危机时，资产价格不再有连续性，流动性也变得滞缓，甚至得不到价格数据，这时 VaR 对市场风险的衡量就没有了有效性。在这种情况下，可以用压力测试弥补 VaR 的不足。

2. VaR 模型的补充和检验方法体系

（1）压力测试。在市场正常运行的基础上，VaR 对金融机构或资产组合市场风险的有效性进行衡量，如果市场发生不正常的变化或出现如金融危机引起的股价和汇价下跌、利率急剧上升的极端情况，VaR 将不再有效。压力测试可以弥补 VaR 的这一缺点。

把整个金融机构或资产组合放置到一个特定的主观想象的市场情况之下，即压力测试，如利率突然上升一百个基本点，某一货币存在 30% 的贬值，股价下跌 20% 等不正常的市场变化，然后对该金融机构或资产组合进行测试，考察其在这些关键市场变量极端变化的压力下的表现，看其在这种市场突变中能否经受得起。很明显，压力测试极大地补充了 VaR 衡量法。正是鉴于 VaR 相应的局限性，并且在衡量金融机构或资产组合在异常市场条件下风险状况中，压力测试具有重要作用，因此金融监管部门同意金融机构用以 VaR 为基础的内部模型衡量普通情况下的市场风险。此外，金融监管部门要求金融机构不仅要用返回检验来检验 VaR 模型的有效性，还要用压力测试来衡量金融机构在遇到突发状况时的承受能力，弥补 VaR 模型的缺点。

（2）情景分析。情景分析与压力测试有许多类似的地方，可能就是在某些方面相似的缘故，因此常常会混淆两者。例如，两者都将金融机构或投资组合放于对未来的情况（往往是不利情况）做出主观设想的环境中，然后考察这一机构或组合的表现，但两者都不会考虑和确定所设想的情况出现的可能性（概率）。

其实，压力测试与情景分析是有相异之处的，主要体现在以下四个方面：

第一，两者假设分析的范围不同。前者主要针对的是市场方面，通过密切关注市场中可变因素在短时间内的异常变化预估投资组合在此方面受到的影响；后者的关注点比较广泛，投资时的自然环境、经济环境、政治环境、军事环境等都是其关注的对象。通过对环境如经济波动、政局不稳定甚至战争等这些可能出现的变数的分析预测市场主要变量的变化情况，从而推测投资风险的大小。

第二，两者的分析过程不同。前者是先对市场中的可变因素的异常变化进行取值评估，再由此观察对投资产生的影响，是由下及上的分析顺序；后者是先着眼于大环境的变化情况，再考虑其对市场变量的影响，最后推测出投资风险的大小，是由上及下的分析顺序。

第三，两者的分析维度不同。前者考虑的只是市场的可变因素的变化情况，因此只能说是单维度的假设分析；后者要考虑整体环境的变化因素，还要将市场的主要变量的变化情况代入其中进行综合分析，进而预测出投资风险的大小，是多维度的分析。

第四，两者的分析性质不同。前者是一种战术性分析，其关注的是市场可变因素对投资的短期影响，而后者是一种战略性分析，其关注的是整体环境和市场变量的综合变化对投资的长期影响。

由此可见，后者即情景分析是更合适的，因为它所具备的正是压力测试和VaR两者所缺乏的视野宽阔、范围广泛、时间长远的分析优势，所以更能在风险管理中凸显自己的长处，更能规避在投资过程中遇到的诸多风险。

（3）返回检验。返回检验是统计学中常用的一个检验方法，主要通过将测量的实际数据带入模型对比假设值与实际值的相同性，以此来检验模型的有效性。VaR面临的就是它的有效性问题。由于它是一种预测模型，所基于的也只不过是以前的数据和假设的统计参数，因此要想得到监督部门的认可，要想使其对投资风险的预测更有说服力，必须对其加以检验。而返回检验不失为检验VaR的一种好方法。在对其进行检验时，可以把在市场中投资方的实际数据带入VaR模型中，看其是否符合带入之前的预测值，以此检验该模型是否有效。

（二）整体风险管理 TRM 理论

虽然 VaR 在风险管理中有着重要地位，但它也存在着问题和不足，其中最主要的就是 VaR 的关注对象过于单一。它关注的只是风险发生的概率问题，而这对于风险管理来说是远远不够的，因为最新的 3P 理论已经指出，不只是概率，价格和偏好也是不可忽视的因素，只有我们对这三种现代风险管理的基本因素同时加以关注，抓住投资者的心理，在风险管理方面跟上现代发展的步伐，才能更好地做出决策。

风险管理的最优模式就是在原有概率的基础上结合价格、偏好两项因素，从而使其在量的计算上更加客观也更好地平衡投资者的偏好。而 TRM 采用的正是这样的管理方式，它可以做到同时对基础金融工具风险和衍生工具风险进行双重管理，最大限度地控制风险发生，为这方面的管理开启新的方向。

1. TRM 的特点

TRM 为风险管理提供了诸多便利，其中最重要的一点就在于它的全面性，它可以同时对三个基本要素进行整体把握，真正地平衡了三者之间的关系。而且，概率、价格、偏好在 TRM 系统中的作用都是不容忽视的：价格作为一种有形的手段，代表投资者为了减小风险所做的努力；概率代表在多大程度上会发生这些风险（包括一些间接产生的风险）；偏好则决定投资方承担风险能力和抗风险能力的份额。综合看来，TRM 能实现效益的最大化，即它在让投资者最低程度承担风险的同时，可以使其获得丰厚的风险报酬。而且重中之重在于，它的控制风险能力非常强，在一个组合机构中，它可以按最优方式进行风控，也避免了因其中一个决策者的失误而造成的整体损失，从而间接保护了整个机构。

经过种种的调查与研究发现，三个基本要素之间是相互关联、相互影响的，在外部市场环境达到平衡的前提下，它们中的无论哪两个都会对第三个产生决定性作用，如 TRM 中的概率和偏好就决定着经济主体所支付的金额，这也是现代所有市场主要采用的定价方式。由于风险管理在金融方面也需要面向市场，因此应弥补管理模式中只片面关注其中某个要素的不足，在现在的金融风险管理中注重对价格、概率、偏好的整体把握，以便在决策时更加系统和全面。

由于金融机构内部存在诸多的风险管理部门以及多样化的风险管理方式，因此对其进行整合一直以来是 TRM 的要求。早在 1992 年，米勒（Miller）就已经提出了对风险进行全面把握和管理的思想，其主要动力来自对公司的国际业务的管理。这种管理思想的基本目标主要是实现金融机构的价值最大化这一战略目标。其具体的操作步骤如下：首先，从金融机构本身做起，先对自身存在的风险隐患进行全面分析；其次，TRM 对风险的影响程度以及需投入的资金进行评估，以确定接下来的管理方式；再次，依据上述实际情况制定具体策略以实现金融机构的战略目标。

2. TRM 的基本框架

组织结构的分析、概率的预估或假定、价格的决定或计算、机构偏好的确定以及实时的风险监测系统的建立这五方面组成了 TRM 的基本框架。第一，组织结构的分析是通过对投资方组织结构进行全面了解，找出它们的局限性，进而确定其是否能敏锐地感知一些经济事件发生的过程。第二，概率的预估和假定指的是评估一些事件发生风险的可能性，在评估时，应在符合一致性原则（概率公理）的基础上，分开评估客观概率和主观概率，必要时还可以加入 TRM 的另外两个基本要素进行综合分析。第三，价格的决定或计算主要有两种方式：一是对市场价格进行直接参考，二是计算无市场交易和流动性弱的工具的均衡价格。通过这两种方式确定合适的价格。第四，机构偏好的确定主要涉及对每位决策者的风险偏好进行整理分析和确立公司的总体目标，当这两者都确定好后，再综合报酬机构的评估结果进行全面分析，最终对两者是否具有一致性进行检验。第五，实时风险监测系统的建立主要是为了监测 TRM 的三个基本要素，如对市场经济环境的监测、对机构结构的监测、对投资方财富的监测等。

（三）全面风险管理 ERM 理论

全面风险管理模式（ERM）的产生是有历史原因的。早在 1998 年，美国的长期资本管理公司遇到了危机，其主要原因是公司面临的风险越来越复杂，不再是以往简单的市场风险或信用风险了，操作风险也加入其中，并且三者出现了联合的趋势。而这也恰恰是当时金融机构普遍面临的问题。这一问题的产生也让金融机构对信用风险、市场风险由单一的分析转向了综合分析，并且对操作风险的量化问题加以关注。因此，全面风险管理模式就成了当时金融机构的主要思考点。2001 年，全面风险管理理论被完善，并由美国的几家银行大鳄与证券公司率先发起，走在了金融风险管理理论的最前沿。

无论一个机构的业务单位层次有多少、风险种类有多少，都是 ERM 的管理对象，这也是 ERM 的中心管理理念。ERM 不仅要处理各种风险，还要处理各种风险中所附带的如商品、汇率、股票等这些组合资产的风险。考虑到风险之间的相关性，ERM 应对这些风险进行测算并加以整体处理，而不是片面地对其进行分类处理。

1. ERM 的特点

（1）分析更加全面，分析质量有很大提高。ERM 的分析特性提高了决策者的整体意识，有助于决策者更全面地考虑风险状况，而且决策质量的提高也有助于经济效益的最大化。

（2）ERM 系统避免了许多隐藏的问题，如由于它是整体测算，所以数据收集、测量与处理的一致性得到了保障，而且有效避免了操作过程中引起的失误，也避免了一些恶劣行为的出现，可以更有效地监督子公司。

（3）提供风险信息，增强决策质量与监督工作的有效性。由于 ERM 可以提供给持股人、潜在投资者和监管部门更全面的信息，所以经济主体就可以根据银行的准确报告进行高质量的决策，而且相关监督部门可以掌握更全面客观的数据信息，方便了监管工作的顺利进行。

ERM 在风险管理方面有着重要的地位。公司中管理风险的手段与程序都是由 ERM 提供的，ERM 的出现也使 risk management 的价值取向发生了转变，公司的风评、风控也变得更加有效，也使企业得以为其股东创造可持续价值并树立竞争优势。ERM 中信息的全面提供也有效地降低了公司业绩的不稳定性及其他的隐性损失。ERM 的这些功能至少带来了两大益处：其一，它使企业管理层能够以更强有力的、与众不同的方式实现与投资者的沟通，反过来又会提高股票的市盈率。其二，它使企业能以更快的速度、更高的技巧和更强的信心追求实现战略性增长的机遇。

2. 全面风险管理体系的构成

ERM 体系主要由四方面构成：一是存储集中的数据库。其储存着信用交易的所有数据，包括所有地区、所有部门、所有产品和所有风险，数据库的集中化也使相应的机构进行了重新组建，他们建立头寸时也需按考虑注入产品、部门、国家等各方面的因素，每个单位都要进行数据收集和整理。二是分析系统一体化。影响该系统的主要因素是风险的大小以及管理者的要求是否复杂，在对系统进行分析时可以利用信用矩阵等信用风险或 VaR 模型进行分析。三是监督与评估体系。全面风险管理体系分析系统应与监督、评估等结合起来，加入检验数据是否正确、能够找出存在问题的系统；可以监督限制决策者以及符合头寸限额的系统；证明 VaR、定价等是有效的系统。四是做出决策的系统。这一系统主要根据之前的分析结果进行风险分析，并将反映出的数据方面的问题报告等交给相关部门，使决策者能够利用这些报告决定自己的支付金额。

1990 年之后，由于市场环境的变化、公司面临的激烈竞争趋势、投资者对回报的重视以及风险复杂性的显著增加，风险管理被赋予了更多的责任。它不仅要让公司避免非预期的实物损失，还要对增加的风险进行有效管理，在此基础上，还要承担对资本配置以及对风险回报优化的责任。这一系列使公司价值最大化的做法使风险管理逐步转变为现在的全面风险管理。这就是国外学者所谓的"公司风险管理革命"。这种管理主要实现了两个层面的融合：一是风险管理作为一种在组织流程的融合，包括整合纯粹风险和金融风险管理；通过 VaR 等风险度量共同标准考察公司风险全貌；在组织内跨系统、过程和人员整合风险管理流程；寻求更多整合风险管理的产品和解决方案。二是风险管理与资本管理的融合，即风险管理和最优资本结构决策同时协调考虑以实现公司价值最大化目标。这一融合已经实质性地改变公司风险管理的功能，成为很大程度上驱动上述整合的真正基础性融合。处于融合浪潮中心的是非传统风险转移（ART）市场，ART 是指由保险或再保险公司提供的、宽泛的和成长的"合约、结构和解决方案"集合，它使公司能以非传统方式转移风险或为之融资，而保险风险证券化只是一种 ART 产品。

（四）评价

VaR 的产生主要是为了满足现代风险管理的需求，它通过提供科学的数据测量机构或投资者所面临的风险。提出这种管理理论的是 J.P. 摩根公司，由于其具有科学性、准确性、全面性、实用性的特点，因此成功地占领了国际金融界，成为现代风险管理的标杆。目前，VaR 技术的运用领域主要集中于西方金融机构和工商企业，与传统的风险技术相比，它的分析更加科学、实用。

VaR 在风险管理方面的作用不可小视，但是其本身具有的局限性也十分明显：首先，管理对象范围狭窄，无法应对突发状况，如对突发的信用风险、操作风险等无法及时测量。其次，VaR 主要依据历史数据进行分析，也就是以客观概率为基础，用这种数据对价格的波动性及其相关性进行分析，最终预测其存在的风险。比如，历史数据法、历史模拟法和随机模拟法等都是这样的计算方法。这种方法的致命缺陷就在于现在是不断变化的，而历史不会与未来完全相同，所以以历史数据分析未来风险，肯定是有差池的。面对 VaR 模型的不足，我们需要对其加以弥补，所以整体风险管理中返回检验、压力测试、情景分析就成了弥补不足的最好方法。

VaR 存在的不足也是其管理技术方面的一大难题，而 TRM 则对其进行了有效解决。由于整体风险管理可以将三要素进行综合分析，所以其在很大程度上实现了公司价值的最大化，使投资者在自愿承担风险的基础上，获得最大的风险报酬。最为主要的是，TRM 的风险控制能力非常强，在一个组合机构中，它可以按最优方式进行风控，也避免了因其中一个决策者的失误而造成的整体损失，如巴林银行事件。不过在确定风险偏好方面，TRM 还没有找到合适有效的方法。因此，在实践上，也产生了一定程度的影响。整体风险管理的最大不足在于它的操作性问题，而且整体风险管理在机构偏好的确定、组织结构的分析等方面存在较多主观因素。其理论本身也备受争议。总之，TRM 要想真正完善起来，还需要各方面的不断努力。

全面风险管理（ERM）的管理要求是极其严格的，不仅需要处理基本的如市场风险和信用风险，还要重视其他风险，包括承担该风险的单位以及各种投资组合。除此之外，雇员也要熟知各个风险政策、管理体系，并对其有全面一致的了解，以此保证各个环节的始终一致。

当前信息技术与金融理论处于这样的状态：技术分析已不再是难点，最重要的是解决组织和经济方面的困难。这也是全面风险管理（ERM）体系需要努力克服的。因此，要建立 ERM 体系，需要将业务单位集合起来，而且程序需要标准化，同时要建立新的体系来促进集中化的控制与风险管理。虽然全面风险管理目前还处于初始阶段，但是这种风险管理的方法是一次新的变革，提供了金融风险管理的新方向。

第四章　新时期保险企业内部风险的理论分析

第一节　风险的基本理论

一、风险的再认识

20 世纪 90 年代末到 21 世纪，由于金融风险和其他风险的加大，人们对风险的关注更多，金融机构和非金融企业的运营目标也发生了改变，将矛头调转到了风险价值和风险管理。因此，我们也应重塑风险的理念，这不仅是因为现代的风险观是全面风险管理的基础，同时能够帮助我们认识到为什么全面风险管理是最有效的风险管理手段。

（一）风险概念评述

风险这个词虽然常用，但是人们对他的概念是模糊的，学术界对它的定义也众说纷纭。很多时候风险不好确定定义，尤其是在经济学、统计学、决策学、金融保险学中，至今没有统一的风险概念。此外，还有国外对风险定义的详述，以下是一些代表性的观点。

1. 风险是事件未来结果的不确定性

一种观点是将风险定义为不确定性，两者没有本质上的差别，另外一种观点是将风险和不确定性密切地联系在一起，不过两者在本质上不一样。20 世纪 20 年代初，奈特在其经典著作里就提出了一种概率型随机事件。在奈特看来，如果具体的数值概率能被用来反映经济行为者所面临的随机性，就是触及风险；反之就是拥有不确定性。

2. 风险是损失机会或损失可能性

19世纪末，美国学者海斯率先站在经济学角度提出了风险的定义，他将风险定义为损失的可能性。Brokett、Harnes、Cooper、Ruefli将风险径直定义为不利事件或事件集发生的机会，而且用概率来表示，其实就是在已定条件下，许多可能的结果中的较坏结果出现的可能性大小，这种可能性被定义为预期结果的不利偏差。这种风险一般常被称为下侧风险（downside risk），那些认同下侧风险（downside risk）的学者提出了与马柯威茨均值—方差模型不同的均值—半方差模型。

3. 风险是实际结果与预期结果的偏差

该观点是利用波动性解释风险的最经典的代表之一，这种波动性一开始就是一种对未来结果的不确定性，这种波动事先无法预测其变动或律动。而且这些市场变量的波动具有一些统计特性的频繁甚至是连续的变动。衡量波动性的数理统计方法主要有变量的期望值和方差（或标准差）。其中，期望值表示变量波动变化的集中趋势和平均水平，方差表示变量变化的离散趋势，其实就是风险水平。这种观点不仅降低了预期收益的下侧风险，还将高于预期收益的上侧风险（upside risk）纳入风险的计量框架，马柯威茨的均值—方差模型就是典型的代表。不过，自马柯威茨创立了均值—方差模型，现代金融理论和风险管理理论就将这种以方差衡量风险的基本计量框架作为最主要的框架，大多数的风险定价和管理模型，如资本资产定价模型和VaR模型等都应用了这种基本框架。

接下来是洛伦兹·格利茨的观点。他认为，风险即结果的所有变化，既有不愿发生的结果，又有期望发生的结果。不利的或是有利的都可看作风险，这就表明风险包含了市场的正向和反向运动，避免风险不仅要回避坏结果，还要善用好结果。

Puschaver和Eccles（1996）就一些有趣的关于风险的主题进行了讨论。第一个讨论的观点是把风险看作机会，该观点隐约地表达了风险和回报的关系。这种关系就是风险与回报的可能性、损失的可能性成正比，即风险越大，回报虽然变大，但是损失的可能也变大。第二个观点就是将风险看作消极事件，即有风险就可能会有金融上的亏损。而第三种观点就是处于前面两种观点的交叉处，这也是一种更具有学术性的观点，即风险就是一种不确定性。

以上都是站在不同的视角对风险进行解释的，显示了风险的一些内在特性。然而，这里还有对风险的一些误解需要澄清。

第一，风险并不是全是不利的。风险与报酬有取舍关系，但并非取代的关系，风险有时也会带来转机。

第二，风险无时不在，并且不能避免。与其花费重金尝试排除风险，不如将风险发生的可能性控制在可容的范围以内，这才是最好的方式。

第三，风险本身不一定全是不利的，但是如果不能正视风险，对风险定价的认知出现错误，管控不当，对其出现误解或者是认识不全面，则有可能引发不良后果，而这正是风险管理要着力改善的重点。

本书认为第三种观点能够比较详尽地反映风险的本质属性。因此，本书对风险进行了以下的定义：风险是指在客观事物发展过程中，由于种种不确定性因素的存在，结果与预期发生偏离，出现损失或收益的可能性。本书认为该定义与人们一直接触的风险与收益的平衡规律，即高风险高收益、低风险低收益的基本投资规律是几乎完全相符的，与金融机构的基本使命——承担并且管理风险，进而从中获利，也就是拿风险换取预期收益的现代金融机构管理理念是相吻合的。相信基于此定义的风险计量一定会更加准确、合理，在管理风险上面也会更加完善、全面和有效。

（二）保险企业坚持风险双侧观的意义

对于风险性质的认识是区别传统和现代风险管理的一个基本问题。人们以前经常把风险定义为损失的可能性，仅关注损失的一面，也就是"下侧风险"。但是，这种理解是有偏差的，其将风险和盈利完全分割，这不仅造成在考虑盈利时忽略了承担的风险，还造成了在管理风险时只考虑了对损失制造者（或部门）的管理，而忽略了对盈利制造者（或部门）的管理。

如果保险业仅把"风险"当作"亏损的可能性"进行管理，就容易陷入片面性之中。首先，风险管理活动的总是开始于基本数据的收集，当"风险"只是"亏损的可能性"时，数据的收集会更多地关注亏损或是与亏损相关的方面，而没有充分足够的"盈利可能性"的数据，收集到的数据很难反映全面的情况。其次，在进行数据的分析整理时，很容易忽略对盈利一方的分析，过分强调"亏损可能性"的可怕性。如果将"风险"只看作"亏损的可能性"，在对收集的数据进行分析时，就不大可能将盈利与亏损两种"可能"放在同等的地位来对待，无意中增大了对资金运动前景中"亏损可能"的程度，结论容易偏颇，甚至可能夸大"亏损的可能性"。再次，进行风险管理决策时，只对"亏损可能性"投票，而将"盈利可能性"置于次要地位，使决策并不真实、可靠，也不科学，导致企业经营失去一些重要的机会，影响经营效益。

和上述观点不同的是，现代风险观提出风险是具有"双侧性"的，不仅会造成损失，还可能会盈利。所以，需要对其进行双方面考虑，既看到"下侧风险"，也看到"上侧风险"。依这种观点来看，盈利和损失都是来自对风险的承担。

如此的"风险"观是全方位的，相比于传统单向的"风险"，这种观点更加具有真理性。双侧风险观念认为风险管理的关键点不仅需要对损失制造者（或部门）进行管理，还要加强对盈利制造者（或部门）的管理。只有这样，才能实现真正的全面风险管理。

（三）风险的特征

人们要认识到风险的特征是管理风险的基石。但是，除双侧性特征外，风险还有以下 5 个基本特征：

（1）客观性。风险是在现实中客观存在的，无论自然界的物质运动，还是社会发展的规律，事物的内部因素都起决定性作用，由客观规律所决定，所以风险本身是独立于人的主观意志而存在，是不以人的主观意志为转移的。另外，风险是可以使用客观尺度测度的，即依据概率论度量风险的大小。风险管理就是由风险的客观性决定的，如保险之类的化解风险的措施对任何团体与个人都是必要的。

（2）普遍性。风险是无处不在的，它普遍存在于我们的现实生活中。人们在经济生产和生活中时时处处面临许多种风险。随着科学技术的进步和社会的发展，人们虽然不断挖掘出控制风险的方法，但是新的风险又会因此产生。

（3）可变性。其实，风险是一直在变化的，这与一定的环境条件息息相关，一般情况下，如果环境条件有变化，风险的内容和程度也会随之产生变化。

（4）不确定性。事物发展未来状态所具有的不确定性被看作产生风险的根本原因。形成风险的基本因素之一就有不确定性，一般分为两种情况：一是风险收益，也就是预期不确定性可能带来意外收益；二是风险损失或风险成本，即预期不确定性可能带来的意外损失。在很大程度上，风险和不确定性其实都受到了经济主体对相关信息的掌握，信息是影响风险的重要因素之一。

（5）风险的可识别性。风险是可以被识别的，之后就可以采取一些措施对其展开控制。风险识别其实就是在风险发生前分析曾经的一些统计资料，目的是判断某种风险发生的可能性以及风险可能会造成不利影响的程度。风险控制就是采取一些方法躲避风险的发生，或是缩减风险发生后造成的不利影响的程度。企业根据现代风险管理理论学会了一系列风险识别和控制的技术方法，统计资料显示，企业通过利用这些方法对可能产生的风险和风险发生的范围、时间、程度进行把握和预测，从而达到控制和规避风险的效果。

二、金融风险

（一）金融风险的内涵

金融是现代经济的中心力量，金融风险是经济风险的主要表现。金融风险就是金融机构在筹集和运用资金的金融活动中无法预料各种事情的发生情况，从而导致金融企业的实际收益与预期收益相悖，有遭到经济损失或拥有额外盈利的机会和可能。它不仅包括金融机构从事投资和资产运用等经营活动产生的金融风险，还包括个人和其他非金融业的工商企业等从事金融活动时产生的风险。

受放松管制与金融自由化、信息技术与金融创新等因素的影响，金融市场的波动性显著增强，金融体系的稳定性减弱，金融风险不仅对金融机构和工商企业的正常营运产生了巨大影响，还严重危及一国乃至全球金融及经济的稳定，金融危机频繁发生使后果更加严重。所以，引起了全球金融界、企业界、政府当局、国际金融组织对风险的密切关注和高度重视。

金融风险是金融活动的内在属性，只要存在金融活动，就必然存在金融风险。金融风险产生的根源就是不确定性。不过，金融活动中的不确定性有两种："外在不确定性"和"内在不确定性"。外在不确定性是源于经济体系外的，也就是在经济运行过程中产生的随机性、偶然性的变化或无法预料到的趋势，如市场资金供求状况、宏观经济的走势、政治局势的变化、技术和资源条件等的变化。内在不确定性源自经济体系之内，是由行为人的主观决策以及获取信息的不充分性等原因造成的。比如，保险企业的内部控制的管理水平、精算水平、承保和核保能力、保险产品设计与开发能力、信用品质等的变化均属于内在不确定性。

（二）金融风险的特征

与一般经济风险比较，金融风险不仅具有风险的一般性质和效应，还具备其自身的特殊性。

1. 投机性

金融风险虽然本身会产生机会损失或机会收益，但是金融业本就具备它自身的行业特点，所以金融风险就更加具有诱惑力。详细说来，金融资产的经营过程是比实物生产或销售的经营过程更加简捷的，而金融操作技术难易兼备、金融交易方式多样灵活，参与者可以不受时间、设备、地点、职业、身份、地位、集团特征、文化背景条件等因素的限制。除此之外，金融资产较快的变现速度有利于扫清市场准入障碍。上述的这些原因增强了金融风险的投机性。

2. 扩散性和传导性

金融风险具有很强的扩散性和传导性，因为在金融市场统一的情况下，各种金融资产和各类金融机构间的债权债务关系是复杂而密切的，所以逐渐形成了一个复杂的体系。金融资产价格的上下波动相互影响，不同种类的金融机构也呈现网络系统特性，局部的挤兑风潮会扩散到整个金融体系中。一旦某种金融资产贬值了，就容易导致其持有者不能保持正常的流动性头寸，进而爆发金融危机。今天的全球金融一体化趋势日益增强，这种扩散性和传导性就更加凸显。

3. 独立性

产生金融风险的根源有两种：内部风险和外部风险。内部风险是主观风险，即因为资金借贷或经营者（尤其指金融机构）自身的主观行为而造成的风险。外部风险是客观风险，即因为资金借贷或经营者无法控制的客观因素而带来的风险。金融风险的独立性其实就是风险损失发生与资金借贷或经营者主观因素的相关程度。因此，内部风险拥有独立性，外部风险则不具备。大量的文献显示，历史上发生的金融事件大多与非金融资产的运作过程或一国的政治、经济政策有关，并受到多个经济领域或行业的影响，呈现有限的独立性。

4. 规则性

观察国际上以往的金融风险，发现金融风险也是有规律可循的，不是完全无法预料的。这主要是显示在以下两个方面：一是金融风险的积聚和发生需要很长的时间。也就是说，产生金融风险的过程是一种量的积累，风险管理者通过对其科学估算和预测挖掘其中蕴含的风险量和风险程度。二是金融风险具有集中性。金融风险主要集中在集资活动、期货交易、证券交易、外汇、长期贷款、房地产金融和非银行金融机构运作等领域。而恰恰在这些领域，金融风险一般都是较大规模的频繁发生并导致巨大的影响。

5. 广泛性

因为金融活动不止在生产和流通领域，还有些在分配领域和消费领域。一旦发生金融风险，将触及社会再生产的每一个部门，从而影响社会生产的顺利进行，国民经济持续、高速、稳定的发展趋势也受到了冲击。

6. 潜在性和积累性

如上文提到的，金融机构和融资者间存在着极大的信息不对称，而微观金融主体对金融资产价格变化信息的了解也很不全面，所以金融风险是随着各类金融机构的发展不断积累的，其具有很大的潜在性。

7. 突发性和加速性

金融的泡沫是越吹越大的，一旦风险累积超过一定的临界值时，随着某一个具体金融事件的发生，潜在的风险就突然转换为现实风险。这时个体的投机化行为模式就会起到加速器的作用，金融经济危机将会即刻爆发。

第二节　风险管理的基本理论

一、金融风险管理

相比较来说，金融领域拥有更加复杂的风险，规避风险也是更加困难的，所以在现代经济和金融理论体系中，金融风险和金融风险管理是站在关键位置上的。保险企业终日同风险打交道，因此保险与风险管理的关系十分密切。

（一）宏观金融风险管理和微观金融风险管理

在一个整体的金融体系中，金融风险管理是一个分层次的管理系统，可以分为两种：一种是宏观层次的金融风险管理（即整个金融体系的安全性和稳定性管理），另一种是微观层次的金融风险管理（即以金融机构为代表的微观金融主体的风险管理）。

整个金融体系的稳定性是宏观金融风险管理的对象，风险的表现主要是银行危机、债务危机、资产市场泡沫化、货币危机等宏观经济发展的不良态势及其可能性。造成宏观金融风险的原因既可能来自金融体系内部，又可能来自财政、工商企业、进出口贸易等整个宏观经济体系的其他部门。宏观金融风险影响巨大，不仅影响整个金融体系，甚至会影响整个经济体系，使一个国家的经济可持续发展受到不同程度的影响。宏观金融风险管理有量和质两个方面。量的管理重点是通过管理相关经济变量的总体水平确定合理的外汇储备、利率水平、国际收支等。

质的管理重点是调整和改革经济和金融结构，如改革银行体系、选择汇率制度、企业制度的现代化、完善金融监管体制和建立宏观金融风险预警体系等。当今我国金融风险管理的研究重点是在这一层面展开的，已经获得了许多卓越的成果。

从微观上看，金融风险管理是微观金融主体针对面临的各种风险暴露而制定的一系列的政策以及采取的程序和措施的总和。目前，在大的金融机构中，一般董事会直接制定关于金融风险管理的重大政策，但是风险管理的日常监控是由专门为此设立的独立的风险管理部门直接负责的。除此以外，金融机构的风险管理活动包含金融机构的每一项业务和管理活动。当然，完全意义的金融风险管理是不仅包括这种微观主体的风险管理活动，金融行业自律行为、金融监督部门的监管行为，甚至其他宏观经济管理部门为了整个金融体系的安全平稳运行而采取的针对整个经济体系的调控和管理的行为都可以纳入金融风险管理之中。

针对这种微观层次的风险，在管理理论和技术方法上一般注重对资产风险因素的合理定价，采用风险转嫁、风险分散或加强内部控制等技术手段加以管理。以马柯威茨的资产组合理论、夏普等人的资本资产定价模型和布莱克—舒尔茨期权定价模型为代表的现代微观金融理论是微观金融风险管理的核心基石。

（二）保险企业风险管理

保险企业风险管理其实就是保险企业为了减轻风险负效应，削减损失，从而采取措施进行管理和变革。也就是说，保险企业采用风险评估、风险识别、风险处理等方法回避、预防、分散或转移经营中的风险，以此规避经济损失，保障保险企业经营的安全和盈利的稳定的行为。从宏观的视角看，通过小的单个保险企业的稳步经营保障整个保险业的正常运转，从而有效地规避保险企业的倒闭风险和出现"多米诺效应"的情况，最后达到稳定金融秩序的目的，推动国民经济又好又快地健康发展；从微观的视角看，为了保障保险企业经营活动的顺利进行，通过控制和处置风险防止和减少损失。其有两层意义：第一，前提条件是风险一定，从而实现价值的最大化；第二，前提条件是收益一定，从而实现风险的最小化。

二、全面风险管理

（一）全面风险管理的基本概念

全面风险管理是现代风险管理的最新发展，主要始于1995年之后，人们对多种多样的风险因素的认识越来越深刻，特别是对操作风险因素的认识，因此操作风险率先被纳入资本监管框架，这是全面风险管理发展的巨大推动力。除此以外的一个巨大推动力是对金融机构内部控制理念和技术有着深刻影响的著名的COSO委员会，其在2001年就开始制定名为"全面风险管理框架"的新COSO报告，以替代影响广泛的1992年内部控制经典COSO报告。

COSO定义："全面风险管理是一个动态过程。这个过程受董事会、管理层和其他人员的影响。这个过程从企业战略制定一直贯穿到企业的各项活动中，用于识别那些可能影响企业的潜在事件并管理风险，使之在企业的风险偏好之内，从而合理确保企业取得既定的目标。"这个定义体现了7个基本概念，具体如下：①一个过程持续地流动于主体之内；②由组织中的各个层级的人实施；③应用于战略的制定；④贯穿于企业，在各个层级和单元应用，还包括采取主体层级的风险组合观；⑤旨在识别一旦发生将会影响主体的潜在事项，并把风险控制在风险容量以内；⑥能够向一个主体的管理当局和董事会提供合理保证；⑦力求实现一个或多个不同类型但相互交叉的目标。

这个定义是相对比较宽泛的。它抓住了对公司和其他组织如何管理风险至关重要的关键概念，还为不同组织形式、行业和部门的应用提供了基础。它直接关注特定主体的既定目标的实现，并为界定企业风险管理的有效性提供了依据。

（二）全面风险管理与传统风险管理的比较

企业风险管理应该是以企业价值或者股东财富最大化为目标，全面风险管理的基本思想和原理就应该以此为依据。以整个企业的所有经营和管理活动为考察对象，全面分析和考虑企业现在及将来可能面临的所有风险和挑战，利用不同的风险可以相互抵消、影响、关联的性质，借助风险识别、风险控制、风险衡量、风险定级、风险融资、风险管理决策、风险交流等一套科学的风险管理方法和过程，及时、有效地发现和控制那些对企业价值有负面影响的因素，以获得企业潜在的发展和盈利机会。

全面风险管理与传统风险管理的不同可以从以下几个方面加以比较，见表4-1。

表4-1　全面风险管理与传统风险管理的比较

比较项目	全面风险管理	传统风险管理
管理方法	一切风险整体化考虑	分别处理个别风险
管理对象	纯粹风险与投机风险兼顾	以纯粹风险为主

比较项目	全面风险管理	传统风险管理
管理目标	公司价值或股东权益最大化	损失最小化
管理工具	VaR、经济资本、RAROC 等整体风险管理工具	个别风险单独计量
比较项目	全面风险管理	传统风险管理
风险处理方式	风险组合管理	风险分离管理
风险承担的市场形态	整合的市场	众多个别的市场
风险管理人员	首席风险执行官 CRO 汇总所有风险，整体处理	风险经理负责可保风险，财务经理负责财务风险，市场经理负责市场风险

第五章 新时期保险企业内部风险管理活动分析

第一节 自然风险的识别与分析

自然风险是由于自然界的不规则运动引发的风险，它受自然规律的影响，具有不可避免性、突发性和多面性。自然风险是保险人承保最多的风险。保险制度也在管理自然风险的过程中不断完善和发展。保险公司作为经营风险的专业机构，受自然风险的影响远远大于一般工商企业，其经营和运作经常处于一种不确定的自然环境中。

一、我国自然风险概况

从古至今，我们国家发生过许多自然灾害，并且灾害的种类、频率都位居世界前列。这种情况的发生主要是因为我国地域广阔，气候多变并且地理条件复杂，这些灾害主要有以下几类。

（一）地震风险

地震是所有自然风险中最严重的一种，我国位于环太平洋地震带与欧亚地震带交汇部位，是世界上大陆地区地震强度最大、影响面最宽的领域。

（二）洪水风险

我国自西向东有七大水系横亘大部分国土。据统计，有一半人口、1/3 的耕地和 70% 的 GDP 产值集中在这七大水系中下游的约 100 万平方千米的土地上，有 100 多个大中城市处于江河洪水水位之下。从公元前 206 年到 1949 年的 2 155 年间，我国共发生大水灾 1 092 次，平均两年一次。每年遭受洪水的面积约 7.3 万平方千米，成灾面积 4.6 万平方千米。1991 年的江淮大水灾波及 7 个省份，0.24 亿公顷农作物受灾，498 万间房屋倒塌，5 113 人死亡，直接经济损失达 800 亿元。1998 年，受长江流域以及松花江流域的大水灾影响，29 个省份都受到了不同程度破坏，685 万间房屋倒塌，经济损失 2 551 亿元，死亡 4 250 人。❶

（三）风暴风险

风暴在我国每年平均要登陆 7 次，甚至可以达到 12 次。我国每年在风暴的频繁袭击下，财产损失将近 6 亿元。1989 年，我国受热带风暴和台风的影响经济损失达 57.64 亿元；1992 年，8 个热带气旋在我国登陆，造成的经济损失高达 126 亿元；2005 年，先后有 8 个台风在我国东部、南部沿海地区登陆，登陆台风多，风力强，影响范围广，造成的损失巨大。❷

（四）旱灾风险

进入 21 世纪，全世界都出现了淡水危机，我国 700 多个城市中有 2/3 处于缺水状态，人均水占有量仅列世界第 88 位，并且有日益加剧之势。21 世纪初，山东、河南发生的大旱不仅引起粮食减产，还引发了蝗灾。❸

（五）全球变暖风险

这是近年来出现的、由于人类的不当行为造成的对自然环境产生损害的一种风险。由于工业时代石油消耗增加，稀有气体增加，使地表保存的热辐射增加，结果导致了温室效应。森林植被的破坏、汽车的广泛使用都加剧了温室效应。19世纪末以来，全球平均温度上升了 0.5℃。由于冰山溶化海平面上升了至少 15 厘米，而海平面每上升 46 厘米人类遭受的洪灾就会增加 1 倍，许多种类的动植物会灭绝，农业生产会出现波动，疾病也会大肆流行。全球变暖的最主要原因是二氧化碳，其排放量一直在稳步上升。工业国家是二氧化碳的主要生产者，作为正在迅速工业化的发展中国家，中国也面临着这一严峻的形势。

（六）环境污染风险

现代社会中，各类有害气体的排放、工业制剂的广泛使用造成空气、土壤以

❶ 张仕英.保险公司的风险外部监管与资本结构的决定 [D].上海：复旦大学，2008.
❷ 张仕英.保险公司的风险外部监管与资本结构的决定 [D].上海：复旦大学，2008.
❸ 张仕英.保险公司的风险外部监管与资本结构的决定 [D].上海：复旦大学，2008.

及河流的大面积污染，给人们的健康和生活带来了极大的危害，而工业设施的集中也进一步加剧了自然灾害引发的环境污染危害。2011 年 3 月 11 日，日本发生了 9 级大地震，其震源深度达到 10 公里，而发生地就在日本本州岛东北宫城县以东的海域，继而引发核电站危机，成为自然灾害诱发严重环境污染的典型案例。我国经济的快速增长也积累了大量的环境污染风险暴露单位。

二、自然风险对保险业的影响

（一）自然风险的可保性

当不确定性存在时，如果人们能够通过完美的市场规避化解和消除任何可能事件所引起的个人财务风险，这样的市场就被称为是完全的。这里隐含的一个条件即是，针对任何一种无限制的自然状态，都存在一种相对应的可交易的条件合同。这是金融市场的一种理想状态，但在现实中往往由于过高的交易成本等因素而无法实现。以财产保险市场为例，它提供可以分散实物资产所可能遭受的纯粹风险的合约，也即理论上所有的自然灾害风险都是可保的，但现实的市场上还存在由于各种原因产生的大量不可保风险。这是由于保险所能覆盖的自然灾害风险还需要符合以下条件：①损失程度较高；②损失发生的概率相对较小；③损失具有确定的概率分布；④有大部分同质风险的保险标的存在；⑤意外损失是必须标准，其他损失不包括在内；⑥损失具有可测量性，同时损失是一个具体数值；⑦损失只能单次发生不可以同时出现。由此可知，自然灾害风险并不是都可以以保险合约进行分散与规避的，在标的间的损失存在高度相关性时，它就超越了保险的范围。

（二）保险对自然风险的覆盖情况

1. 现有保单覆盖到的自然风险

从我国险种的发展历史看，保险市场也是遵循这些可保条件逐渐扩大对自然灾害风险保障的供给的。到目前为止，几乎所有的人身险产品涵盖了因自然灾害导致的人身风险事故。而对于财产险而言，从最初的企业财产保险、家庭财产保险、货物运输保险、机动车辆保险等业务，到专业化的农业保险、工程保险等，越来越多的险种涉及对自然灾害风险的保障，承保的自然灾害风险种类也逐渐增多，使保险对自然灾害风险的覆盖范围快速扩大。以中国人民保险集团股份有限公司（简称人保）的普通家庭财产保险为例，在保险条款中可保的自然灾害风险包括雷击、台风、龙卷风、暴风雨、洪水、雪灾、雹灾、冰凌、泥石流、崖崩、滑坡、地面塌陷等。

保险产品对自然灾害风险的覆盖能力可以清晰地反映在保险对各类自然灾害的赔付数据中。例如，2008年初雨雪、冰冻极端天气灾害发生之后，截至当年3月1日，国内各保险公司共接到报案101.1万件，已付赔款19.74亿元。尽管相比于1500多亿元的直接灾害损失，占比仅有1%，但在当年已对保险公司的利润造成了不同程度的冲击。而在我国已发生的与自然灾害相关的赔付之中，企财险、建工险与车险的已付赔款占总赔款的40%左右，其他财产险险种，包括农业保险、家庭财产、农房保险仅占很小比例，这意味着当前的保险产品结构决定了保险标的价值高的保单可能赔付更多。与财产险相比，人身保险中赔付最多的为意外伤害保险，约占到2%左右；而人寿保险涵盖一切自然灾害风险事故，也占到了1%的比例。这些都说明保险已经在自然灾害风险保障方面发挥作用。

2. 现有保单未覆盖到的自然风险

在自然风险保障发展迅速的同时，保险的不足程度以及承保结构的非均衡状态比较明显。

首先，我国还存在较多的不可保自然风险，如人保普通家庭财产保险同时设置了更多除外条款，以回避无法满足理想可保风险条件的自然灾害风险事件。除外条款显示，对于坐落在蓄洪区、行洪区，在江河岸边、低洼区、防洪堤以外当地常年警戒水位线以下的家庭因洪水造成的损失，地震及其次生灾害所造成的一切损失，保险标的遭受保险事故引起的各种间接损失等均不在保障范围之内。而对于自然灾害风险管理更具针对性的农业保险，同样存在相似的除外条款。以粮食作物种植保险条款为例，该保险承保的自然灾害风险包括冰雹，8级以上大风造成粮食作物倒伏、茎秆折断、叶片毁坏、籽粒脱落或死亡；暴雨、洪水形成内涝，致使粮食作物倒伏、淹没、不能正常成熟或死亡。与此同时，除外责任中规定了系列不负责赔偿责任情况，其中包括干旱及病虫害的危害。

从以上分析可以看出，理论条件与现实需要有时很难获得充分的对接。洪水、旱灾、地震等在我国属于发生频率高、损失严重程度大、同时风险主体间具有较强相关性的风险，其中旱灾更是由于影响周期长而难以在短期内估测确切损失的风险。参照可保风险条件，这些风险都不是理想的可保风险，但在现实中，这些风险是在历史上造成了绝大部分的经济损失和资源消耗、对经济实体运行危害最大的风险，也恰恰是风险主体迫切需要转移的风险。此外，由于自然灾害引发的环境污染风险常常难以通过财产保险获得对冲。在保单中将这些风险除外是保险经营主体控制风险的需要，却大大降低了保险工具的风险管理能力，在抑制保险需求的同时抑制了保险供给。与此同时，我国各地区地理条件差异巨大，自然灾害风险状况也各不相同，对自然灾害保险的需求也各不相同，而相关的保单条款则是全国适用，同样的保险责任以及同样的除外责任导致供需之间存在普遍性而又多样化的缺口。

其次，供需矛盾问题同样存在于已经开展的保险业务中。张楠楠（2010）经分析得出，受自然灾害风险影响最大的产业是第一产业，影响最大的部门是消费部门，最脆弱的是居民个体。而从资产价值看，风险对流动资产、基础设施、固定资产的影响依次增强，这意味着农业生产及生活资料、居民财产更迫切地需要自然灾害保险的保障。而从财产保险业务结构的演变可以看出，自1987年机动车辆保险保费收入超过企业财产保险保费收入后，机动车辆保险业务的比重就逐步增加，至2007年其业务收入占财险业务收入总量的74.3%。企业财产保险的比重次之，所占比重为9.35%。这意味着，除了保险产品对自然灾害风险保障范围有限外，能够获得自然灾害风险保障的可保财产也局限在特定范围内。

（三）自然风险对保险业的影响

1. 加重了保险公司的赔偿责任

自然风险引起的个体损失之间通常不是相互独立的，而是有着很强的正相关性，这与风险分散的数理基础"大数法则"相矛盾。不仅如此，自然风险可以在短时间内给保险经营带来巨大冲击，引发连环索赔，这与保险业务的长期性特点相矛盾。因此，突发的自然风险对保险公司的威胁极其严重，它能够轻易动摇公司的常规经营，甚至导致公司破产。

我国现有保单涵盖多种类型的自然风险，而在一些自然环境恶劣的地区，自然风险广度和强度的加大必然会带来很多影响，导致保险公司在赔付上有了更大的压力，这样一来在保险资金的使用幅度上会大大减少，保险金的减少在一定程度上会限制保险人的承保能力，而能力的降低会使供给减少，费率增加，使保险市场的供需缺口进一步加大。这种情况尤其可能出现在前述的风险脆弱性地区，如中西部地区。这一类地区的保险业发展与经济发展往往是相对应的，行业的脆弱性往往会进一步使市场的承保能力陷入衰减状态。

2. 对保险产品的创新提出更高的要求

自然风险大多属于巨灾风险，即小概率、大损失的事件，我国保险公司以往都是将此类风险以基本条款形式列入财产保险承保责任，然后通过再保险市场予以分解、消化。然而，随着自然环境日趋恶劣、巨灾风险频繁发生，巨灾保险和再保险市场已供不应求，再保险费率持续上升，给保险人和再保险人的承保能力和偿付能力造成极大的压力。为了缓解这一局面，国际上开始了保险证券化的尝试，即在原保险市场上承保巨灾风险，同时通过发行基于保险风险的证券，将承保风险转移到资本市场。20 世纪 90 年代以来，巨灾风险证券化已成为保险发达国家解决传统保险承保能力不足问题的主要手段，并取得了明显的效果，开创了保险产品创新的新思路，使保险市场和资本市场成功实现对接。

我国对保险证券化还涉足过浅，这是因为保险证券化的诸多条件我国还不具备，如成熟的资本市场、政策和监管的许可等，因而更多保险公司通过将巨灾类型的风险列为除外责任来控制自身风险。但这样的方式不仅会抑制消费者对巨灾风险的转移需要，还会间接影响消费者对普通保险的需求。如果保险行业不能加速保险产品创新，努力扩展自然风险保障范围，则将很可能面临市场的停滞甚至萎缩，进而无法集合足够多的风险单位，使自身的风险分散作用受到了不同程度的限制。

与此同时，保险公司要不断进行产品创新，以应对一些新兴的保险需求，如与自然风险相关的环境责任保险需求。自然风险中的环境污染通常损害地域广，涉及人数多，赔偿金额异常巨大，污染方很难承担全部赔偿责任，必须借助责任保险予以转嫁。随着经济的发展，我国环境污染事故频发，极大地增强了对责任保险的需求。所有这些都对保险产品的创新提出了更高的要求，也对保险监管部门的监管内容和手段提出了新的期望。

3. 影响保险业的社会声誉

2008 年 5 月 12 日，我国汶川大地震造成了极为惨重的损失，然而保险公司对财产和人身损失的赔偿比例微乎其微。汶川大地震直接经济损失是 8 451 亿元，而仅获得来自保险业的赔付 16.6 亿元，占比不到 0.3%。相对而言，2008 年全球因自然巨灾造成的经济损失约为 2 580 亿美元，最终保险业赔付了 447 亿美元，约占经济损失的 17%，发达国家的这一比例更是高达 30% 左右。而与其他灾害补偿渠道相比，保险也处于相对的弱势地位，无论财产损失补偿还是人身伤害赔偿，来自保险的赔偿比例都排序靠后。

这样的赔付再一次暴露出保险这种手段的无力和匮乏，也直接影响了保险业的社会声誉。社会声誉是一种无形资产，它的欠缺无疑对保险市场的推广有着隐性的不利影响。

第二节 人员风险的识别与分析

人口的自然属性、经济属性和社会属性的变化是影响保险发展的人文风险因素，对保险供给和需求有着巨大的影响和制约作用，使中国保险业呈现出独特的发展格局和发展路径。重视人口风险及其对保险业的影响的研究对揭示我国保险业的发展规律、探寻有中国特色的保险发展道路有着重要的意义。

一、人口自然属性引致风险及其对保险业的影响

人口自然属性的变化对保险需求有着深远的影响，它决定着两个方面：一是保险潜在需求容量；二是保险需求的具体格局。同时，这一属性会招来两方面的风险：人口总量和人口结构。

（一）个人收入的阶段性与保险需求

由于个人收入随生命周期呈现出阶段性，相应地保险需求也表现出周期性变动的规律。具体来说，一个人一生中将因为家庭经济状况的变动而制订不同的保险计划，分为 4 个阶段，如图 5-1 所示。

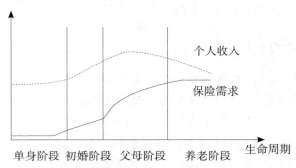

图 5-1 生命周期、个人收入与保险需求的关系

1. 单身阶段

单身阶段是生活负担最轻的阶段，个人收入大于支出，有较强的保险支付能力，但由于面临风险小，保险需求也小。

2. 初婚阶段

收入仍然大于支出，由于开始承担家庭责任，保险需求开始增加，这一阶段较为关注兼有保障和储蓄功能的保险产品。

3. 父母阶段

此时是赡养父母和扶养子女的主要时期，家庭开支急剧上升，保险需求也随之上涨，如财产保险、子女教育金保险、婚嫁金保险、父母的养老金保险等。此时个人收入也上升到顶峰，对分红、投资等理财类保险产品较为关注。

4. 养老阶段

个人收入开始下降，然而健康风险、养老风险迅速增加，对医疗保险、养老保险的需求会大幅度上升。

总体来看，保险需求与个人收入大致匹配，呈密切的正相关关系。但应该特别注意的是，在养老阶段，个人收入持续下降，健康风险、养老风险却急剧增加（尽管其他风险如子女教育等有可能减少），使保险潜在需求和保险实际购买力之间产生矛盾。这就要求个人和家庭提前做好规划、未雨绸缪，同时要求保险公司在设计相关保险产品时，格外注重产品的差异化、个性化，为消费者提供保额不等的多层次的保险产品。

（二）人口总量增速下降对保险的影响

人口总量对保险业的影响表现在以下 4 方面。

1. 对保险需求和购买力总量起到了决定性作用

如果只考虑这一因素，把其他因素视为定量会发现这样的规律：随着一个地区人口总数和人口密度的提升，保险需求和购买力也随之加大。

2. 对保险市场规模方面有重要作用

因为保险的发展需要大量的风险，而人口的增加会导致风险的增多。

3. 人口总量可以提供一些数据作为为保险商品制定价格的基础数据

保险商品定价的规则是这样的：定价的制定需要以大数据为根据，这样可以降低估算失误率，也更有利于制定保险费率。而人口总量的提升就为我们提供了较大的基础数据，从而更有利于价格的制定。

4. 对保险商品价格水平有很大的影响

根据第三点可以推断出人口规模越大，单项的保险商品价格就会越低，价格降低同时会促使需求量加大。

尽管人口众多是我国的重要国情之一，2017 年中国总人口达到 13.900 8 亿，但从一个较长的时期来看，出生率和自然增长率均趋于平缓，尤其是对比 2009 年和 2017 年，两个指标都相差不大，见表 5-1。从世界各国来看，人口趋势变化与经济趋势变化往往体现出一定程度的负相关。因而，人口总量增速放缓将会是我国长期面临的一个问题，它将从上述 4 个方面对保险业形成消极影响，需要得到重视。

表5-1　我国人口出生率与自然增长率

年　份	出生率（‰）	自然增长率（‰）
2009	12.13	5.05
2010	11.9	4.79
2011	11.93	4.79
2012	12.1	4.95
2013	12.08	4.92
2014	12.37	5.21
2015	12.07	4.96
2016	12.95	5.86
2017	12.43	5.32

（三）人口老龄化对保险业的影响

按照国际通行标准，人口老龄化指的是 60 岁以上的老年人口在总人口中的比例超过了 10％或 65 岁以上的老年人口在总人口中的比例超过了 7％。在 1999 年，我国已经达到这一标准，进入了老龄化社会。而我国的老龄化又拥有两个突出的特点：一是老龄化的速度和老年人口的数量增长很快，1950—2000 年世界老年人口增长了 176%，同期中国老年人口增长了 217%。以时间来看，65 岁以上人口从

7%上升到14%所需要的时间，法国为115年，瑞典为85年，美国为66年，英国为45年，而中国只需要25～30年。二是老龄化的速度快于经济发展的速度，发达国家是先富后老，我国是未富先老，情况更加严峻。

据全国老龄工作委员会办公室的预测，到2020年我国老年人口将达到2.48亿人，此时的老龄化水平将达到17.17%，到2050年老年人口总量将超过4亿人，老龄化水平推进到30%以上。

另外，从赡养比指标来看，人口老龄化趋势更为明显。赡养比是指老年人口（65岁以上人口）占劳动年龄人口（15～64岁人口）的比率，通常用百分比表示，表明每100个劳动年龄人口要负担的老年人数量。近几十年来，我国老年人口赡养比逐年上升，随着老龄化的加剧，这一数字还将继续升高。

人口老龄化对保险尤其是寿险的发展将带来重大影响。

（1）人口老龄化和人均寿命的延长，会加重保险公司某些产品（如生存保险、健康保险）的赔付责任，如果不能从产品和定价方面加以改善，保险公司蒙受亏损的可能性就会增加。

（2）人口老龄化会引起劳动力萎缩，造成经济增长减速，从而间接地影响保险发展。尤其是赡养比的上升会直接影响国民收入分配，使消费基金和社会保障支出增加，用于扩大再生产的积累资金减少，从而制约经济发展、阻碍财富增加，间接影响保险业的发展。

（3）人口老龄化加剧了供需矛盾。赡养比上升使人们更清楚地意识到依靠别人的可能性变小，越来越多的年轻人也会选择寿险或年金等储蓄型保险业务。需求的增多在带来商机的同时产生了巨大的挑战。老年消费者需求旺盛，但收入相对较低，出于风险控制的考虑，保险公司往往较少对高龄人口承保，即使出现了承保年龄范围较宽的保险产品，也往往由于价格过高而无法推行，这在老年护理类保险市场上尤为明显。年轻消费者具有收入支撑，往往成为各类投资型寿险销售的对象，基本的养老保险需求无法得到满足。在人身险市场上，这种险种单一、产品同构现象十分严重，无法满足消费者不同水平、不同偏好的多层次的需求。

（四）人口疾病风险增大对保险业的影响

近年来，随着经济水平的提高，我国医疗服务水平有很大提高。同时，由于社会整体工作压力增大，环境污染以及其他不可控的致病因素，居民的疾病风险存在一定程度的上升。

据调查统计，疾病发生年龄相对有所提前，城市居民45～54岁年龄段比之前年龄段的患病率成倍增加。老年人的疾病发病率比以前相比有跳跃式增长。疾病发病率的升高意味着为维持全社会人口的健康状态需要消耗更多医疗服务资源，而其发病年龄的提前不仅意味着医疗资源的消耗，还意味着社会生产力水平下降，对于社会是双重的损失。

与此同时，由于供需多方面的原因，近年来医疗服务价格也在持续上涨见表5-2。《2016年我国卫生和计划生育事业发展统计公报》显示，2016年医院次均门诊费用245.5元，按当年价格比上年上涨5.0%，按可比价格比上年上涨2.9%；人均住院费用8 604.7元，按当年价格比上年上涨4.1%，按可比价格比上年上涨2.0%；日均住院费用914.8元。2016年，医院门诊药费占45.5%，比上年下降1.7个百分点；医院住院药费占34.6%，比上年下降2.2个百分点。

表5-2　医疗卫生机构和病人人均医药费用

	医　院		乡镇卫生院		社区卫生服务中心	
	2015	2016	2015	2016	2015	2016
门诊病人次均医药费用（元）	233.9	245.5	60.1	63.0	97.7	107.2
门诊费用上涨（%）（当年价格）	6.3	5.0	5.6	4.8	5.9	9.7
门诊费用上涨（%）（可比价格）	4.9	2.9	4.2	2.8	4.4	7.6
住院病人人均医药费用（元）	8 268.1	8 604.7	1 487.4	1 616.8	2 760.6	2 872.4
住院费用上涨（%）（当年价格）	5.6	4.1	7.6	8.7	4.8	4.0
住院费用上涨（%）（可比价格）	4.1	2.0	6.1	6.6	3.3	2.0
住院病人日均医药费用（元）	861.8	914.8	233.2	251.2	280.7	296.0
日均费用上涨（%）（当年价格）	6.1	6.1	5.7	7.7	5.0	5.5
日均费用上涨（%）（可比价格）	4.7	4.1	4.2	5.6	3.6	3.4

注：医药费用绝对数按当年价格计算。

基层医疗服务费用也出现不同程度上涨。2016年，社区卫生服务中心次均门诊费用107.2元，按当年价格比上年上涨9.7%，按可比价格比上年上涨7.6%；人均住院费用2 872.4元，按当年价格比上年上涨4.0%，按可比价格比上年上涨2.0%。

疾病风险的增大和医疗费用的上涨给保险业带来了结构性影响。

1. 存量业务的赔付风险增大

近年来，我国成立了专业健康险公司，力求在健康险市场取得更多更大的拓展，与此相对应的是健康险赔付的增加。根据中国保监会统计数据，2011年前5月健康险赔付支出同比增长72.8%。赔付的大幅增加和不稳定性对保险公司的偿付能力有很大影响，也意味着险种定价所依据的患病率、赔付率数据需要持续更新。我国商业医疗保险由于在保险险种中所占份额较小，且保障内容不断变化，缺乏连续而足够的数据支撑，加上保险行业缺乏有效的信息共享机制，这给健康险的合理定价提出了很大的挑战。

2. 道德风险问题突出

健康险经营的难点在于道德风险，发达国家提出"健康管理"作为控制道德风险的重要手段。2004年中国人保健康保险公司建立以来，各家专业健康险公司进行了多种形式的健康管理实践，这些实践多涉及根据客户实际需求提供多种健康管理服务计划，涉及保险公司与医疗卫生机构风险共担的财务体系还未系统建立。根本原因在于我国不够成熟的外围市场条件，包括医疗服务资源整体性短缺、地区差异与城乡发展不平衡突出，难以形成有效的竞争环境，使保险公司在与具有市场支配力的医疗机构谈判中明显缺乏议价能力；包括医疗机构性质功能不明晰，加上医药不分的运行体制与弱竞争环境，医疗服务价格出现不同程度的扭曲，充满不确定性与不合理因素的价格往往导致对健康保障需求的误测。

3. 增量业务难以扩展

在存量业务面临风险的同时，健康险的增量发展也出现了障碍。尽管人们由于健康风险的增大，购买保险的意识日益增强，但由于目前市场上的健康险产品相对单一，且多与投资型寿险捆绑，导致独立的健康险产品被边缘化。而与此同时，由于同业竞争激烈，经营成本高，相应的成本反映在健康险价格中，也在一定程度上抑制了需求。所有这些都是保险业面临的重要挑战。

二、人口经济属性引致风险及其对保险业的影响

人口的经济属性由人口、家庭、社会之间的所有经济关系构成，它们的变化影响保险标的人群的风险状况，也影响他们的实际有效需求，是保险业发展需要注意的制度性因素。尤其是当前中国处于经济转型时期，人口的经济属性存在大的跨越，对保险业所产生的结构性影响较为深远，保险业需要特别注意识别和控制潜在的风险因素。

（一）人口经济活动风险增大

1. 人口区域结构

我国是典型的二元经济结构，城市人口在收入水平、消费水平和受教育程度等方面都明显优于农村。多年以来，城市是保险市场开拓的首要对象，保费收入的 70% 以上来自城市。21 世纪初期，以分红险、投连险的保费收入增速远高于传统保险产品。

随着经济的发展，我国城市化趋势日益明显，城镇人口比率逐年提高，乡村人口比重逐年下降，2017 年分别为 58.52% 和 41.48%。这两个比例说明，城镇化进程的同时改变了城镇人口和乡村人口的风险情况。一是大量的财富人口一般都聚集在城市地区，各种经济、社会和文化活动也都聚集于此，风险种类比以前大大增加。二是在城市的新增人口中，很大比例为新移民，这些人员脱离了传统的地域观念、家庭观念和生活方式，重构了周围的经济和社会关系，无法再依赖传统社会中的特定社会机制（家庭协作和邻里互助）来承担风险、转移风险的模式，互助型保险需求增加。三是在农村人口中，群体迁移性和流动性大大增加。原国家卫生和计划生育委员会发布的《中国流动人口发展报告 2017》（以下简称《报告》）显示，我国流动人口总量已达 2.45 亿人，经济活动的迁移性和不稳定性大大增加了流动性人口的人身风险和财产风险。

2. 人口职业结构

不同职业者所面临的风险种类和程度不同，收入水平、消费习惯和受教育程度也不同，因而具有不同的风险和保险意识。一般说来，从事现代职业者收入水平较高，生活社会化程度也较高，相对于无职业者以及从事传统职业者来说，更容易接受保险，因此他们在总人口中所占比重越大，保险需求越大。

在人类历史上，随着生产力发展和科技进步，人口职业结构大体经历了4个不同的阶段，并依次由低级向高级发展，不同的阶段对保险有不同的影响。

（1）农业型。以与农业相联系的职业为主。这一阶段生产力水平低、收入水平低、人口素质低，尽管面临许多风险，但受经济条件的限制对保险的需求很小。

（2）工业型。以与工业相联系的职业为主。这一阶段经济有了快速发展，收入水平上升，技术进步带来的风险也有所增加，促进了保险的发展。

（3）服务型。以与服务业相联系的职业为主。这一阶段生产力高度发展，科技高度发达，人们的收入水平和生活水平有了很大提高，保险也得到进一步发展。事实上，率先进入服务型职业结构的国家大多是发达国家，保险发展水平往往超越农业型和工业型职业结构国家。

（4）智力型。以与高科技相联系的职业为主，是人口职业结构发展的最高阶段。这一阶段教育和科技水平高度发达，人口素质全面提升，从而推动保险业向更高层次迈进。

近年来，我国人口职业结构的特点是，第一产业比重逐渐微调下行，第二产业、第三产业比重微增。但当前第一产业所占的比重仍然最大，第二产业所占比重最小。这说明，与经济结构转型相对应，我国也正处于职业结构转型阶段，即由"农业型"向"工业型""服务型"和"智力型"转化。但在转化未完成之前，各产业中高科技型职业所占比重都还比较小，未形成收入稳定的庞大目标人群。同时，职业的多元化和个体化打破了农业时代集中而紧密的劳动关系，使人们对保险的认知和需要更加多样化。此外，在转型过程中，相对于传统体制下的职工，各单位的合同制职工人数呈稳步上升趋势，普遍面临更大的职业和经济风险。

我国保险业还处于发展的初级阶段，在就业人员中，保险的主要覆盖人群是少数工商业者和国家机关工作人员，大部分群体仍处在保险保障的范围之外。

所有这些意味着保险业的发展存在新的难度，即如何在群体风险和保险意识薄弱的环境下，经济收入层次和有效购买力差异较大的背景下，识别多元化目标人群风险的差异性。同时，如何从差异化人群寻找个性，并以此为基础设计产品和市场推广策略，找出支撑保险业中长期发展的重要力量，成为极具挑战性的任务。

（二）经济保障结构变化对保险业的影响

伴随人口经济活动风险和职业风险，经济保障结构发生变化，包括家庭经济保障和社会经济保障的变化。本部分将重点分析经济保障结构变化对保险产生的影响。

1. 家庭结构对保险业的影响

家庭是社会的基本组成单位，在传统的家庭结构中，有血缘关系的几代人共同生活、协同劳动，当一个家庭成员伤残、疾病或年老时可以依靠其他家庭成员供养。然而近年来，与经济运行方式相适应，我国家庭结构也呈现出多种变化趋势，使这种依靠被极大地削弱甚至完全落空。

（1）家庭小型化与核心化。家庭规模大幅度缩小，国家统计局各年度《中国发展报告》显示，我国家庭户规模从 1964 年的 4.433 人 / 户降至 2005 年的 3.3 人 / 户，而根据 2010 年第六次全国人口普查主要数据公报，平均每个家庭户的人口更是下降为 3.10 人。

（2）家庭本质关系由血亲主导转向婚姻主导。亲子关系、血缘关系成为次要关系。

（3）家庭类型多样化。由于家庭观念的更新和社会环境的宽松，人们更多地拥有了选择自己生活方式的自由，个性化的家庭生活方式比以往更多地得到人们的理解和尊重，使各类新兴的家庭类型有了自己的生存空间。单亲家庭、流动家庭、再婚家庭、丁克家庭、分居家庭等"另类"家庭逐渐被人们所接纳和认同，成为社会系统中的新成员。

家庭结构的变化对保险产生了积极的影响，扩大了对寿险和健康险的潜在需求，同时带来一定的风险，表现在以下两点：

第一，潜在需求与有效购买力之间的矛盾。家庭规模的缩小同时限制了个体的有效购买力，在职业结构和收入结构未实现转型之前，保险的需求反而在某种程度上受到了抑制，这种矛盾在农村显现得更为突出。

第二，承保与经营风险的加大。这使保险覆盖人群的风险进一步增加，进而可能提高健康保险、人寿保险等险种的经营成本。这类风险则更多地体现在城市地区，对于保险存量业务的影响需要得到重视。

2. 社会保障对保险业的影响

（1）社会保障与保险存在一定的替代关系。社会保障与保险之间存在着负相关关系，两者有一定的替代效应。保险消费降低和消费者的侥幸心理、依赖心理降低有关，而这种心理的降低是因为社会保障程度的提升以及覆盖面的扩大，这一点已为众多学者的实证分析所证实。

（2）社会保障与保险存在互补关系。社会保障与保险的发展能提升全民保险意识，形成强大的潜在保险需求，进而实现有效保险需求，扩大保险市场规模。

要想实现两者的协调发展，需要保险业务使社会保障的压力减小，并且弥补社会保障的不足，这样一来保险可以满足人们更高的层次需求，进而也就满足了保险和社会保障共同发展的需求。

社会保障和保险之间的关系不是绝对的而是对立统一的。许多高福利的国家往往也是保险发达的国家。他们拥有健全的社会保障制度，拥有良好的社会环境，而这样的良好条件为保险业务的发展也提供了有利发展环境，这一点已经被世界各国的实践所验证。社会保障与保险之间应当保持适当的协调发展关系，达到一个最佳结合点，即在一定经济发展水平和一定社会发展阶段的前提下，可以达到一个完美化效果：生产力不断发展，人民生活富足，社会稳定。

（3）我国社会保障体系的发展与对保险业的影响。我国保险随着市场经济体制的建立和改革开放的深入逐渐取消了统包、统分、统管的大一统制度，从此获得了迅猛发展的空间。

近20年来，保费收入的快速增长正是这种制度性力量的释放。但随着保险市场的急剧扩大，制度性作用也逐渐递减，锐减的社会性保障逐渐成为保险进一步发展和升级的制约性因素。其原因在于，当人口自然增长与经济风险急剧扩大，而社会缺乏基本机制将个体的基础风险进行有效转移，保险作为高层次风险的转移手段也因而受到制约。近些年来，无论是寿险还是财险，保费增长速度都在放缓，人身险保费收入还一度出现过阶段性下降，正是这种互补性作用的表现。

社会保障对经济、社会的稳定作用，对保险业的促进作用已逐渐被更多地认识，国家也一直致力建立广泛覆盖、为人民提供基本安全保障的社会保障体系。各年度《人力资源和社会保障事业发展统计公报》显示，全国参加城镇与农村基本养老、基本医疗保险人数持续增加，多个地区建立了养老保险省级统筹制度，同时开展了国家新型农村社会养老保险试点，为商业保险的发展创造了良好条件。但与此同时，由于人口经济结构的变化，仍有较大部分人群未获得，或已获得难以接续的社会保障。原国家卫生和计划生育委员会《中国流动人口发展报告2017》显示，在工伤风险较高的采掘、制造、建筑业中，参加工伤保险的比例较低。而流动人口除了社会保险参保率低，还面临养老保险异地转移接续难的问题，直接影响了其在城市中的生活质量和稳定性，进而形成了对商业保险需求的制约作用。

三、人口社会属性引致风险及其对保险业的影响

人口社会属性对保险业的影响尤为深远。公正、和谐、良好的社会环境是保险业健康运行的基本条件，发挥着引导、约束、传递和整合的功能，相反的环境

则会对保险业的运行产生消极影响。

个人与社会结合的紧密度以及受社会限制的程度可以通过社会关系显现出来。我们可以得到 4 种典型的社会关系，如图 5-2 所示。

强 个人受社会限制的程度 弱	A. 强势群体 生活是不可预测的，风险是我们所不能控制的，安全是一种幸运	C. 等级主义者 如果我们的制度有办法去控制风险，风险是可以接受的
	B. 个人主义者 风险能够带来机遇，因此我们应该接受它们并换取利益	D. 平等主义者 我们应该避免风险，除非风险最终会保护公共利益

弱　　　个人与社会结合的紧密程度　　　强

图 5-2　社会关系拓扑图

A 区的社会环境表现为竞争性的个人主义，个人与社会的结合程度及受限制程度都很弱，美国社会是一个典型例子。

B 区是社会弱势群体。他们之间的关系一般都很疏远，在竞争性的环境中这些人会被排斥于市场之外，因为他们没有商品和服务可供交换；等级主义者也会将这些人排斥于权力等级之外。B 区的人通常是那些最贫穷或是没有一技之长的人。

C 区是等级主义者。等级制度严格控制了社会生活的方方面面，越靠右上角，等级制度的控制性就越强。在社会中，权力机关即上级可能是一个政府；在更小的范围，则可能是父权家庭中的一家之主。

D 区是一个平等主义体系，夹在个人主义者和等级主义者之间。这类体系一般存在于宗教团体、革命性政治团体以及某些反核运动和环保主义团体中。

这 4 种社会关系的人群有各自的文化倾向，用以判断风险的标准也不尽相同，因而处理风险的方式明显有异。个人主义者（组织性弱）更倾向于依赖市场处理风险，如美国、加拿大、澳大利亚和英国等。保险是管理风险的主要手段，这在一定程度上解释了这些国家保险业的发达。处理风险也被分成了消极被动和积极主动两个方面，其中社会弱势群体处理风险就是消极被动的，对于他们来说首选的风险管理手段只有两种：自留和避免风险。而相对于那些组织性强的人群，如日本，他们处理风险时惯于服从高层意见，更倾向于政府提供相应的经济保障，特别是提供社会保障和巨灾保险计划，更倾向于采取互助形式的保险组织，也更愿意推行强制保险。平等主义者对保险的需求是不同的。

个体化的社会为保险的长足发展提供了有利的社会环境，然而也应该注意到，完全个人的、商业性的选择同样会带来严重的外部效应，尤其在缺乏健全制度约束时，个体的观念和行为会呈现无序和机会主义状态。无序的道德观念和行为会使以市场信用为基础的保险市场难以实现有序发展。机会主义状态则可能扭曲主体对风险的正常判断，而忽略保险的风险管理作用。对于这样的潜在危害，由政府出面制定妥善周密的公共政策以减轻和消除将是十分必要的。

第三节　经济风险的识别与分析

一、经济运行风险及其对保险业的影响

宏观经济运行风险无疑是决定性的、第一位的。

（一）经济增长速度放缓对保险业的影响

改革开放至今，我国国民经济飞速发展，主要体现在 GDP 平均每年以 8.2% 的速度递增，不仅超过发达国家的同期增长水平，在发展中国家也属罕见。

而近年来，随着改革开放的制度性收益的集中释放，国民经济增长速度开始有所放缓。未来我国经济面临经济结构转型的重大任务，加上经济存量已积累到一定程度，经济增长速度的放缓恐将成为一种常态。经济支撑力量的减弱对保险业的发展是一种新的考验。我国 2006—2017 年 GDP 与保费收入比较见表 5-3。

表 5-3　我国 2006—2017 年 GDP 与保费收入比较

年　份	GDP（亿元）	保费收入（亿元）
2006	219 438.0	5 640
2007	270 332.0	7 036
2008	319 515.0	9 784
2009	349 081.0	11 137
2010	413 030.0	14 528
2011	489 300.0	14 300
2012	540 367.0	15 500

年　份	GDP（亿元）	保费收入（亿元）
2013	595 244.0	17 222.24
2014	643 974.0	20 234.81
2015	689 052.0	24 282.52
2016	743 585.5	30 959.10
2017	827 122.0	36 581.01

（二）经济结构不平衡对保险业的影响

经济结构是经济体系中各部门、各地区、各领域以及社会再生产各方面的组成和构造，包括产业结构、地区结构、收入结构等。

1. 产业结构不平衡

当前，我国产业结构正处于由低向高的战略性调整时期。2001 年至今，各产业产出所占份额由高到低是第二产业、第三产业和第一产业。而从趋势上看，也是第二产业增长最快，第三产业次之，第一产业最慢。

这样的趋势变化给保险业带来了新的影响。一般来说，第一产业保险品种少、保险程度低，第二、第三产业保险品种多、保险金额大，保险需求也旺盛。当前的保险市场也将较多的精力集中在第二产业。随着产业结构的优化，第一产业和第三产业需要更多的保险支持，而第二产业内部的结构变化也会催生出新的风险，这些都要求保险公司能够推陈出新，改革传统的经营险种和经营方式，实现保险产品创新和服务创新，促进保险业发展的同时推动产业结构调整。假如保险业未能适应我国产业结构调整的现实需求，则发展动力反过来可能成为阻力，风险的过度集中以及与需求的不匹配将成为保险业发展的制约因素。

2. 地区结构不平衡

我国区域经济发展表现出明显的不平衡性，东部、中部和西部地区经济发展水平有极大的差异，使保险的区域发展也显示出明显的不平衡，呈现出东高西低的梯度性差异。原因在于：首先，经济越发达，积累的财富越多，容易遭受风险袭击的标的也越多，对保险的需求也越旺盛；其次，经济发达的地区个人收入较高，对保险的实际购买力也较强；再次，经济发达地区的人们受教育的机会更多，素质更高，风险意识更强，更易于接受保险这种先进的风险转移机制；最后，经济发达的地区更具备完善的金融市场和金融环境，更容易吸引保险的供给者。因此，不论是从保险需求的角度还是从保险供给的角度，都表明经济发展水平与保险发展水平具有正相关关系，并呈同一变动趋势。

我国经济地区结构的缺陷造成我国区域保险发展的不平衡，造成一系列不利的影响。

（1）保险市场主体与保费收入分布不平衡。市场的结构不平衡体现在越是保险发达的地区，保险市场主体越多，保费所占比例越高；反之，市场主体越少，甚至出现完全垄断的局面，保费收入占比越低。

（2）不利于形成合理的风险分散结构。根据风险原理，风险越分散，越易于管理，承受能力越强。保险公司若能将业务尽量分散，在全国多个地区开设营业网点，构筑起广泛的保险网络，将大大提高抗风险能力，一旦由于突发事件发生或外界经济金融环境变化使公司在某一地区的业务受挫，还可以通过性质不同的其他地区的业务进行弥补，从而达到在更广泛范围分散经营风险的目的。相反，若公司只是集中于某一个地区或某几个同类地区开展经营，则会由于风险的同质性以及相互传递，达不到分散风险的目的。

（3）容易受到外资保险的冲击。随着我国保险市场开放程度的不断加深，外资保险公司的数量与日俱增，与民族保险业的竞争日趋激烈。拥有丰富保险客源而市场发育较不充分的中、西部地区对外资保险有着巨大的吸引力，外资保险极有可能凭借其强大的资金实力和先进的管理经验与民族保险争夺这一广阔的市场，从而对我国保险业的整体发展构成巨大威胁。

3. 收入结构不平衡

保险消费的重要前提是个人收入的保障，收入越高经济支付能力越强。如果边际消费倾向是递减的状况，那么个人收入越多，在总收入中所占的比重将越小（如恩格尔系数随收入增加而递减，这已为许多研究所证实）。

国际上通行的反映居民收入差距的指标为基尼系数。2016 年年末，国家统计局的统计数据显示，2016 年我国基尼系数为 0.465，略高于 2015 年的 0.462，而民间对基尼系数的测算则显示出了更高的风险。数据表明，现阶段我国居民个人收入差距已经进入国际公认的绝对不均等区间，并且有逐年扩大的趋势。贫富悬殊、缺乏中产阶层的状况给保险消费的持续稳定带来了极为不利的影响。

理论和实践都证明，中等收入阶层是保险消费的主力军，因为低收入阶层虽有保险需求却没有购买能力，高收入阶层虽有能力但有其他管理风险、获取投资收益的渠道，因此保险产品尤其是投资类保险产品的主要消费群体是广大的中产阶层。也就是说，中间大、两头小的橄榄型阶层结构（中等收入阶层占人口总数的40%～50%）对保险的发展最为有利，而贫富悬殊、两极分化的金字塔型阶层结构最不利于保险的发展。

当前，我国正处于由传统社会向现代社会过渡的转型时期，社会阶层结构是介于橄榄型和金字塔型之间的梨型，即大多数人仍处于社会的中下层，收入水平较低，中产阶层缺失。这种状况不仅会带来一系列社会、经济问题，还使保险发展受到阻碍，原因有以下几点：

（1）大量低收入阶层的存在使保险实际购买力严重不足，这不仅造成保险增长的内在动力缺失，还引发现有保险公司之间的过度竞争、恶性推销，需求与供给之间的均衡难以维持。

（2）低收入阶层无购买力、中产阶层缺失的事实使保险公司过多地把目光投向高收入阶层，注重开发投资型保险产品，以刺激高收入阶层的保险消费，导致我国过早地进入投资连结产品和分红产品市场，使这部分产品扩张过度，保障类产品发展不足，造成保险产品结构失衡，保险的经济补偿功能弱化。

总体来看，我国个人收入的不平衡性已对保险的发展产生了负面影响，使社会分层中占大多数的国民的保险需求无法得到满足，保险最基本的经济补偿功能无法充分实现，资金融通和社会管理功能也大打折扣。

（三）通货膨胀对保险业的影响

通货膨胀是经济转型时期的重要特征之一，许多国家在实行体制改革时都遭遇过高通胀的难题。通货膨胀对保险需求和供给都会产生影响。

1. 对保险需求的影响

（1）通过影响保险商品价格产生的价格效应。

（2）通过影响收入水平产生的收入效应。通货膨胀使消费者收入的实际增长速度慢于名义增长速度，使实际可支配收入减少，从而减少保险消费。

（3）通过影响其他环境变量产生的替代效应。通货膨胀降低了人们对保险尤其是寿险商品的需求。

（4）通过减少保险公司赔付产生的挤压效应。通货膨胀使保险公司的实际赔付率降低，被保险人获得的实际损失补偿减少，弱化了保险的经济补偿功能，进而可能抑制需求。

2. 对保险供给的影响

（1）通货膨胀使保险公司的资产贬值。土地、房屋等不动产有很强的抗通胀能力，但这类资产在我国保险公司的总资产中所占比例极小。

（2）通货膨胀使保险费率升高或供给数量减少。由于通胀的存在，保险费的实际购买力也会有所下降，这将促使保险公司向上调整保险费率，以弥补自身的经营成本。如果保险产品的价格需求弹性很强，保险公司可能在维持原保险费率的基础上减少供给数量，这些都会进一步加剧市场的供需不平衡。

综上所述，通货膨胀将对保险需求产生抑制作用，如图 5-3 所示。保险需求曲线由 DD 左移至 $D'D'$，假定保险供给不变，由于保险费率缺乏弹性，在 P_0 的费率水平上，供给将超过需求，市场过剩 $\Delta Q = QQ'$，供求平衡被打破。

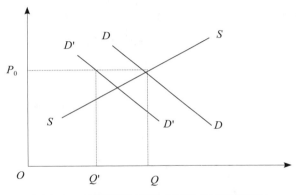

图 5-3　通货膨胀对保险市场供求平衡的影响

改革开放以来，我国采用了渐进式的改革路径，通胀率得到了一定程度的控制，尤其是近几年一直保持在 4% 以下。然而放眼未来，通货膨胀的风险依然存在，保险公司绝不可忽视。

二、金融风险及其对保险业的影响

金融是现代经济的核心，随着现代经济的发展，金融所扮演的角色越来越重要。金融对保险业的影响因素包括以下几方面。

（一）利率风险

保险尤其是储蓄性的人寿保险是一种金融商品，对利率变动十分敏感。

1. 利率变动的替代效应

利率变动会对保险需求产生影响。当市场利率上升时，人们会将更多的资金用于储蓄以获取更多的利息，部分保单持有人甚至会以保单为抵押进行贷款或直接退保以取得现金投资于其他方面，导致退保率上升、续保率下降；当市场利率下降时，由于保险公司调整保单利率具有延迟性，人们会积极投保，利用时间差获取高收益。因此，储蓄与保险之间存在替代效应。

2. 利率变动的价格效应

银行的利率是寿险产品预定利率的参照物，是参照银行利率确定的，如果银行的利率出现下调必然会导致预定利率的下调，使寿险产品价格相对上升，从而减少保险需求，这是利率变动产生的价格效应。当利率下调引起的替代效应大于价格效应时，会刺激保险需求，促进保险发展；当利率下调引起的价格效应大于替代效应时，会减少保险需求，给保险发展带来负面影响。

3. 利率变动对投资收益的影响

利率变动还将直接影响保险公司的投资收益，利率下降会使投资收益下降，并由此影响到保险产品的定价及准备金的提取。

在我国，保险公司有将近一半的资金用于银行存款，如国债、企业债券、金融债券等收益率均与利率密切相关，如果投资收益率小于预定利率，原来的定价和准备金就不足，会导致利差损。特别是寿险产品，由于期限较长，利率变化对它产生的影响比财险产品要大得多。

（二）汇率风险

金融危机使西方国家经济普遍不景气，美元整体走软，人民币汇率不断上升，汇率问题影响了我国的经济发展以及国际经济关系，这将会在当前及未来一段时间成为影响我国的重要因素，甚至会对保险业的整体运营产生深远影响。

随着人民币汇率制度改革的不断深入，资本和外汇管制将不断放松，人民币汇率的弹性将不断增加，保险公司将受到人民币升值的影响。

1. 对外汇资产和负债的影响

人民币升值将导致外汇资产贬值，这就要求外汇资产有更高的收益率来弥补汇率损失，否则就只能承受人民币升值带来的外汇资产贬值。人民币升值也将影响外汇负债，使保险公司支付的外币赔款所对应的人民币实际价值降低。

因此，汇率变动对保险公司资产和负债的综合影响将取决于外汇净敞口是在资产方还是在负债方，若外汇资产多于外汇负债，净敞口在资产方，则人民币升值将对保险公司造成不利影响；反之则对保险公司有利。

当前，我国保险公司的资产基本上是人民币，外汇资产很少，因此汇率风险还不大。

2. 对外汇业务的影响

由于外汇保单是以外汇定价、缴费并支付赔款的，因此汇率变动将影响外汇保单的实际人民币收入。对于办理分保的业务来说，汇率变动还将使摊回的分保外汇赔款所对应的实际人民币收入发生变化；在人民币升值的情况下，分保摊回的实际人民币收入将下降，从而造成保险公司实际自负赔款额度上升。

3. 对保险公司评级的影响

如果保险公司未能进行有效的外汇避险，人民币升值造成的外汇资产贬值有可能削弱保险公司的偿付能力，保险评级机构将相应调低保险公司的评级，从而影响投资者和消费者的信心，进而影响保险公司的经营状况以及上市公司的股价。

（三）资本市场运行风险

资本市场为保险提供资金运用的场所，对保险公司提高资金实力、保证偿付能力有举足轻重的作用。近几年来，我国股票市场持续低迷，股价指数一直在低位徘徊，成交量极大萎缩，尽管 2006 年年初股市出现了转折性变化，但紧接着就急转而下。至 2010 年，股价指数仍在艰难徘徊。这种大起大落说明我国股票市场距离规范和成熟还有相当的距离，相比之下债券市场的表现较为平稳，特别是国债较为活跃，债券利率呈上升趋势，这对保险需求和供给分别产生了不同的影响。

1. 对保险需求的影响

证券与保险存在一定的替代性，在个人（家庭）金融资产既定的前提下，证券市场的投资越多，保险消费越少，反之亦然。近几年，我国股市的剧烈波动在一定程度上刺激了保险需求，股市的高风险使众多公民加强了对资金运用安全性与收益性合理匹配的认识，催生了风险和保险意识。但与此同时，波动性极强的资本市场套牢了较多的个人财富，使其无法进入保险市场形成现实的购买力。

2. 对保险供给的影响

（1）保险资金运用的主要途径是在资本市场中。资本市场有众多的参与者，有广泛的信息渠道，有齐全的交易设施和交易规则，它为保险资金提供投资场所和投资品种，可以很好地满足保险资金运用安全性、收益性和流动性的要求。

然而，不成熟的资本市场将使保险资金运用受到极大限制。长期以来，我国保险资金运用普遍存在投资渠道窄、投资收益率低的弊端，这与我国资本市场发展滞后有直接的关系。

（2）未能通过资本市场扩大风险转移范围，提高保险公司承保能力。传统保险机制在应对巨灾风险时受到资金缺乏的限制，通过风险证券化可以将风险从保险市场转移到资本市场，使保险公司和再保险公司能够承受巨灾带来的损失，大大提高了承保能力。

当前，我国的资本市场发育还不健全，缺乏风险证券化的基础条件，在很大程度上制约了我国保险公司的承保能力，使我国巨灾风险管理存在极大隐患。

（3）未能帮助保险业提升创新能力，为保险产品创新提供现实条件。通过开发与资本市场相连接的产品，保险公司可以创造出各种新型保险衍生产品，突破传统可保风险的限制，为顾客提供巨灾保险等特殊保障产品，丰富保险产品品种，扩大经营范围。

目前，我国资本市场的发育还无法满足风险证券化的前提条件，使保险衍生产品的出台受到限制，阻碍了保险公司创新能力的提高。

三、经济全球化和金融一体化对保险业的影响

（一）经济全球化和金融一体化的内涵

经济全球化是当今世界经济发展的主流，对中国保险业具有巨大影响，极大地改变着人类经济和社会活动方式。我国在经济全球化浪潮下，保险行业面临着前所未有的挑战和千载难逢的机遇，是创新最多、变数最大的领域之一。

金融一体化通俗来讲就是各种各样的金融机构互相影响、互相渗透形成了一种整体、联动的发展态势，并且提供给客户更加健全的金融服务。在这样一体化的环境中，各金融机构的交叉不断增加，同时各自的职能、目标、内涵不再死板而是丰富多样化，关系也就变得不再那么确定。

金融一体化是经济全球化的结果，经济全球化是金融一体化的重要推动力量，两者相辅相成、互为表里、密不可分。

（二）经济全球化和金融一体化的表现

经济全球化和金融一体化导致保险业急剧扩张，表现形式主要有两种。

1. 保险业横向扩张

（1）保险并购。20世纪90年代以来，国际保险业掀起了新一轮并购重组（M&A，Merger and Acquisition）浪潮，其范围之广、规模之大、交易之多、持续时间之长、影响之深，均为现代保险业几百年来所罕见。并购拥有许多优点：经营规模的迅速扩大，风险防范能力的不断增强，国际竞争参与度提高。同时，它可以改变国际保险的市场构成以及业务格局，并购的这些自身优点对今后保险业的发展也产生了深远的影响。

（2）混业经营。在保险范围内最多的选择是混业经营，这一选择是经济全球化和金融一体化造成的。混业经营拥有比平常经营方式更多的优点，不仅可以很好地满足消费者多种金融服务的需求，还可以极大地节省成本、有效地分散风险。混业经营的具体模式主要有金融控股公司、保险集团以及银行保险3种形式。

按照一体化程度的不同，常见的银行保险有4种模式，如图5-4所示，我国目前采用的是第一种模式，保险发达国家则普遍采用第三种模式。银行保险将银行的销售网络与保险公司的专业产品有机结合起来，为顾客提供"一站式"的金融服务，节省了营运成本，提高了交易效率，实现了资源配置的优化。

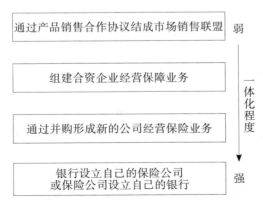

图5-4　银行保险的4种模式

2. 金融创新活动活跃

经济全球化的过程就是风险全球化的过程。在这种背景下，一些与传统保险不同的新兴风险管理方式应运而生。

（1）自保公司。自保公司是非经营保险业务的企业建立的专门为股东企业提供保险服务的机构。自保公司的出现使企业能够更有效、更方便地寻求风险分散途径。

（2）有限风险保险。有限风险保险是将风险在时间上进行分散，保险合同期限通常跨越多个年度，利率风险、汇率风险等传统意义上不可保的风险也可得到保障。这种方式的最大优势在于它能够熨平企业经营中的高低起伏，稳定企业价值。

（3）多年度/多险种产品。这种产品将不同险种的保险产品捆绑在一起，在多年度的基础上形成综合性的、整体性的保障，费率也采用综合费率。

较之有限风险保险，这种产品最大的特点是能同时实现大量风险的转移。

（4）保险衍生产品。这种产品借助金融工具实现保险风险证券化，将风险从保险市场转移到资本市场，大大提高了承保能力，其种类有风险互换、巨灾债券、巨灾保险期货、巨灾保险期权等。

这些新方式的出现创造出了不同保障责任、不同保险期限、不同风险收益和不同现金流量的新型保险产品，将以往难以承担的风险分散到更广泛的资本市场，极大地提高了保险人的承保能力。与此同时，由于其混合和交叉特性，通过保险市场与资本市场的对接，从开发产品的高度上升到新型金融工具的创造，丰富了资本市场的投资品种，提升了资本市场的效率与活力，成为金融领域的崭新亮点。

（三）经济全球化和金融一体化对保险业的影响

1. 经济全球化和金融一体化下的中国保险业

受经济全球化和金融一体化的影响，我国保险业也顺应趋势，在组织模式和业务结构上发生了一些变化。但总体来看，由于法律和市场成熟度的限制，目前保险领域的创新活动较为有限，主要的变化还是体现在保险业的积极扩张上。

尤其是近年来，由于我国在产寿险、再保险、再保险和原保险、保险中介人以及保险和银行证券中间，存在着如坐标轴 x 轴和 y 轴方向以及多种方向并购的现象和内容涉及多种主体、多个经营环节的经营行为，我国保险业并购规模和效率比较有限，且活动多与混业经营目标有关。

（1）我国已经出现了一定数量的金融控股公司。第一类为投资性控股公司，如中国光大集团。光大集团拥有光大银行、光大证券、光大信托以及中加合资的光大永明人寿保险公司，同时持有申银万国证券19%的股权，形成了由商业银行、证券公司、保险公司、信托公司等构成的金融控股公司，它旗下的各子公司分开经营、分别承担责任，但实行在同一个利益主体下集中管理、相互协调的多元化经营架构，直接控制的子公司包括 19 家上市公司和 10 家非上市公司，间接控制的子公司达几十家。第二种为经营性控股公司，这一类金融控股公司的典型代表有中国国际信托投资（集团）公司。其拥有（或持股）16 个直属公司、10 个地区公司、7 个海外子公司、3 个香港上市公司和 4 个下属公司，涉及银行、证券、保险、信托、租赁、实业和贸易等多个领域，其中金融性资产占到总资产的 80%。

（2）我国已有了一定数量的保险集团。目前，这些保险集团有中国人民保险集团股份有限公司、中国人寿财产保险股份有限公司、中国平安保险（集团）股份有限公司、中国太平洋保险（集团）股份有限公司、中国再保险（集团）股份有限公司、中国保险（控股）有限公司，以及最早进入我国保险市场的美国国际集团 AIG（下设寿险子公司友邦保险 AIA、产险子公司美亚保险 A1U 以及多家资产管理公司）、德国安联集团、法国安盛集团、荷兰国际集团 ING 等。

除此之外，银行保险也在我国获得了一定的发展。但总体来看，我国的银行保险还处于发展的初级阶段。在常见银行保险的 4 种模式中，我国目前采用的仍是第一种模式，且产品单一、结构同质化的问题十分严重。

2. 经济全球化和金融一体化对保险业的影响

（1）进入市场壁垒后，保险市场可能出现减弱甚至消除的现象。一直以来，高进入壁垒政策一直被我国推行，而之后我国将致力从根本上改变这一现象及产生的不良后果。届时，进入中国保险市场的难度将实现大幅度降低。一方面，我国在加入 WTO 时答应，外资进入中国保险市场将被供给和中国资金同等的待遇，随着这一承诺的不断实现，外资进入中国的时间、地区和领域的要求就没有之前那样严格，外资在中国市场的份额也将快速增加。另一方面，随着行业垄断和歧视性政策将逐步减少乃至消失，民营资本将更多地进入保险市场，其合法权益将随着法律规章的健全得到有效保障，对于现存的保险机构而言，市场分割程度可能进一步加大。

总体来说，市场主体的增多，包括通过并购成为大集团的外资保险公司以及进入国内保险市场的民营资本，都将使当前保险业竞争压力增大。本土保险业如果无法在资本总量、业务规模、内部管理机制方面取得突破，那么面对国内和国际竞争，成长和发展都将陷于被动。

（2）保险风险波动性增强。金融一体化使保险产品的金融性大大增强，也使银行业、证券业和信托业对保险业的影响力成倍提升。在各个行业和各个机构中间，风险所造成的影响能轻易在其中传播，由于存在放大效应，所以哪怕一个小小的波动都能使保险业的稳定性发生动摇，如股市低迷或崩盘会使保险公司的投资业务遭受重创。作为重要的机构投资者，保险公司的投资行为也会直接影响证券市场的稳定。银行业、证券业的动荡将引致保险业的多米诺效应，保险业的不稳定也会加剧银行业、证券业的危机，这样就形成了恶性循环，使金融业领域的风险数值成爆炸式增长，稳定的风险环境遭到破坏，目前存在的金融危机就是例证。

保险风险的诱因和风险种类的关系是呈正相关的，两者数量的增加使风险的复杂性和处理难度也进一步增加。事实上，保险主体实行混业经营一般需具备以下条件：一是有产权明晰、管理科学、有较强风险控制能力的保险市场主体；二是有较高监管水平的保险监管机构；三是有健全的保险法律法规制度；四是有完善的保险市场体系。我国作为发展中国家，在保险的整体发展水平较低、外部环境和内部条件尚不成熟的时候建立混业经营模式，蕴含了较大的运营风险。

第四节　法律风险的识别与分析

影响保险业发展的制度因素有两个：一是政治，二是法律。而限制保险业发展的重要变化因素是环境。政治环境是指一个制约保险业发展的政治制度和由政府制定的有关保险的政策和方针；法律环境是指对保险业发展有影响的一系列法律、法规所构成的法律制度体系，包括保险行政法规、规章和具有模范性作用文件和与保险相关的其他法律法规等。

保险业在发展过程中不仅受到保险法的制约，而且受到其他相关法律的制约，某些法律甚至对保险业的发展有至关重要的影响。因此，对相关法律进行分析研究将有助于我们更多地了解保险发展的法律环境，从执行层面上寻找保险发展的制约或者激励因素。影响保险业的法律有若干，本书选择对保险发展影响最大的相关法律进行分析，包括《中华人民共和国合同法》（以下简称《合同法》）、《中华人民共和国侵权责任法》（以下简称《侵权法》）、《中华人民共和国公司法》（以下简称《公司法》）和《中华人民共和国民事诉讼法》（以下简称《民事诉讼法》）。

一、《合同法》对保险业的影响

在所有影响保险业发展的相关法律中，《合同法》的影响最为显著，《保险法》中关于保险合同的规定与《合同法》相比属于特殊法与一般法的关系。与一般合同相比，保险合同属于特殊合同，因此保险合同适用法律时应该优先适用《保险法》的有关规定；在《保险法》中没有规定时，适用《合同法》的有关规定。可见，《合同法》的有关规定也适用于保险合同，对保险合同有着重要的影响，集中体现在保险合同的订立上。

《保险法》第十三条有这样的规定，"投保人提出保险要求，经保险人同意承保，保险合同成立"，但对具体成立时间没有明确规定，因此适用《合同法》中关于要约与承诺的规定。然而，由于保险合同的订立过程比较复杂，包括投保、核保、承保等多个环节，保险合同的构成也较为复杂，包括投保书、保险单、保险条款、收据和批单等，因此对保险合同订立中的要约和承诺往往不能形成一个合理而公平的解释，结果导致保险纠纷发生后无法形成一个合理而公平的解决办法。应当结合《合同法》的有关规定以及保险行业的特殊性，对保险合同的要约人和受要约人予以明确，对承诺的时间予以明确。

（一）保险合同的要约人和受要约人

保险理论通常认为，投保人是要约人，保险人是受要约人，该观点适用于以标准保险条款订立的保险合同是合理的。然而，实践中许多保险合同，如大型商业保险合同，保险条款并非标准条款，而是双方充分协商的结果。在保险合同的订立过程中，实际上有一个要约—反要约—反反要约……承诺的过程，双方的地位会发生多次逆转，如果依然认为投保人是要约人似乎与现实不符。在保险经纪公司参与下订立的保险合同似乎也很难认为投保人一定是要约人，保险人一定是受要约人。要约人和受要约人的不明确给确定保险合同的订立时间以及保险合同的解释原则带来了障碍。

（二）保险合同的成立时间

合同成立的时间是承诺送达要约人的时间，保险合同的承诺时间与保险公司的核保紧密联系在一起。目前，保险公司普遍认为承诺的标志为保险公司核保通过后签发保险单，那么在保险公司收取保险费但未签发保险单时，如果发生了保险事故，保险公司是否应当承担保险责任呢？根据保险公司的观点，保险公司将不承担责任。如果此观点得到司法的支持，那么保险公司完全可以从自身利益出发，延迟签发保险单。这种将保险合同是否成立交由合同的一方单独决定的做法实在有违《合同法》的公平原则。

尽管保险合同的承诺的确与保险公司的核保与签发保险单有密切关系，但在确定承诺时间时如果背离保险行业的特殊属性，则不能体现《合同法》的公平精神。保险合同的订立表面上是保险人和投保人双方就具体的某一个合同进行谈判协商，实质上却是双方以遵守和服从保险公司的核保规则和核保条件为前提进行谈判协商。可以这样认为，只要投保人的投保申请符合核保的条件，保险公司即承诺通过核保。因此，保险公司承诺与否不应该以保险公司是否实际核保和签发保单为标志。因为投保人在投保时即知道只要符合保险公司的要求，保险公司必须承保。也就是说，在投保人符合承保条件的情况下，保险公司有承保的义务，在强制保险（如机动车交通事故责任强制保险）中，保险公司还具有法定的承保义务。因此，保险合同的成立时间应该为投保申请实质符合保险公司核保条件的时间，而非保险公司实际通过核保和签发保单的时间。许多司法判决裁定保险公司在收到投保申请后没有做出反对的意思表示，即认为保险合同成立，其支撑逻辑无疑是合理且公平的。如果以保险公司实际做出承保与否为承诺的标志，必然会将被保险人的利益置于一种不确定的状态。

保险法应该是促成保险交易的法，是使被保险人及时获得保障的法，在不违背基本公平和法律的前提下，应当尽量使被保险人得到保障，使保险合同尽早生效，这才符合保险法作为商法的基本特质。

二、《公司法》对保险业的影响

《公司法》对保险业的影响主要体现在公司组织形式的要求方面。根据我国《公司法》的规定，在我国设立的公司组织形式包括有限责任公司、股份有限公司和国有独资公司。在有关保险公司组织形式的法律中，《公司法》是上位法，《保险法》是下位法，《保险法》中关于保险公司组织形式的规定是《公司法》在保险行业中的具体运用，不能突破《公司法》。在《保险法》第二次修订以前，我国《保险法》规定，保险公司的组织形式限于国有独资公司和股份有限公司，第二次修订取消了这一条文，但对相互保险公司、自保公司、保险合作社等保险组织形式未做明确规定，导致这些在国际保险界占有重要地位、在实践中也已存在于我国保险市场的组织形式因得不到法律的认可而地位尴尬。

众所周知，成文法具有滞后于实践的特点，保险本身是实践性很强的活动，由于《保险法》对保险公司组织形式缺乏突破性规定，不利于形式多样、经营灵活的保险主体在国内市场的增加。截至2006年年末，我国各种组织形式的保险公司仅有100家。保险组织形式的单一将阻碍保险市场的充分竞争，也使消费者无法获得理想的保险产品。

我国目前存在的中国职工保险互助会、船东互保协会、中国渔业互保协会等由于不是保险公司，只能以社团法人的形式在中国民政部门注册，不能纳入《保险法》的规范范围，中国保险监督管理委员会的行业管理也不能扩及上述组织机构。随着这些组织积累的保险基金和参加人数越来越多，经营管理和资金运用的任务越来越重，缺乏一个行业管理机构的局面使这类组织缺乏管理技术，资金运用的安全主要依靠管理人的政治觉悟，这样的管理模式显然无法适应实践的需要，更无法保障资金运用安全和被保险人的利益。

我国正走在健全社会主义市场经济体制的重要道路上，老年人口数量占人口总数的比重不断增长，恩格尔系数逐年下降，人民对保险的要求不断扩大。在我国社会保障程度不高、普及面不广的情况下，国家鼓励保险发挥更大的作用。所以，有必要修订《公司法》和《保险法》中关于公司组织形式的规定，增加自保公司、互助保险公司、保险合作社等保险组织形式在我国的适用性，更好地实现完善社会保障体系的目标。

三、《侵权责任法》对保险业的影响

侵权行为是指造成他人人身伤害和财产损失的民事不法行为，通常分为故意侵权行为、过失侵权行为、严格责任侵权行为。《中华人民共和国民法通则》（以下简称《民法通则》）中有关民事责任的规定对保险有直接的影响，主要表现在责任保险方面，特别是目前正在实施的机动车交通事故责任强制保险以及未来将要实施的其他强制保险方面。

民事责任的归责原则主要包括过错责任原则和无过错责任原则。过错责任原则是民事责任的主要归责原则，法律没有特殊规定时均适用过错责任原则。无过错责任原则和过错推定原则在适用时必须有严格的法律规定，否则不能适用。过错责任原则体现出民事责任的教育和惩罚功能，无过错责任原则则反映了高度现代化、社会化大生产条件下的公平观，很好地体现了民事责任的损失分担功能。但是，考察绝大多数国家的侵权法可以得出以下结论：无过错责任原则与过错责任原则不是处于同等水平，因此不适用于一样的归责原则，原因在于它能适用的区域是有限制的，也就是说它大部分只适用在没有过失责任、交通事故等导致人受伤的情形中。

作为一种损害分担的法律机制，无过错责任淡化了民事责任的教育和惩罚功能，因此它的适用有严格的限制性条件，主要体现在两方面：第一，没有法律明确规定，不得适用无过错责任；第二，无过错责任的适用一般都有损害赔偿的最高限额。

正是因为上述两个条件，才有了责任保险发挥作用的可能。可以说，无过错责任与责任保险具有先天的紧密关系。一般来说，责任保险的最高保险金额即为无过错责任的最高限额。在此情况下，投保人可以通过购买适当的责任保险转嫁

全部的可能损失，保险公司也可以合理计算保险费率。在实行强制保险的国家，强制责任保险的责任限额等于无过错责任的最高限额更是从法律上予以了肯定。

然而，除了少数民事法律之外，我国法律在规定无过错责任的同时，没有规定无过错责任的最高限额，如《中华人民共和国道路交通安全法》《民法通则》等，保险公司推出责任保险产品时往往只是从自身出发，从控制风险的角度确定一个责任保险限额，该责任保险限额与个案中经过法院审理后确定的损害赔偿金额之间往往不能画等号，以至于责任保险难以发挥转嫁风险、保障受害人的作用，大大降低了投保人购买责任保险的动力。例如，《机动车交通事故责任强制保险条例》中规定的强制保险责任限额与《最高人民法院关于审理人身损害赔偿案件适用法律若干问题的解释》相比就降低了很多。

四、《民事诉讼法》对保险业的影响

我国《民事诉讼法》中有"谁主张，谁举证"的要求，这个举证责任制度在一般的民事案件审理中无疑是公平合理的，但是在保险合同诉讼中，该举证责任分配制度会因为保险条款的特殊结构给保险人和被保险人以及受益人带来完全不同的结果。

保险条款中有保险责任与除外责任两个最基本的部分，保险责任属于保险人对被保险人提供保障的范围，除外责任属于保险人实质性减少对被保险人提供保障的范围。这两个举证责任（保险责任和除外责任）构成保险诉讼，但两者的举证顺序和证明程度的对比度不是特别鲜明，某些法院在审判过程中就存在特别看重受益人与被保险人是否严格执行举证责任的情况。要想出现保险人承担保险责任的状况有以下两个条件：①在保险责任范围内，保险标的损失或被保险人死亡或伤残；②证明以上情况。但是，《最高人民法院关于民事诉讼证据的若干规定》的第七条"在法律没有具体规定，依本规定及其他司法解释无法确定举证责任承担时，人民法院可以根据公平原则和诚实信用原则，综合当事人举证能力等因素确定举证责任的承担"被一些法院在审理过程中频繁使用。一旦受益人或被保险人满足基础的举证责任，就可享受保险公司免除支付保险赔款关于保险金的服务。其中，有一个硬性的要求，即因为除外责任，并且是在所承担的范围内，保险所标示被保险人或保险人死亡或伤残等情况，才存在以上的情况。假如保险公司不能满足以上条件，那么该笔赔款就由保险公司来支付。

由于缺乏关于举证责任履行顺序和程度的严格法律规定，所以我国法官在保险案件判决结果上具有很大的自主性，对保险责任与除外责任两者之中关于举证责任的判别也有很大的主观性，因此可能造成保险案件判决结果的不公平，并且

可能出现许多保险案件一审与二审的判决结果不同的情况，这在一定程度上干扰了保险市场秩序。

为了避免《民事诉讼法》中关于举证责任制度适用于保险诉讼案件时带来的极大不确定性，有必要修改《民事诉讼法》，或者通过最高人民法院司法解释的方式，将保险诉讼案件中的举证责任顺序和证明程度明确下来，使保险公司避免法律上的风险，也使被保险人获得可以期待的确定权益。

第五节　金融风险的识别与分析

金融是现代经济的核心，随着现代经济的发展，金融所扮演的角色越来越重要。金融对保险的影响因素包括以下四种。

一、利率风险

保险尤其是储蓄性的人寿保险是一种金融商品，对利率变动十分敏感。

寿险产品的预定利率是参照银行利率确定的，利率下调必然导致预定利率下调，使寿险产品价格相对上升，从而减少保险需求，这是利率变动产生的价格效应。近年来，我国多次调低利率，1年期人民币储蓄利率由最高时的10.98%降到最低时的1.98%，保险单的预定利率也从8.8%、6.5%、4%降到了2%左右。

当利率下调引起的替代效应大于价格效应时，会刺激保险需求，促进保险发展；当利率下调引起的价格效应大于替代效应时，会减少保险需求，给保险业发展带来负面影响。

利率变动还将直接影响保险公司的投资收益，利率下降会使投资收益下降，并由此影响到保险产品的定价及准备金的提取。

在我国，保险公司有将近一半的资金用于银行存款，国债、企业债券、金融债券等收益率均与利率密切相关，如果投资收益率小于预定利率，原来的定价和准备金就不足，会导致利差损。特别是寿险产品，由于期限较长，利率变化对它产生的影响比财产险产品要大得多。

比较我国和美国的保险投资收益率可以发现，我国的保险投资收益率与利率存在明显的相关性，1997年以前我国保险投资收益率较高，个别年份达到了11%以上，这和我国特殊时期的金融特点有极大的关联。1992—1997年，我国的通货膨胀较为严重，银行利率相当高，这虽然保证了保险公司较高的投资收益率，但实际上这种收益率不是通过市场化的投资活动获得的。

加入世贸组织后，随着关税的降低和进口限制的放宽，进口商品数量大大增加，加上世界经济不景气，国内商品供应量加大，市场价格水平在短时间内难以回升，因此提高利率的可能性不大。尤其是在金融危机背景下，货币政策趋于宽松，对刺激保险需求无疑是一个利好。但对保险公司尤其是经营长期性业务的寿险公司而言，低利率对收益率的影响必须予以足够重视。因为就目前我国保险公司的投资结构来看，银行存款和债券在总资产中占据最高比重，这些固定利率产品利率敏感度很高，受利率政策和货币政策的影响极大，因此必须密切关注利率变化趋势，合理调整产品价格和准备金数额。

二、汇率风险

金融危机使西方国家经济普遍不景气，美元整体走软，人民币汇率升值已是大势所趋，汇率问题成为当前及未来一段时期影响我国经济发展与国际经济关系的重要因素，对保险业的整体运营也将产生深远影响。

随着人民币汇率制度改革的不断深入，资本和外汇管制将不断放松，人民币汇率的弹性将不断增加，保险公司面临人民币升值的影响。

（一）对外汇资产和负债的影响

人民币升值将导致外汇资产贬值，这就要求外汇资产有更高的收益率来弥补汇率损失，否则就只能承受人民币升值带来的外汇资产贬值。人民币升值也将同时影响外汇负债，使保险公司支付的外币赔款所对应的人民币实际价值降低。

因此，汇率变动对保险公司资产和负债的综合影响取决于外汇净敞口是在资产方还是在负债方。若外汇资产多于外汇负债，净敞口在资产方，则人民币升值将对保险公司造成不利影响；反之则对保险公司有利。

当前，我国保险公司的资产基本上是人民币，外汇资产很少，因此汇率风险还不大。但随着外汇保险业务的发展以及保险公司到海外上市募集资金，我国保险公司所持有的外汇资产必将大量增加，从而面临更大的汇率风险。

（二）对外汇业务的影响

由于外汇保单是以外汇定价、缴费并支付赔款的，因此汇率变动将影响外汇保单的实际人民币收入。对于办理分保的业务来说，汇率变动还将使摊回的分保外汇赔款所对应的实际人民币收入发生变化。在人民币升值的情况下，分保摊回的实际人民币收入将下降，从而造成保险公司实际自负赔款额度上升。

（三）对保险公司评级的影响

如果保险公司未能进行有效的外汇避险，人民币升值造成的外汇资产贬值有可能削弱保险公司的偿付能力，使保险公司的部分指标恶化，保险评级机构将相应调低保险公司的评级，从而影响投资者和消费者的信心，进而影响保险公司的经营状况以及上市公司的股价。

三、资本市场运行风险

（一）未能为保险资金运用提供理想的场所

资本市场是保险资金运用的主要途径。资本市场有众多的参与者，有广泛的信息渠道，有齐全的交易设施和交易规则，它为保险资金提供投资场所和投资品种，可以很好地满足保险资金运用安全性、收益性和流动性的要求。

然而，不成熟的资本市场会使保险资金运用受到极大限制。长期以来，我国保险资金运用普遍存在投资渠道窄、投资收益率低的弊端，这与我国资本市场发展滞后有直接的关系。

（二）未能通过资本市场扩大风险转移范围，提高保险公司承保能力

传统保险机制在应对巨灾风险时受到资金缺乏的限制，通过风险证券化可以将风险从保险市场转移到资本市场，使保险公司和再保险公司能够承受巨灾带来的损失，大大提高承保能力。

当前，我国的资本市场发育还不健全，缺乏风险证券化的基础条件，这在很大程度上制约了我国保险公司的承保能力，使我国巨灾风险管理存在极大隐患。

（三）未能帮助保险业提升创新能力，为保险产品创新提供现实条件

通过开发与资本市场相连接的产品，保险公司可以创造出各种新型保险衍生产品，突破传统可保风险的限制，为顾客提供巨灾保险等特殊保障产品，丰富保险产品品种，扩大经营范围。

目前，我国资本市场的发育还无法满足风险证券化的前提条件，这使保险衍生产品的出台受到了限制，阻碍了保险公司创新能力的提高。

四、金融危机

2008 年，由美国次贷危机引发的金融危机在经济全球化和金融一体化背景下迅速演变为全球性金融危机，成为 20 世纪 30 年代经济危机以来最严重的一次。经济全球化和金融一体化成为这场金融危机的催化剂和加速剂，其传递和放大效应使风险程度极大提升，风险环境迅速恶化。一直以来，保险业作为"风险管理者"担当着防范风险、化解损失的重任，但是如果处理不好也会成为"风险制造者"，对风险的产生起到推波助澜的作用，这在此次金融危机中就有深刻的体现。与发达国家相比，我国保险业尽管没有直接遭受此次危机的重创，但也深受其害，并日益显现出多方面的影响。

（一）保险业在金融危机中扮演的角色

1. 充当次级债的重要投资者

作为金融市场的重要资金供给者，保险公司购买了大量的次级债券，成为次级债的重要投资者。随着所持有的次级债大幅贬值，保险公司蒙受了巨大的投资损失，也因此成为这场金融危机的受害者之一。国际货币基金组织（IMF）统计数据显示，美国保险公司持有全部住房抵押次级债的 19%，考虑到保险公司持有的银行等金融机构的股票在危机中大幅下跌，且债券和股票在保险公司整个投资组合中所占的权重相当大，保险公司在金融危机中遭受的投资损失十分巨大。

2. 向低信用度的贷款人和高风险的次级债提供保险

在利益驱动下，保险公司向信用度较差的低收入贷款人提供住房抵押贷款保险，助长了放贷机构的信心，客观上为放贷机构放松贷款条件起到了推动作用。与此同时，保险公司还忽视潜在的巨大风险，为安全性较低的次级债提供保险，为其配备华丽的包装，不仅大大提高了次级债的信用等级，还极大地增强了投资者的信心，保险公司直接或间接地成为这场金融危机的帮凶。

3. 承担巨额的赔偿责任

保险公司承保或担保的顾客大量违约引发了巨额的保险赔付。在抵押贷款方面，位居美国按揭贷款保险市场份额第一的按揭保险商 MGIC2007 年第四季度共亏损 14.7 亿美元；在单一风险方面，世界第四大债券保险商 FG1C2007 年第三季度损失 6 539 万美元，世界最大的债券保险商 Ambac2007 年第四季度的损失更是高达 32.6 亿美元；在信用违约方面，全球保险巨擘 AIG2007 年 6 月至 2008 年 6 月一年内累计亏损 250 亿美元，其他业务亏损 150 亿美元，2008 年第四季度亏损更是高达 617 亿美元，成为美国公司有史以来遭遇的最严重的季度亏损，保险公司成为这场金融危机的买单者之一。

可以看出，在金融危机的形成机制和利益关系链中，保险业扮演了多重角色，它既是次贷市场资金的来源之一，又是市场风险的主要承担者之一，既是金融危机的参与者，又是受害者。

（二）金融危机对我国保险业的影响

尽管我国保险市场的国际化程度较低，金融危机对中国保险业的影响相对有限，但是置身于这样的全球性金融风暴中，中国保险业无法独善其身，会直接或间接地受到一些影响。

1. 保险投资压力增加

金融危机造成资本市场投资环境急剧恶化，保险公司的投资压力空前加大。一直以来，我国保险公司面临投资安全性与收益性的双重压力，尤其是投连险和万能险等新型险种对投资收益的要求极高，而投资环境的恶化无疑使这些公司深陷窘境。保险公司总体投资收益下降，使大多数万能险产品的结算利率大幅下滑，从 2008 年上半年巅峰时的 6% 下降至 4% ～ 5%，最低的仅有 2.5%。

2. 保费收入增幅放缓

近些年来，我国保险业保持着高速增长的态势，尤其是 2008 年上半年，全国人身保险保费收入比上年同期增长 70% 以上，其中银行保险占了近 50%。而银行主要销售的是投连险和万能险，这些险种对资本市场的依赖极大，会受到金融危机的影响。在财险领域，尽管受到的影响会小于寿险，但由于出口需求下降及国内外经济不景气，货物运输保险、出口信用保险等业务都会下降，并有可能遭遇更多的索赔。可以预见，我国保费收入增加将受到遏制，并且存在大起大落的可能。

3. 消费者信心受挫

在这场金融风暴中，国际诸多保险巨鳄陷入危机不能自拔，给国内消费者留下了"保险公司不保险"的深刻印象，严重打击了公众对保险的市场信心，引发了人们对保险公司的长期信任危机，如 AIG 遭遇重创后，在一项 4 000 多人参与的调查中，65% 的投票者表示不会购买友邦保险的产品，国内 3 家上市公司中国人寿、平安保险和太平洋保险股票接连下跌。从具体业务来看，与资本市场紧密相关的投连险等险种表现得最为突出，在全国多地遭遇退保风潮，个别保险商的退保率甚至超过了 50%，这对保险业的发展无疑是十分不利的。

2008 年的金融危机对中国保险业是一次巨大的考验，一些拥有海外资产的保险商不得不为错误的投资买单，其他保险商也因经济和金融环境的恶化而陷入经营困境和低谷。中国保险业面临了一次行业内的"洗牌"，兼并、重组在所难免，市场份额、公司排名等都发生了巨大变化。

第六节　税收政策层面对保险企业风险管理的进一步讨论

在立法、信息提供、宣传教育等一系列公共政策中，税收是影响保险业风险管理的核心政策因素。政府通过税收干预保险市场、引导保险市场供需，以帮助保险业实现自己的风险管理目标。

一、税收政策的风险管理作用

（一）税收政策的相关概念

保险税收是政府干预保险的经济手段，发挥着引导居民消费、建立公平有序的市场竞争秩序、扶持民族保险业成长以及促进保险制度创新的重要作用。由于保险是国民经济中的特殊行业，担负着防范风险、化解损失的重任，因此各国对保险业普遍实行"轻税政策"，以达到鼓励和扶持保险业发展的目的。

所谓轻税政策，是指根据客观情况对保险企业实行"免、低、减、缓"的税收政策：免税是指对符合规定的某些保险产品或保险企业免征全部税款；低税是指按照低于全社会各类企业平均水平的税收标准征收税款；减税是指对某些保险产品或保险企业减征部分税款，如经营巨灾风险或创新产品的保险企业等；缓税是指对长期规范经营但遇见暂时经济困难的保险企业暂缓征税，如遭遇巨灾损失的保险企业，或遭遇不可抗拒风险（如经济危机）的保险企业等。

（二）保险税收的风险管理作用

保险税收是国家利用税收手段对保险业进行调整，以实现税收征收及合理收入分配的有力武器。保险税收集中反映了一国对保险发展的态度，要使保险的功能和作用得到充分发挥，离不开适度的、完备的保险税收政策的支持。

1. 保险税收可以调节保险供给

通过保险税收，国家可以调节保险企业的收入水平以及再生产的投入水平，进而调节保险市场的供给能力。当前，风险领域更多地依靠竞争性保险市场已成为一种发展趋势。但普遍认为，只要当某种首要的社会问题（如失业、伤残、养老等）有此需求而市场没有有效的解决方案时，政府应当通过税收优惠或补贴政策直接参与这类稀缺性保险的供给，以帮助企业承担风险。

当保险市场供不应求时，可以减少税收，使保险企业增加收入以及再生产的投入，也鼓励其他资本投资保险业；当保险市场供大于求时，可以提高税收，减少保险企业的收入，使保险企业减少再生产投入，排挤其他资本进入保险市场或驱使原有资本退出保险市场，以此调节保险供给水平，达到与保险需求的平衡。

2. 保险税收可以调节保险需求

决定保险需求的关键因素是投保人的支付能力，通过对投保人的保费支出和保险赔款或保险金给予减免税，可以提高投保人的实际可支配收入，从而鼓励保险消费；反之，则会抑制保险消费。通过对需求的影响，税收能够在保险业低迷时期发挥重要的风险管理作用。

二、国际保险税收政策比较及对我国的启示

（一）对保险公司的税收

国外对保险公司的税收最重要的是营业税和所得税。

1. 营业税

在部分国家和地区，营业税近似于当地的保费税，即根据保费收入为税基征税。各国营业税制度见表5-4。

表5-4　部分国家营业税制

美国	各州自主计税 团体险、农险等：不同程度的优惠税率或扣除额 年金：年金保费收入免费，仅有6个州以0.5%～2.25%的税率对年金征税 寿险：税率平均在1.5%左右，各州可自行调整 意外与健康险：税率为2.5%，少数州具有优惠政策
日本	非寿险：船舶保险税基为纯保费收入的25%，税率1.5%；运输保险税基为纯保费收入的45%，税率1.5%；汽车第三者责任保险税基为纯保费收入的10%，税率1.5%；地震保险税基为纯保费收入的20%，税率1.5%；其他财产保险税基为纯保费收入的40%，税率1.5% 寿险：年净保费按照1.3%～1.365%的税率收取。税基是净保费的10%～45%。根据保险的类型而定
法国	非寿险：火灾保险为税率7%～30%；汽车保险为家用汽车免税，其他汽车保险税率5%～18%；游艇保险为税率19%；海上航运险、运输工具责任险、农业保险、各种再保险：免税 寿险：免征保费税
德国	寿险：免征保费税
澳大利亚	非寿险：由各州征收，税率0～20%；机动车辆保险、航空保险、伤残保险、农作物保险、牲畜保险、住院保险、职业伤害保险以保费收入的0～5%计征，其他险种以保费收入的5%～11.5%计征 寿险：按第1年保费收入的10%计征，具体根据州和保单的种类决定
英国	非寿险：按照毛保费总额（扣除寿险、养老金、水险、航空险、国际货运险、出口信用险等的保费收入）的4%计征 寿险：免征

考察部分国家和地区的营业税制度，可以总结出以下特点：①税率较低。考虑到保险行业的特殊性，各国一般都给予倾斜的税收政策，特别是对寿险业务一般都实行免税或低税。②税基较小。各国多按照纯保费收入或是做了一定扣减后的总保费收入进行征收，这使实际税率比名义税率更低。③依据险种分别计税。各国多采用差异性税率调节保险市场的险种结构，对国家鼓励发展的险种实行低税率，对限制发展的险种实行高税率，以此引导保险消费者的投保取向，发挥税收的政策调控作用。

2. 所得税

以寿险公司为例，部分国家公司所得税制度见表5-5。

表5-5　部分国家寿险公司所得税制

美国	税基：总收入减去精算准备金
	税率：35%
	其他规定：对保单持有人红利可以无限减免税务
日本	税基：总收入减去费用
	税率：36.21%（其中国家为30%、地方为6.21%）
	其他规定：本国公司分红收入的50%可税前扣除；保单持有人红利可以全额在第二年税前扣除，但是如果前一年没有分红给保单持有人则要交税；再保险的保费一般税前扣除
加拿大	税基：总收入减去费用
	税率：32.02%～38.37%，各省不等
英国	税基：投资收入减去费用
	税率：20%～30%，对应保险客户/股东基金
法国	税基：总收入—精算准备金—费用
	税率：34.43%，保单持有人红利收入可税前扣除

在公司所得税制方面，以上国家和地区的突出特点如下：①在税率方面，大多数国家采用累进税率。②在税基方面，各国多以净所得为计税基础，扣减项目包括管理费用、已发生的赔款及风险准备金等。有些国家还允许将一般意外事故和巨灾准备金予以扣除，使其应纳税额减少，增强保险公司的竞争力。③对小型保险公司给予特殊优惠政策，体现了政府的扶持作用。

（二）对保户的税收

对投保人和被保险人的税收主要是个人所得税。对于非寿险保户，各国普遍规定个人投保职业或商业风险所支付的保费以及公司所支付的保费可作为扣除项目。对于寿险保户，基于寿险所具有的储蓄和社会保障性质，大多数国家为鼓励个人购买和持有寿险保单，制定了一系列优惠政策，为人们提供了一个相对宽松的环境，见表5-6。

表5-6　部分国家和地区对保户的税收制度

美国	保单红利、保单现金价值、年金和死亡给付减免税；延期年金支付保险保费减税；参加雇主提供的健康险与其他福利性保障计划免税
瑞士	商业性两全寿险保单所得利息免税；强制性社会保障项目、国家养老金计划缴款免税
日本	应纳税额中，企业非累积型和累积型保费支出可税前扣除，个人寿险保费支出可税前扣除
英国	年金保费可按比例扣除，最高额为收入的 17.5% ～ 40%
澳大利亚	健康险：个人购买健康保险给予保费补贴，即 30% 的保费折扣

可以看出，大多数国家为鼓励人们购买保险特别是寿险，降低了税收标准，采取了优惠政策。这不仅为保险业发展提供了良好的税收环境，还通过保险公司的风险管理减少了整个社会的风险因素、降低了风险程度，有利于创建更加和谐、稳定的人文环境与自然环境。

第七节　保险监管与企业层面对保险企业风险管理的进一步讨论

保险人是很重要的金融中介，主要出售承诺，至于这个承诺能不能兑现，主要在于保险公司是否合法诚信经营，这也直接关系到投保人的合法利益和保险市场的稳定性，甚至可能涉及整个市场的安全和稳定。因此，各国都很重视对保险业的监管，并且采用了不同程度、不同形式的监管，保险企业本身也实施了不同程度的内部风险管理。

一、保险监管的风险管理作用

保险监管是政府干预保险的行政手段，是政府管理经济的职能在保险领域的具体体现。保险业是一个较为特殊的行业，经营风险会影响到社会经济的稳定和人民生活的安宁，责任重大。因此，政府对保险业的监管有别于其他行业。保险监管通常通过以下方面帮助保险行业做好风险防御。

（一）平衡竞争的好处与对消费者的保护

过度的、恶性的竞争不可避免会给消费者带来利益损害，因此平衡竞争、保护消费者的权益、维护好保险市场秩序也是保险监管的重要内容之一。通常会涉及以下几方面：控制市场准入、费率和保单监管、财务监管、中介监管、竞争政策监管。其中，竞争政策监管主要涉及个别企业的反竞争行为以及企业间横向和纵向的削弱竞争安排，它通过禁止价格共谋、禁止限制竞争的兼并和收购、禁止滥用统治地位等手段来限制和消除反竞争性行为。

（二）监督保险人的偿付能力

偿付能力是保险公司经营的安全底线，一般会受到监管层面的重点关注。监管部门通常借助以下两种方法对保险人的偿付能力进行监管。

1.财务报告要求

财务报告要求是偿付能力监管的核心。政府会要求保险人提供详细的年度财务报表，包括资产负债表、损益表以及其他规定的记录和凭证。监管者将依据所报告的信息对保险人进行财务分析，对保险人资本充足率、资产质量、利润率、现金流量等进行评估，以便从中发现需要引起监管者注意的保险人。

2.财务检查和专业人员监督

监管者通过现场检查或个案检查等方式对保险人的财务状况进行核实。与此同时，监管者通常会招聘精通会计、精算等方面的专业人员，提高偿付能力监督效率，以事先抑制和事后揭露保险人的不当行为。

二、发达国家保险监管的发展趋势及对我国的启示

保险业发达国家都有一套成熟、有效且富于变化的保险监管体系。20 世纪 90 年代以来，伴随经济全球化和自由化的浪潮，国际风险环境发生了巨大变化，为适应这些变化，各国政府对自己的保险监管体系进行了很大的调整，呈现出以下发展趋势。

（一）分业监管转向混业监管

当前，金融一体化趋势日益明显，银行业、证券业和保险业的联系越来越紧密，由原来的平行发展变为互相渗透、互相融合，更加多元化、综合化和同质化。

与此相适应，金融监管从分业监管日益转向混业监管，也就是将金融监管部门系统统一起来，将银行监管、证券监管和保险监管融为一体，共享信息和技术优势。

（二）机构监管转向功能监管

机构监管是指依据金融机构的不同类型分别设立不同的监管部门，各部门各司其职。功能监管是指一个给定的金融活动由同一个监管者监管，而无论这个活动由谁从事。功能监管可以大大减少监管职能的冲突、交叉重叠以及监管盲区，有利于提高监管效率。功能监管是混业监管的必然结果。

（三）市场行为监管转向偿付能力监管

市场行为监管和偿付能力监管是保险监管的两种模式。市场行为监管侧重对保险公司具体经营行为的监管，偿付能力监管则侧重保险公司经济补偿能力的考察。随着保险市场的进一步发展以及保险业全球化、自由化趋势的日益明显，许多国家都不约而同地放松了对市场行为的监管，而将监管重点转向保险公司偿付能力和风险资本的动态监控，其目的在于提高监管效率，切实保护被保险人的利益。

（四）静态监管转向动态监管

静态监管和动态监管是偿付能力监管的两种方式。静态监管侧重保险公司历史及现状的考察，通常是通过一系列指标体系对保险公司的当前偿付能力进行考察，属于事后监管。动态监管是根据一定的假设条件对保险人的现金流量和财务状况做出预测，考察保险公司未来的偿付能力，属于事前监管，因此更具前瞻性，更为科学和合理。如今，已有越来越多的保险发达国家（如美国、加拿大、日本和英国等）将偿付能力的动态测试模式引入监管手段中。

从上述发达国家保险监管的发展趋势可以看出，各国的监管制度有不同的特色，且始终处于动态变化之中，如金融危机爆发后，美国和其他发达国家的金融监管体制就发生了重大的改革，这对我国有着重要的启发意义。

首先，应高度重视保险行业的安全问题。作为经营风险的专业机构，如果保险业本身出现了重大问题，其破坏力不可想象，而偿付能力在保险业安全中起着至关重要的作用，是决定性因素。所以，发达国家很看重对偿付能力的监管，始终把它放在保险监管的核心和首要位置，监管发展趋势从市场行为监管转向偿付能力监管、静态监管转向动态监管就说明了这一点。

其次，应因地制宜、循序渐进地完善保险监管制度。要立足本国的政治、经济、社会和法律制度以及历史、文化背景，尤其是保险行业风险状况，通过学习和借鉴他国先进经验，建立适合本国国情的保险监管制度，绝不能超越特定的经济、社会和法律环境的制约。此外，保险监管制度的建立和完善是一个循序渐进的过程，表现为一种持续的制度变迁，不能一蹴而就，应根据保险市场的发展变化不断进行动态调整和改进，为保险业发展提供持久的动力。

第六章　新时期保险企业内部风险评估机制

第一节　寿险企业内部风险评估机制

一、寿险公司内部风险评估机制

（一）公司目标

设立目标在公司管理之中和风险评估时起着举足轻重的作用。设立目标虽然不属于内部控制的要素，但是实施内部控制时要在其基础上进行。为了将寿险公司形成一个系统的整体，需要先将目标体系建设起来才能把各种各样的力量和资源优化组合起来。公司在确立目标后会选择一些措施来管理风险。寿险公司对风险进行识别、评估和制定应对相关风险措施的依据就是目标的设定。

（二）风险识别与评估

公司的目标如果被实现，会产生一些不确定性，这就是公司面临的风险，是可以被规避或者减少的。在识别风险时，为了避免忽略相关的风险事件，需要客观进行，最好是将识别风险和评估风险分隔开。

寿险公司的经营管理是有内外部风险因素的。在寿险公司里，产生风险的内部因素有很多，主要包括公司资产规模大小、流动性的强弱或业务总量大小，公司的财务状况如何，管理层对实现公司设立的目标的理念意识和是否有紧迫感，公司经营活动的地理分布，员工的工作能力高低以及完成工作是否恰当和完整，内部控制系统的恰当性和有效性，信息系统电算化的程度如何，等等。

外部环境中的很多因素对公司目标有许多不确定性的影响，这就是外部风险。

主要有如下：高科技中的巨大创新成果；技术创新带来的研发性质；时代发展的巨大机遇，或使采购的成分发生变化；经济环境和世界形势发生的巨大变化，有可能影响到公司关于融资和资本支出、扩张方面的决策；行业之间的竞争更加激烈，市场也发生变革，如产品和公司营销、竞争会随着客户需求而变化，客户服务和业务流程等也会发生变化；国家的法律、法规及政策的完善，如新的法律和法规令经营政策和策略发生了变化；自然灾害，如经营或信息系统随着自然灾害的影响而改变，特别需要注意制订应急计划。

公司的风险评估需要专业能力强、对公司的各种程序和政策十分熟悉的风险评估人员，一般使用定量评估和定性评估这两种风险评估的主要方法，才能使风险评估顺利进行。

构建有效内控体系的基石就是风险评估，风险评估被当作一种方式，其可能对企业能否达到企业目标产生影响。风险评估可以全方位、精准、快速地掌握和控制寿险公司内部风险基本的要素。

当前，我国的寿险公司在风险评估方面认识不到位，对风险评估的意识淡薄，使用的方法不科学，技术上也没有突破。这关键体现在风险评估方面缺乏人才，因为管理层常年忽略了风险评估缺乏管理型和技术型人才的问题，我国的寿险公司还在使用传统的定性方法来评估风险，没有使用定性和定量相结合的客观的科学方法，而是使用了人为控制的直接管理方法，如委托进行理财审查等方式，这就使风险管理的专业化程度低下，效率不高。

（三）风险处理

管理层会根据评估的风险重要性和发生的可能性，在假设风险的基础上来思考管理风险的措施，这是恰当分析风险所需成本的完整分析。管理层每天决策的事情涉及范围很广，细到确定其他的供货源或扩大产品线的小事情，广到获取专业性的经营报告或改进培训计划等。要想从根本上扫清风险或消除其影响，还需要运用恰当、合理的措施。可以在风险评估的基础上制定管理风险的措施，一般分为四个方面：风险回避、风险承担、风险控制、风险转移。评估风险时不仅要适当，还要有效，这就要注意以下方面：在实施应对风险的措施后，能否将剩余风险水平控制在组织能力范围内；应对风险的措施是否符合本组织的经营和管理方式，是否符合公司对成本效益的要求。

目前，我国寿险公司对风险管理的认识还不到位，甚至有极大的偏差，长期下去会形成错误的指向标。为了避免出现错误的风险管理导向，要进行以下纠正：一是要强化经营风险意识。经营时既不可避免损失发生，也会有极大盈利的发生，这就需要全面准确地衡量风险和收益的关系。二是将风险决策的标准定下来后统一协调各方风险。三是我们在应对风险时使用的程序和方法。合理分析降低风险水平所需的成本，全面考虑现有的程序是否适应控制已知的别的风险，还有随着变化不断的风险完善流程，等等。

（四）风险监控

处理风险的计划在构思完成后，并不是万事大吉了，因为风险在公司运营时可能会增大或者减小。因此，在管理公司运营时还要随时观察风险的变化和发展，要注意新风险。除此以外，还有补偿性监控，它是专门面对各个环节出现的问题所使用的监控方式，还有一种计算机监控，是通过强化计算机管理所实施的监控方式。以上监控风险的形式使公司监控风险更加高效，更好地管理风险，对公司产生了深远的影响。

二、健康险公司内部风险评估机制

（一）健康风险因素

1. 年龄

年龄是人体生命的标志，还是衡量生命的重要指数，年龄的变化会让人的生长、发育和身体状况潜移默化地发生变化。

人在年龄小于 14 岁的时候，年龄和死亡率成反比。导致这种死亡风险比较高现象的因素主要是少年群体面临灾害时，自我防御能力差，自我保护意识不到位。有关数据显示，我国 14 岁以下死亡的儿童主要是由于意外伤害而死，因此死亡的人数是总死亡人数的 26% 左右；其次死亡率较高的死因是恶性肿瘤，其死亡的人数是总死亡人数的 10% 左右。由此看出，当人处于无行为能力或者限制行为能力阶段时，患病、病死及意外伤害的发生率的平均值是较高的。

联合国世界卫生组织制定的新规定将年龄界定了以下标准：44 岁以下为青年人，45 ～ 59 岁是中年人，60 ～ 74 岁是年纪较小的老年人，75 ～ 89 岁为老年人。人们在自己的青年时期身体状况良好，死亡率并不高。在中年时期，死亡的发生率是高于其他年龄阶段的，人体的健康会有很大的变化，变化不仅在生理上，还在心理上，此时人们事业处于打拼时期，工作和心理上的压力比较大。60 岁以上的老年时期，人们的各个器官开始走向衰老，身体机能的运行不如年轻时，免疫力也随之下降，发生意外和疾病的可能性大大地增加。

小于等于 5 岁的婴幼儿的患病、病死及发生意外事故的可能性都较大，一般不能接受承保。

大于 5 岁小于 15 岁的少年人群，在投保金额大的情况下，就要接受公司对被保险人的身体健康状况进行详细了解和对父母及家庭其他成员的投保情况、家庭背景、经济能力等了解的要求。通过充分了解来缩小逆选择和道德风险发生的可能性。

在大于 15 岁小于 40 岁的青年阶段，在核保审核时尤其是要注意收入是否与其保险需求相适应。

40 ~ 60 岁的中年人群在审核风险时，尤其需要关注身体状况和以前的病史。

在大于 60 岁的老年阶段，审核时要尤其关注其投保动机是否纯正、谁支付保费、理清投保人和被保险人的关系及受益人与被保险人的关系等。通过观察老年群体的身体状况，保险金额需要被限制，并考虑费率的上浮大小。

2. 性别

一般来说，男性需要比女性参加更多的社会活动，但是其从事的工作危险性也更大，男性更喜欢挑战和冒险，其不良嗜好较女性多，故男性因意外事故死亡的概率更大一些。但是女性在妊娠期间是比男性的死亡可能性更大的。

性别有时也和某些疾病的发生率息息相关，如男性风湿疾病、血友病和先天性疾病发生的可能性较女性更大。

3. 体格、血压、心率

（1）体格。体格即身体外形，身高和体重是确定的重要指标。医学分析表明：超重肥胖的人患有尿毒症的概率是普通人的 2.3 倍，患有冠状动脉疾病的概率是正常人的 1.4 倍，患有高血压、关节炎、呼吸道疾病、癌症等的可能性也大于普通人。由此可见，死亡率也和体重成正比，体格指数距离正常指数越远，死亡的可能性越大，当今评估体格情况最佳方法是世界流行的体重指数法。

正常的体重指数范围值为 18.8~24.9，超重的体重指数在 25~29.9。肥胖分为三个等级：一级肥胖的肥胖体重指数范围是 30~34.9；如果体重指数范围是 35~39，就是二级肥胖；三级肥胖的体重指数是不小于 40 的。中国人最佳的体重指数范围为 20~24。如果一个人的体重指数超过正常范围，可利用胸围和腹围指标来判断，若肥胖者的胸围指标大于腹围指标，则其死亡的危险性还小一些，反之则危险性更大。

（2）血压。血压对人的身体健康状况影响比较大。美国心脏学会公布的新版高血压指南指出，正常的血压范围是收缩压在 90~130 mmHg 之间，舒张压在 60~80 mmHg 之间。当收缩压大于 130 mmHg，或舒张压大于 80 mmHg，就是高血压。

少儿高血压的判断标准：3~8 岁，舒张压大于 80 mmHg；7~14 岁，舒张压大于 85 mmHg。而少儿高血压者一般不会被接受承保。

高血压是导致死亡率增长的间接因素，它不是直接原因，只是高血压会引起许多并发症，而高血压患者常患的心脑血管疾病及肾脏病则会导致直接死亡。

（3）心率。正常人的心率是每分钟 60~100 次／分，当心率出现异常情况时，应该到医院做心电图，心电图会显示出被保险人是否已经患有冠状动脉粥样硬化性心脏病等情况。

4. 个人病史

个人的身体健康状况可以通过体格、心率、血压、身体各器官组织的运转机能情况及病史反映出来。

个人的病史既有现病史，又有既往病史。现病史其实就是被保险人在投保时就患有的疾病和症状，而既往病史则表现的是在保单生效的日期之前的 5 年时间中，被保险人曾经患有的某种疾病或曾经有外伤等经历的病症记录情况，这主要是有手术病史、住院病史、意外伤害病史、先天性疾病和最近就医史等。

公司会根据个人病史的情况来判断被保险人的身体健康情况，进而判断风险的程度。

5. 家族病史

统计资料显示，全球的一万以上种已知疾病中，三千种左右的疾病和人自身的基因有联系，大多是家族遗传的疾病，如心脏病、肠癌、精神疾病、鼻咽癌、高血压和酒精中毒等，故还要了解家族病史，认识到家族遗传疾病或遗传倾向疾病，之后来预测未来可能发病的概率大小，最后再判断被保险人是否有患该疾病的前兆。

（二）风险识别与评估

对健康险进行评估时要考虑许多因素，如被保人的年龄大小、性别和健康状况。

1. 被保险人的性别及年龄

健康险的费率分为多个不同的层级，公司要按照保险人的性别和年龄大小来决定健康险的费率处于哪一阶层。如果是个人业务，那么一定要有被保人的年龄和性别；如果是团队业务，要分年龄段统计男女组成状况。一般情况下，是一段5岁，也可以通过平均年龄或团体的性别比例来进行分析统计。

当团体业务中女性比例超过54%时，核保人员一定要十分关注。

2. 被保人的健康状况

个人和团体业务有差异。个人业务要想了解被保人的病历，一般让客户填写健康状况的问卷。团队业务则要调查被保人是否可以在投保人规定的日期内正常工作，也需要调查被保人从事的职业环境如何。

在办理业务时，需要调查业务中妇女的情况。因为妇女会有妊娠期，这样的妇女患糖尿病、高血压等妊娠并发症的概率是很高的，会加大患有重大疾病的概率，也会增加死亡率，因此保险公司不会接受妊娠期间的妇女的投保，只有在待产后一个月的体检中显示健康的情况下，才会接受其投保。

另外，一方水土养育一方人，发病率和地区也有关系，所以还要清楚被保险人所处的地理环境，还有当地的高发病情况，从而按照情况进行费率的浮动。

三、养老保险公司内部风险评估机制

（一）养老保险公司风险特征分析

在养老保险公司运作、管理企业的年金基金过程中，企业的年金业务运作模式及管理较为复杂，其面临的风险也有自身的一些特征。

1. 安全性意义重大

企业年金管理是多层次养老保险体系的关键一环，因为涉及多方面的利益，尤其是企业和职工的个人利益，所以它的运行成败情况是和国家的老年经济安全、受益人的退休生活保障直接联系在一起的。

2. 经营流程复杂

企业年金的管理要考虑委托人、受托人、托管人、账户管理人、受益人和投资管理人等各方当事人，各管理人是否是基于信托关系和委托代理关系来开展业务等因素。要将风险控制涵盖每一个当事人、每一个环节以及各项具体的业务中。各环节能否运转流畅，其实也会影响企业年金的安全和增值。

3. 政策环境约束

约束业务的外在刚性要求就是企业年金市场的起步发展情况的逐步调整以及国家政策和规范。行业的发展速度快慢、市场竞争态势如何和公司战略地位高低都和国家的市场准入政策、税收优惠政策、价格政策调整等不可预料的外部政策环境联系密切。

4. 法律法规和监管体系不完善

当前，国家出台的有关企业年金的法规制度有待完善，法律、监管存在的许多漏洞会造成开展业务时有很多不确定性和风险。此外，和企业年金有关的法律法规和监管体系本身就复杂，而且有其他类型的补充养老保险产品，它们之间是有替代和竞争关系的。

综上所述，分析出养老保险公司实现竞争优势的重要影响因素主要有外部环境、行业态势和战略伙伴等。为了从战略角度上对公司的风险进行更全面、更连贯和更有效的管理，公司整体的发展战略目标就是公司在实施全面风险管理时的出发点，之后需要全面认识内外部的风险，从而进行和该公司特点相符合的风险管理。

（二）我国养老保险制度面临的主要风险及其风险来源分析

1. 制度设计风险

养老保险制度的制度设计风险是指由于养老保险制度设计缺陷导致的风险。由于实际情况的复杂性，实现的制度设计并不一定能够保证完全科学正确。

（1）在设计保障项目方面责任模糊。如今，养老保险尚不成熟，养老金管理机制还不健全，存在着很多漏洞。某些地方经常利用这些漏洞，把外项目也放进内部范围，更严重的是这些外项目支出十分高，大约已经达到了总支出的1/3，这就变相提高了养老保险的水平，同时使政府的负担加重。

（2）在账户设计方面，债务不清晰，放大基金缺口和"空账"。我国社会保障改革过程中，养老保险的历史债务部分是最难啃的一块骨头。改革开放初期，将传统现收现付转为社会统筹与个人账户结合，并没有专门处理过转轨成本。基金管理还处于初期现收现付的阶段，还未过渡到部分积累制。某些地方抓住这种漏洞，注册很多新账户，补基金收支的漏洞，从而满足当时的支付需要。这种做法有很大的弊端，在暂时减少历史债务的同时，导致现实债务不断增长，使政府的负担加重。

2. 运营管理风险

养老保险制度的运营管理风险一般是管理失败后各种潜在的风险。这种风险有管理中出现的错误、制度不适应、欺诈以及无效的控制机制、养老基金被挪用而造成的管理风险。

（1）养老金运营管理缺乏一套风险控制机制。各级政府直到现在也没有完善的控制风险的体制机制。这是因为其只关注养老金运营的社会效果，将经济效益和如何运营抛之脑后。从管理上看，有一定程度的隐性损失，因为基金的混账管理，而且管理和监控由于统筹基金没有按照收支需要去实行，所以无法产生有效的结果。这使隐性损失不断发生。个人账户基金因为没有形成资本，在运营中产生计息，这就出现了很多"空账"，政府负债也越来越多。

（2）养老基金管理混乱，存在违规风险。基金的违规风险产生的主要因素有高度集权的管理权限和参差不齐的管理层次。基金的违规风险产生的结果如下：基金管理分散，成本高，效率低；专业人才少，资金收支不均衡，收益低；基金管理机制不健全，管理公开程度低，还会发生挪用的情况。这种管理运营办法会有很大的不良影响，个人账户会遇到养老金贬值、违规等极大风险，最后政府财政的负担也可能会增加。此外，只局限于特别关注安全，担忧风险，而忽视了规模巨大的个人账户基金，运营没有实现市场化，最终失去了基金增值的大好时机，那就是得不偿失的巨大隐性风险。

3. 投资风险

系统性市场不景气、不良的投资战略或者投资选择不当这几个因素一般会使投资产生没有预期回报的风险，这就是养老保险制度的投资风险，包括信用风险、贬值风险、缺乏足够的投资多样化所导致的风险、资产及其支付债务之间不匹配引发的风险、由于行政干预而将养老金投向没有经济回报或有大量风险的资产而产生的风险等。

国债和银行是使用缴费结余养老金的两大主体对象，但工资增长速度高于银行存款和国债收益。这表明基金不能保值，更不用说增值了。长此以往，不论是个人账户，还是统筹账户，都很难达到理想的养老保险的目标。养老金每年的贬值率造成的基金损失将很大。但是高收益伴着高风险。养老金投资亦是如此。

（1）政治、经济政策不稳定的风险。一国政治、经济政策不稳定的风险会造成金融资产价值的巨大波动。发展中国家与较成熟的国家相比，政治、经济等因素具有较大的不稳定性，还有经济周期和不确定的经济因素导致的投资风险。例如，20世纪末的金融危机和21世纪初的金融危机给各国的养老保险基金造成了巨额损失，从中可以看出，所有采取基金制的国家都应该特别重视养老保险基金的贬值风险。

（2）对养老基金投资限制过多造成投资不稳定和低效率。从他国情况看，个人账户社保基金的管理运作需要政府管理和市场运作在市场化的基础上相互结合。在养老保险基金管理方面，我国规定，养老保险基金应该按照收入和支出两个方面去运行，在预留2个月的支出费用后，剩下的余额都存入银行或者购买发行的国债，不允许投资其他事业的事件发生。不论是在境内还是在境外，都禁止利用养老金投资。我国实行如此严格的基金投资管理政策，仅追求较低风险，忽略了养老基金必须达到一定投资收益率，会造成投资效率低下，投资的风险大。这既不符合基金制养老金制度改革的本质要求，又造成个人账户养老基金会有极大的通货膨胀危机和经济增长不稳定的风险。

第二节　非寿险企业风险评估

一、财险公司内部风险评估机制

（一）财产保险公司的风险特征

我们观察财产保险公司的内外部环境可以发现，财产保险公司面临的风险具有以下特点。

1. 目前保险业风险的普遍特征

（1）存量风险目前在保险业的周期特征中逐步显现，不过大多数保险公司对其重视程度不高，认为开拓新市场才是王道，甚至异想天开，感觉化解存量风险也可以依靠保费的不断增长。

（2）目前，保险业创新步伐明显加快，这是由于竞争更加激烈和产业结构被调整，出现了新风险。竞争的加剧使保险市场面临进退两难的困境。保险业受到的压力是多方面的，不只有同行，还有银行、证券机构，所以各保险公司为了提高自身的竞争力而不断挖掘潜在的保险需求，从而产生新产品。

（3）保险公司由于监管制度的改革而面临复杂和多方面的风险。目前，保险监管的重点转向赔偿能力的监管，监管部门为推动竞争而采取了一系列的措施。因此，保险公司将面临更复杂的风险，而且这些风险越来越难被控制。

（4）保险公司的资产负债表结构和银行比较之后显示出不一样的特征，资产的持期小于负债，不易产生挤兑的现象。此外，银行将银行间的市场和支付体系密切联系起来而形成一个整体，银行发生系统性风险的可能性大于保险公司，所以对银行的监管强度大大高于保险公司。但是保险公司的风险特征也不是一成不变的，这导致我们经常忽略保险公司、金融市场和其他金融中介的互相作用，使我们不能全面领会金融稳定和风险的内涵。

2. 财产保险公司的特有风险特征

因为保险标的物和经营的性质不一样，所以在风险结构上，财产保险与人寿保险有很大的不同。

（1）财产保险具有短期性。从保险期限来看，终身保险的期限是被保险人从投保之日到死亡之日，而财产保险期限较短，由此可以看出，寿险产品是长期性的。而通常情况下，车辆保险、家庭或者企业财产险的期限是一年；运输类的保险，如海上运输保险，期限大约是几天或几个月，也就是一个航程的时间。财产保险公司因为合同的短期性，受利率变动和通货膨胀影响变动较小。但是，财产保险公司的流动资金也会因为资金周转速度快，保费可能被作为赔款支出而缺乏。

（2）财产保险具有补偿性。保险有多种类型，财险属于补偿性保险。损害赔偿是财产保险的原则。换句话说，就是损失多少，赔付多少。财产保险的这一原则不但使我们无法准确确定未来损失的具体金额，而且使共同保险原则、超额保险原则衍生出来。这些原则使财险未来给付的不确定性增加，也大大增加了财险定价和提取准备金方面的难度。

（3）财产保险具有保障性。保障、储蓄和投资都是人寿险的功能。换言之，人寿保险公司在一些情况下还能扮演投资公司和银行等角色。把财险与寿险做一下比较，就会发现财产保险更纯粹一些。虽然某些财产保险产品（以家庭财产保险为主）经过不断创新也增添了些许投资功能，但是在财产保险产品中，此类产品所占的比重很小。财产保险产品与储蓄、证券产品的替代关系削弱，在整个金融市场上的抗冲击能力增强，与其在保障上的"纯粹性"的特点有很大的关系。

（4）财险中精算应用还处于初始阶段。从哈雷第一张生命周期表的问世到如今已有 200 多年的历史，因此可以说，寿险精算已很成熟。非寿险精算比寿险精算起步晚，如今仍不完善，主要是因为财产保险的复杂性，财产保险和人寿保险在制定费率和提取准备金上差别很大。在中国，精算行业时间短，仍在发展。到现在，一套相对完整的精算体系已经在人寿保险领域建立，但非寿险精算事业才刚刚开始。

（二）风险识别与评估

1. 系统性风险的相关分析

系统性风险是指那些外来的、非保险公司所能控制的风险因素，主要包括政策性风险、经济周期风险、市场竞争风险、汇率风险以及巨灾风险。通货膨胀风险和利率风险也属于系统性风险的范畴。非系统性风险会对公司的正常运营产生作用，而系统性风险对公司运营起作用也要通过非系统性风险这个中介。

（1）经济周期风险。由于每个国家或地区经济周期处于不同阶段，都会对保险公司产生巨大的经营风险。例如，美国国际集团（AIG）濒临破产的原因就是世界经济危机。而这次危机就是由美国次贷危机波及的。对保险公司有影响的因素有很多，承保数量经济周期就是主要因素之一。居民收入和生产力水平在经济健康发展时比较高，保险需求和保费收入也会增加。保险公司想要提高自己应对风险的能力，可以通过积累保险基金来达到目的。当经济衰退时，保险公司的运营难度会加大，主要原因是财务状况恶化、利率与通货膨胀上下波动。但当我们将其与别的公司作比较时，就会发现别的公司抵御经济周期风险的能力还不如财产保险公司。这使财险更像是必需品。因为即使是经济衰退，在支付能力下降的情况下，消费群体也存在财产保障的需求。个人、企业和其他组织的动荡会因为财险得到一定的缓解。

（2）市场竞争风险。财险的替代品、市场主体和潜在竞争者等因素都会对原有客户有影响。保险公司的原有客户会由于这些因素的影响不断流失，保险公司还会在竞争中通过不正当的手段取得优势，我们将这些状况导致的风险称为市场竞争风险。市场竞争直接对承保数量和价格起作用。

（3）通货膨胀风险。第一，通货膨胀对财产保险公司有影响，使公司资产贬值。各种固定收益的债权是我国保险公司目前资金运用的主要方面，通货膨胀会降低这些资产的价值。但是，不动产不同，它会在这种情况下不断升值。然而，这类资产占我国保险公司总资产的比重不大。第二，财产损失是财产保险的标的，而通货膨胀会使财产损失的具体数额变大，因而会使财产保险公司的负债增加。

（4）利率波动风险。利率下降对保险公司造成风险，我们将其称为利率风险。利率下降，公司投资收益也会随之下降，也会影响定价以及准备金的提取。

（5）汇率变动风险。面临汇率风险的保险公司一般为从事外汇相关业务或者持有外币资产的保险公司。汇率变动的可能性及保险公司对汇率变动的承受能力都是汇率风险的重要组成部分。涉外保险业务会使用外汇，业务越多，外汇使用频率和额度增加，汇率风险对保险经营的影响越大。但是，我国财险公司的保险业务主要是以本国货币作为计价方式，因此外汇的风险不大。

（6）政策导致的风险。政策性风险包括监管政策风险和税收政策性风险，是保险公司运营受到国家政策、经济战略、监管政策以及相关法律的影响而产生的风险。监管政策包括有关部门的直接监管、制定和修改有关保险公司的法律法规。保险公司如今的发展顺应了世界发展趋势，也尊重自身发展规律，对其健康发展起到至关重要的作用。另外，监管部门不断解除对保险公司的束缚，政府监管越来越向偿付能力方面倾斜。税种、税率和税基的变化对保险公司造成的风险被称为税收政策性风险。将我国与外国财产保险公司作比较，不难发现，我国财险公司营业税税基大，营业税纳税总额高，有时缴纳的税额高于所得税。当然，税收政策也会随着社会的发展越来越合理。

（7）巨灾风险。巨灾风险就是由于洪水、飓风和地震等巨灾造成大量保险标的同时受损引发超大额索赔，此类索赔给公司稳定运营带来的风险叫巨灾风险。洪水、飓风和地震等恶劣气候带来的后果不仅有财产损失和人员伤亡，还会增加索赔金额，给保险业带来灾难。

除此之外，必须考虑的风险因素还有人文状态（社会风气、道德观念、法制意识、教育水平等），还有由于政治动荡带来的社会政治风险以及市场消费文化（风俗、民俗及消费趋向等）可能给保险公司带来的文化风险。

2. 非系统性风险分析

公司层面面临的风险被称为非系统性风险。财产保险公司出现运营问题是由其直接导致的。财险公司应该将综合风险管理、影响公司偿付能力的因素纳入内部偿付能力管理体系。其范围还包括负债、资产、资本、资产负债管理。负债、资产、资本、资产负债管理的风险都属于财产保险公司的非系统性风险。

（1）负债管理风险。负债管理风险包括很多方面，主要内容有承保、融资、担保以及再保险等风险。承保风险是这么多风险中最重要的一个，它包括准备金风险和定价风险。①准备金风险。准备金有四种，分别是未到期责任准备金、未决赔款准备金、总准备金和特别准备金。②定价风险，通俗地说，就是保费不够导致的风险。影响定价风险的因素有很多：对将来的赔付估计、未来费用、利润和风险附加估计。除此之外，定价风险在很多新事物中都存在，如新险种、新市场。

（2）资产管理风险。资产管理风险是指管理和评估资产时的风险。如果想要区分、防治资产管理中有关集中度、流动性、信用以及市场等风险，那么保险公司应当建立有效的资产管理制度和机制。

（3）资本管理风险。在财险公司正常运营中，此风险作用十分关键。但是由于量化它很困难，在运营中常常被忽视。

（4）资产负债管理风险。因为财险公司经营的业务和投资大部分都是短期的，所以该类风险较低，通常情况下不会有资产负债匹配问题。

二、再保险公司内部风险评估机制

保险公司是一个营利组织，其赢利的方法是向其他主体提供经济保障，是以经营风险为核心业务的经济主体。保险公司以营利为目标，追逐最大的价值和利益。在这一点上，保险公司与其他企业是一样的。这决定了再保险企业的性质。一方面，保险公司要保证稳定经营。我们如果学习过保险经营的数学基础——大数定律，就能得出扩大业务规模能保持财务稳定，从而达到较好地分散和平衡风险的效果。但是，当保险公司过度地扩张业务，大大超出了本公司的财务实力（资本金、公积金等）时，就会导致公司出现波动。为了解决这一问题，再保险就出现了。因为再保险制度的存在，直接保险公司可以提高承受风险的能力，也可以当自留能力超出自己的能力时，将其转移出去。另一方面，保险公司会拼尽全力追求最大的利益。在追逐利益的过程中，还可能伴随着较为严重的道德风险，因为保险公司追求最大利益的结果必然是分出低质量的业务，自留高质量的服务。

再保险公司经营的业务是从直接保险公司分出来的。一些劣质的业务被分出，而优质的业务则被保留下来。不仅如此，直接保险公司总是在获得尽可能充分的保障的同时，付出尽可能少的再保险费，这是因为其运营目标是利润最大化、公司价值最大化、股东利益最大化。这也是直接保险公司有选择地分出业务的原因。这也是再保险公司在理论和实践上的经济效益低于直接保险公司，而业务风险和赔付率都要高于直接保险公司的原因。

保险经营中一直存在逆选择和道德风险等风险因素。保险人或者再保险人在决策时，由于投保人和保险人或者保险人和再保险人之间信息不对称，做出不利于自己的决策就叫逆选择。道德风险就是在道德方面引发的风险，包括不诚实、欺诈等道德因素引发的风险。再保险的规则规定了再保险接受人不得向原保险的投保人要求支付保险费。原保险的被保险人或受益人不得向再保险接受人提出赔偿或给付保险金的请求。这也是由于再保险的业务来自直接保险公司的缘故。这也是几乎所有业务信息都来自直接保险公司，而再保险人与其投保人只是发生间接联系的原因。逆选择在直接保险公司承保业务时就已经因信息的不完备和非对称产生。除了正常的信息损失，当它把业务分给再保险时，受再保险操作的影响，多以合约方式（包括合同和预约）办理绝大部分业务，直接保险公司的账单和统计资料是再保险人的业务信息的主要来源。也因为这个情况，再保险人除了对少部分临时业务了解之外，对具体保险标的的信息几乎没有了解。因此，承保决策信息的不对称性和不完备使出现逆选择的可能性大大增加。有些时候，我们常常会受到欺骗：在做账单时故意虚增赔款、低报保费、隐瞒优质业务等。这是因为利益的冲突和信息不对称会导致诚信原则被违背。而我们难以核查再保险接收人。再保险人因而受到双重道德风险的考验。

将直接保险业与再保险业的风险、技术、专业性作比较，就会发现再保险业的风险、技术、专业性更高。因此，在再保险企业的稳健经营中科学的、审慎的风险管理十分关键。再保险业在全球也是兼并联合、资本进出最活跃、最频繁的领域，每年都有公司退出市场，有时多达几十家。

作为金融中介企业的再保险企业因为广泛的社会联系性和经济发展的战略重要性，受到国家法律法规和具体监管措施的保护，使其能稳健发展。保险和再保险业务的风险都有专门的法律规定，如《保险法》第九十九条、第一百条分别从总自留保费和单一危险单位的自留责任两方面对其做了原则性规定。此外，还有更为详细的监管规章《再保险业务管理规定（2015 年修订）》。

再保险风险管理存在外在压力和内在动力，市场竞争、法律规定以及监管要求都属于外在压力，而内在动力就是确保企业稳健经营和控制业务风险、赚取利润的动机。

三、资产管理公司内部风险评估机制

（一）风险类型

1. 治理风险

影响公司健康发展的风险有很多，制度性风险就是其中一个。不合理的组织机构、不完善的监督机制都会引发制度性风险。部门设置不合理，职能权限模糊；

股东、董事会和经营层没有有效分工，职能不能充分实现；内部制约和监督机构作用不能发挥都属于这类范畴。在平时工作时，资产公司风险控制经常受到打击，这是由于没有分开董事长和总经理风险责任、业务部门和风控部门的缘故。在股权高度集中的股份制公司中，在单边治理模式下，经理层的决策受到大股东的绝对控制，这也使失误不能得到控制。

2. 运营风险

运营风险是指普通公司运营业务时和处理发生危机业务的各种风险，包括违规操作事件和系统崩溃等事件。各种工作失误，无法协调不同意见、客户意见，也属于这一范畴。例如，对证券不按限定额度操作；项目立项评估失真，成长性预测失败；大量买入 ST 股票，却没有分析，没有关于价值、投资策略设计、风险控制的书面报告。

3. 财务风险

每一项财务活动都不能完全保证稳赚不赔，都有受损失的可能性，我们将其称为财务风险。例如，公司盈利能力和财务状况受汇率、利率、股价变动而上下波动的风险，由于资金不能准时提现而产生流动性问题的风险，产生信用违约行为的风险。

（二）资产管理公司风险评估及如何应对风险

1. 治理风险的评估及应对

（1）通常情况下，董事会都会在其下成立一个风险管理委员会，主要职能是根据公司的大小、复杂与否以及企业特点，区分出前台、中台、后台（有时为了简单，只区分出前台和后台），建立核查机制和协调机制。前台和后台的分工不同。前者负责引进新客户或市场交易。后者负责通过信用分析等手法决定是否接受这些客户或对手，掌控交易细节，评价交易好坏，持续监控交易风险。风险管理由中台或后台执行。

（2）公司为了明确风险管理责任，常常制定一些岗位风险责任书，将其落实到每位员工，由此明确特定岗位的风险责任。每位职员都有风险管理的责任，这不只是因为相关政策规定，还因为如果没有风险管理意识，即使计划再具体，也不一定有效。员工培训应列入日常管理，风险管理文化也需要建立。

（3）风险管理策略、道德规范、程序、指导文件是我们经常制作的文件，我们制作这些文件时，一定要确保其清晰、明确并且具有实现性以及及时性。业务部门和风险控制部门在风险管理委员会制定的总框架和目标的指导下，编写有关风险管理的操作手册。在每项业务开展之前，我们都要制定规则与方案，明确如何去评估风险，开展业务。在业务成功运行后，我们应该明确时间，定期修改这些文件。

2. 运营风险

（1）应该确定运营风险的管理原则和目标。一般业务中所有方面的差错都被称为运营风险，我们常常说的失误、客户抱怨、系统事件等都属于运营风险。识别早期问题信号的趋势和跟踪导致运营风险的要素系统是建立运营风险管理原则的原因。当企业运营出现问题时，后备和灾难恢复方案就显得尤为重要。这类问题下至公司电路故障妨碍交易，中有公司人事调整，上到政府政策、法律法规变化。

（2）运营风险管理的核心部分是流程化管理。每一个业务的处理都是有流程的，自动的流程处理会比人为的临时处理少很多运营问题。确定风险点，定期对这些风险点进行评价；报告内部损失，同时通知相关人员核查；对业务进行检查，当完成这些业务时出现不当行为，要予以纠正。例如，在投资交易前，一定要合规检查；在交易中，一定要使其数额符合规章要求，按要求发指令；在交易后，相关人员要核查市价，掌握价格信息，监控其风险；当发生损失时，要即刻上报。

3. 财务风险

（1）流动性风险。流动性风险以资金合理运营为原则，以按时偿付到期债务为目标。通过报表和财务指标分析，再加上对资金的预算，进而估计现金流量缺口的方法叫定量方法，这一方法是风险衡量时采用的主要方法。当公司资金进出不是很频繁时，可以将计划由年分解到月，当公司资金进出十分频繁时，也可以分解到天。现金的流动可以通过数据库显示出来。设定现金持有量要合理，短期投资最好的选择是能够迅速变现。在管理资金时，要分开日常账户和投资账户。参与证券化业务时，要严控资金流动方向。

（2）信用风险。信用风险包括投资金融产品发行方的信用风险和交易对手方信用风险。

第一，投资金融产品发行方的信用风险，在评定其风险等级时要考虑很多方面的因素。第三方评级公司的评价最为关键。除此之外，产品交易的活跃度、规模大小、期限长短和其他因素也是需要考虑的因素。过去，这类风险由于传统一直得不到重视。因此，必须评估、控制这类风险。

第二，交易对手方信用风险。我们对其进行风险测量时，要将定性和定量方法结合起来。定量指标包括应收账款周转率、行业利润率和坏账比率等，定性指标包含对方企业管理能力、企业的行业前景以及银行征信情况等。

每位客户的信用评价结果都有差别，公司要根据不同的结果采取不同的策略，还要不断调整策略，使其符合实际。为了能更好地发现可能产生的风险，公司也要定期更新客户资料，要定期调查资产管理项目的担保抵押物。风险管理有很多方式，包括风险规避、风险接受、风险转移。

（3）筹资风险。降低筹资成本的过程称为筹资风险管理。通过定量方法对财务指标进行分析，主要有资产负债率、财务杠杆系数和加权资本成本率等，这是风险衡量的主要方法。我们设定以上比率的区间、测试风险、定期计算指标、确定风险程度时，要根据公司的运营状况，确定合理负债结构，使其与公司的财务模式匹配；合理预期利率、汇率的趋势，派出专门人员研究和预判资金市场；分析公司的资产运用状况，按照期限长短与负债偿还期限配比，都是对筹资风险的应对措施。

（4）投资风险。投资风险会由于项目经济寿命变化、市场环境变化、客户状况变化而变大。控制这些投资风险，衡量、监控收益和风险水平是投资风险管理的原则和目标。要先控制时间点，再正式进行一些项目的投资。测算收益和风险要先用定量方法，计算投资报酬率、净现值都是我们测算收益的方法。之后再进行投资项目决策。进行风险评估时有很多要求，要确定项目在国家法规许可的范围内，同时符合公司的要求；确保项目可行性分析的准确率，可行性分析具体包括市场、技术、经营三个方面；要根据公司制定的标准划分风险程度。制定标准和衡量收益、风险水平也应该包括每一个投资的业绩。例如，可以比较分析信贷的项目和同期商业银行贷款利率，将标准差或 VaR 等作为风险衡量的指标。我们进行投资时，有很多规避风险的方法，分散投资就是主要方法之一。信息手段的进步使公司在管理风险时除了要提高控制交易定价、分析投资组合和计量风险能力外，还要细化量化这些能力；要加大后台对前台的支持力度，还要提高其管理数据的能力。

第七章 新时期保险企业内部风险管理目标和要素

第一节 保险企业内部风险管理的目标

一、保险企业内部控制的目标

（一）行为合规性目标

要确保保险公司的经营管理行为符合行为合规性目标，需要做到以下五点：一是遵守法律法规，二是遵守监管规定，三是遵守行业规范，四是遵守公司内部管理条例，五是遵守诚信准则。其主要体现在保险公司管理层诚信和文化建设方面的内控。

（二）资产安全性目标

保险公司资产稳定安全，预防公司资产被私自处置、侵占或者非法使用就是资产安全性目标。其主要体现在保险资金使用合理合法，同时能够保证投资活动保值增值。

（三）信息真实性目标

要确保保险公司财务报告和偿付能力报告等的真实性、权威性以及完整性，主要体现在保险公司准备金计算的公平公正和透明披露。

（四）经营有效性目标

保险公司应提高决策力以及执行力，使管理效率得到提升，使效益得到提升，就是经营有效性目标。其重要体现是在致力保费增长的管理中，内部控制是必要的。

（五）战略保障性目标

确保保险公司发展战略的落实，推动平稳经营以及可持续发展，维护三方的合法权益就是所谓的战略保障性目标。完善保险公司内部控制体系的实质就是要确保其内部和外部相关利益者的合法权益，这种方式与国外是有相似之处的，也就是各国监管机构对企业建立健全内部控制体系的期望和定位。

值得注意的是，内部控制体系是一种全员的管理体系，也就是说所有人都要承担相应的职责，不能认为这只是高层管理人员和内控管理职能部门的责任，从公司的董事会、监事会、高管到各部门、子公司、各级分支机构以及业务和管理流程第一线人员都包括在内。

保险公司是我国重点监管的金融机构之一，它既有与其他企业运营管理的相似之处，也有自身的独特之处。比如，保险公司具有与其他企业不同的业务流程及风险特征，所以保险公司要建立与其风险特征吻合的内部控制体系，就需要全面考虑其中的重点。保险公司的风险特征主要有以下几点。

（1）相对于风险主要来自资产业务的银行和证券交易商而言，情况更加复杂的要数保险公司了。保险公司所面临的风险来自三个方面：一是投资业务中的信用风险、操作风险以及市场风险；二是负债业务中包括的人和自然两方面带来的风险，也就是人的过失和犯罪、人的寿命以及意外事件；三是自然灾害。这些纷繁复杂的情况要求保险公司必须加强风险管理和内部控制。

（2）风险管理和再保险管理必须精准计算，这不仅是保险公司风险管理和内部控制的重要内容，还关系到保险产品的定价和损失准备金的问题，负债业务的不确定性则会提高该风险。

（3）长期性是寿险公司负债的特点之一，而被忽视的往往是成长风险。保险公司常常会面临利率风险的问题，主要是由长期的不确定性负债导致的，全球的投资市场普遍缺乏长期投资产品与寿险公司长达 30～50 年期限的负债产品相对应，遑论中国市场。同时，保险负债产品缺乏二级市场和流动性，这使寿险公司资产与负债的匹配管理相关的风控要求不仅非常重要，还很复杂。

（4）保险公司的众多网点主要是在保险公司的分公司、中支、支公司。管理链条的复杂性和机构繁多给原本设计好的内部控制在下属机构中的实行造成了不小的难度。

根据上述风险特征，保险公司应在满足两方面要求的前提下建立内部控制体系：一是满足企业间内控管理的共性要求；二是根据风险特征，采取相应的方式方法。保险公司建立高效的内部控制组织体系，该体系由董事会负最终责任，管理层直接领导，内控职能部门统筹协调，内部审计部门检查监督，业务单位负首要责任，分工明确，相互协作，包括四个方面。

（1）公司治理：主要由董事会、监事会、管理层三个主要层面构成。首先，对合理性、完整性以及有效性进行评价并负最终责任的是董事会；其次，监事会对董事会、管理层等其他各个等级的职责进行监督；最后，公司的管理层以董事会商议结果作为行为依据，健全运行制度，完善内部组织框架，协助体系正常运行，提供相应的人力、财力和物力。

（2）职能管理：对公司内部的事前和事中的合理规划、实时监控、定期排查和组织推动都是由相应的内控管理职能部门负责的。该部门一般是保险公司的风险合规部门。

（3）执行：保险公司在内控方面承担主要的责任，直接掌控经营管理、各部门以及下属人员和相应的业务单位，所以在负责任的前提下，应当建立相应的内部控制制度和严格的操作流程，以达到理想的效果。然而在管理过程中难免会遇到一些风险问题，因此应该按照相应的时间和路线做出准确的报告，以最短的时间来解决问题。

（4）监督问责：对保险公司内部控制的健全性、有效性和合理性应当进行定期审计，在定期审计的同时要建立内控问责制度，对于其中的问题要进行明确的划分和处理，这些制度的实行都要依靠保险公司内部的审计稽核部门。

二、保险企业风险管理目标

（一）企业与组织及成员的生存和发展

在面临特殊事故和风险的时候，组织和企业能够平稳地生存，损失情况可以在管理方案的实施中得到缓解，这就是其基本目标。为了达成这一基本目标，就应该让经济单位、个人、家庭以及社会减少灾害带来的损失。所以，风险管理的首要目标就是要维持组织及成员的生存。

（二）保证组织的各项活动恢复正常运转

风险事故的影响是递进性的，首先会使人们受到不同程度的损害，其次会打破人们正常的生活状态，最后还可能会导致组织的瘫痪。要想早日恢复组织的合理安全运作，就要实行相应的风险管理制度，就需要企业在损失控制保险和其他风险工具中找到合适的位置来实现其效益。

（三）尽快实现企业和组织稳定的收益

利用风险管理制度可以使企业在受到强大的风险刺激之后，采用经济补偿的手段使其产业脱离危机以回归平稳健康发展的道路，或者说为企业提供除经济以外的其他帮助，使其快速恢复到损失前的状态，进一步促进企业的进步和发展。

（四）减少忧虑和恐惧，提供安全保障

风险事故带来的隐患不仅是物质和身体的，还有心理上的。要想减轻人们心理上的负担，增强人们的安全感，使人们生活在一个相对宽松的环境中，就要相应地实行风险管理，通过心理上的疏导，减轻人们对意外事故的心理压力。所以，加强风险管理，势在必行。

（五）通过风险成本最小化实现企业或组织价值最大化

纯粹风险成本包括损失控制成本、期望损失成本、内部风险控制成本和损失融资成本。对于现代企业风险管理来说，利用健全的风险管理制度减少企业风险成本，减少灾害损失和企业现金的流失是一个重要的目标，最终的目的是实现成本最小化和利益最大化。

第二节　保险企业内部风险管理的要素

内部环境、风险评估、控制活动、信息与沟通、内部监督是保险公司在建立内部控制体系时必须准确把握的五个重点。

一、内部环境

内部环境包括内部审计、治理结构、人力资源政策、企业文化、信息系统和机构设置及权责分配等多个方面。

（1）公司的董事会、监事会和管理层责任是否到位对内控职能的实行具有重要影响，其中包括授权、决策、执行、运作和监督等职能，所以说建立健全的公司治理框架是十分必要的。

（2）职责分工精细、报告思路清晰是合理的组织架构的明显特征，尤其是要

体现易于考核、便于管理、避免交叉和简化层级的原则。

（3）人力资源策略与内部控制是相互联系的，这些策略包括薪酬、考核、晋升、奖励等多个方面，并且要保证重要岗位的工作人员具有专业的水准和相关培训。

（4）要尽量减少人为因素和操作的失误，就要建立健全信息系统，保障信息系统的安全实用以及重要环节的覆盖，使业务向流程化、自动化和信息化迈进。

二、风险评估

对存在的风险制定合理的对策，及时判定、系统分析经营活动中与实现内部控制目标相关的风险就是风险评估。保险公司要认真分析所有的风险因素，找出风险的存在之处并对风险进行分析，也就是从诱发因素、发生概率、可能性损失和扩散规律等方面进行分析，然而在经营管理和业务活动方面存在的风险因素有很多，包括市场、合规、声誉、战略、信用和运营等。

要特别注意的是，要学会取长补短，如针对保险公司对风险定量评估和计量的欧盟保险偿付能力监管标准有更高的要求。

三、控制活动

根据风险评估的结果采取合理的措施，使风险在合理范围就是控制活动，主要有以下几点：

（1）把风险识别评估结果以及重要性排序作为重要依据，对内部控制活动的层次和重点进行相应的划分，然后合理设计内部控制流程，其主要目的是能够降低和控制风险。

（2）销售过程管理、佣金手续费管理、销售品质管理以及销售人员和机构管理等是销售控制中的重要内容和主要流程，理赔管理、收付费管理、再保险管理、保全管理、承包管理、电话中心管理、业务单证管理和会计处理等是运营控制中的重要内容和主要流程，人力资源管理、信息系统管理、计划财务、行政管理、战略规划、统计分析、精算、法律和风险活动管理等是基础管理控制中的重要内容和主要流程，投资决策、资金存管、交易行为和资产战略配置等是资金运用控制中的重要内容和主要流程。

四、信息与沟通

保险公司能够保证及时合理地把握、收集、传递与内部控制相关的信息，高效地进行企业内部与企业外部的沟通与交流，就是我们所说的信息与沟通。其主要有以下几点：

（1）信息和沟通机制对提高企业经营管理的透明度和能力，促进广泛的信息共享和沟通具有十分有利的作用，还能够减少徇私舞弊事件的发生。这种沟通机制主要体现在企业内部各管理级次、业务环节、责任单位、企业外部投资者、客户、中介机构、债权人、监管部门和供应商等有关方面。

（2）重要的内控信息能够得到及时处理和传达，包括总公司、分公司、中支公司、支公司和营销服务部等多个方面。

五、内部监督

能够及时发现并改进内部控制缺陷，评价内部控制的有效性，并对其建立与实施进行监督就是保险公司的内部监督。要为内控目标的实现提供保障，就要对内部控制活动的全过程进行监督，建立全方位、多层次的监控体系。要建立完善的监控体系，就要加强审计方面的监察，并定期对其健全性、有效性和合理性进行监督，根据规定的报告路线向合规管理职能部门、审计对象和上级领导进行及时的反映。

保险公司运用信息技术来进行内部控制主要有两方面的体现：一是建立相吻合的信息系统，推动内部控制流程和信息系统的融合，实现基本的业务事项自动控制，使人为的因素减少；二是实现风险内控监控和报告功能等，主要是通过采集关键风险事件和全面的统计信息，建立风险识别和控制活动数据库，还要利用信息技术寻找内部控制信息。建立激励约束问责机制，对公司及员工采用内部控制的信息进行绩效考评，发挥其指挥作用，对公司各个层面的管理起到引导作用，同时推动制度的实施。

第三节　保险企业风险管理及内部控制特殊性

一、保险公司风险管理的特殊性

从经营特点方面来说，保险公司的风险管理具有特殊性，其中包括资金运用、业务经营、财务管理、保险行业金融产品等方面的风险管理。因此，保险公司的风险管理的方法和过程与一般企业相比也会存在差异。

（一）保险公司风险特征

1. 金融产品风险

以无形金融为主的经济保障活动是保险公司的经营范畴。要确保等价交换的经济关系，就要在交易当中保证投保人的风险与其交付的保费相吻合。以不同的投保需求为根据，精算准确的保险费率，推出符合要求的保险产品。

保险金融产品以合同形式出现的原因就在于其具有长期保障的特点，并且其未来赔付具有不确定性。保险合同是对储蓄、投资、期权和保证等多种金融工具的综合运用，对于任何事物的判断都需要我们进行精确假设和计算，包括费用率、死亡率、利率、退保率和投资收益率等，这就体现了风险假设的不确定性以及复杂性。如果预定利率过高，保险公司很有可能会开展海外市场，但是如果利率政策转变，公司的利息会受到影响；相反，如果预定利率过高，寿险产品可能会滞销。从反方面来说，这种因素的存在会使产品定价过低，从而导致保险准备金不足，偿付能力就会受到威胁。

2. 资金运用风险

保费收入是保险公司的投资资金来源，也就是除去相应成本及业务管理费，利润分配后的净额和提存的责任准备金。要了解资金运用规模，保险公司可以观察资金和年保费收入的比率，我们由 2017 年度保监会公布的统计数据可知：截至 2017 年 2 月，保险业资金运用余额为 138 521.65 亿元，相比年初增长 3.44%，见表 7-1。

表7-1　保险公司不同形式投资额的发展情况（单位：亿元）

投资形式	2013 年	2014 年	2015 年	2016 年	2017 年 1—2 月	占　比
银行存款	22 640.98	25 310.73	24 349.67	24 844.21	25 809.65	18.63%
债券	33 375.42	35 599.71	38 446.42	43 050.33	45 176.39	32.61%
股票和证券投资基金	7 864.82	10 325.58	16 968.99	17 788.05	17 967.54	12.97%
其他投资	12 992.19	22 078.41	32 030.41	48 228.08	49 568.07	35.79%

（数据来源：中国保险监督管理委员会）

我们通过观察图 7-1 可知，保险公司一般通过长期债券投资的方式来获取稳定的收入。股票投资虽然占比小，但是其收益却远超固定债券的收益。然而，股票的风险是非常大的，尤其是在债券的投资比例日益增长的情况下。所以保险公司一般对此非常重视和谨慎，主要是以优先股投资为主要投资方式。流动性风险是指投资资产不能在合理恰当的时间内以最优化的方式变现的风险。如果风险即时发生，那么公司需要以非预期的低价和意外举债的方式进行及时抛售。

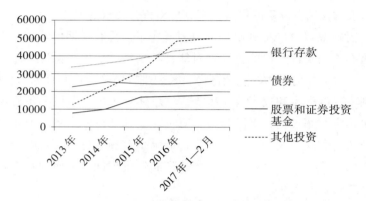

图 7-1　保险公司不同形式投资额的发展情况

除此以外，在寿险公司的资金运用中会有利差损的现象出现，即我们常说的超额负债，它是在保险合同中的预定利率高于投资收益率的时候产生的。假如寿险公司没有计划地扩大相应的业务规模，将追求保费收入作为目标，那么寿险公司在投资渠道单一的情况下，就会在银行利率下调时发生支付危机。

3. 资产负债不匹配风险

（1）资产负债的特征。

① 资产的特征：结构组合的特殊性。货币基金是资产结构组合中所占比例最大的部分，投资类所占的比例较小，如衍生金融资产和交易性金融资产等。其特殊性的原因有以下几点：资金运用渠道受限、合同期限较长以及金融产品的保险及投资功能需要大量的资金。

② 负债的特征：共有三个，一是流动性，二是长期性，三是利率敏感性。流动性是说运营的过程需要有强大的现金流支持，保险公司能够在以保费收入目标的前提下，获取足够的准备金以备不时之需。长期性是说在合同为长期的前提下，事故存在的不确定性会带来一些负债核算不精确的问题，所以针对这一问题，精算部门就要对未来的收益和成本进行合理预估，这也是负债常以预测值的形式出现的原因。

（2）保险准备金。

从保费收入或者余额当中所抽取的与所承担的保险责任相对应的一定数量的基金就叫做保险准备金，它只能算作一种隐性的义务，具备负债的性质，并不算是一种收入。执行保单持有人的债务要以有足够的准备金为前提条件。

保险公司财务管理的特殊性决定了资产与负债不匹配风险的出现，主要包括三种。①期限不匹配风险。剩余到期期限即寿险公司的资产及负债期限，期限不匹配风险包括流动性风险以及资产的现金流和负债的现金流不匹配的风险。②利率结构不匹配风险。这种资产负债不匹配风险是利率的敏感性造成的，正如我们所说的利差损风险。③违约造成的资产负债不匹配风险。当退保所需耗费小于市场利率上升时新旧保单预定利率差值给保户带来的收益时，退保现象就可能会发生。

4. 业务流程风险

销售、承保、理赔是保险业业务经营的重要环节。

（1）销售过程中的风险。以前期市场调研为根据，从发展潜在客户到确认客户需求再到提供合理档案、形成合作关系的一系列开发设计和销售的过程是存在销售风险的。但是这一过程也存在弊端，也许会导致销售误导风险，而这种风险是销售人员缺乏相应的培训造成的。

（2）承保过程中的风险。根据投保人的相关申请进行核查，并确定承担保险责任叫做承保。该流程主要包括核实投保申请，做不同的承保决定，制单复核签章并收取保费等。当核保质量无法保障，不能准确评价核保标的的风险程度时，签单不规范等操作都会导致短期内退保率的增加，同时包括与选择和批准拟承保的风险标的相关的财务损失风险，从而引发承保过程风险。

（3）理赔过程中的风险。保险标的事故发生后，处理被保险人的索赔要求的过程叫做理赔过程。程序不规范，制度不健全，对风险不能即时确认等都属于理赔风险。此风险会导致不合理的赔偿，给保险公司带来经济损失。

5. 偿付能力风险

我们把到指定日期不能根据保险合同履行规定义务的风险叫做偿付能力风险，那么保险公司资金水平和所承担的给付赔偿责任的匹配程度就可以被作为衡量偿付能力的重要标准。其实，往往对保险公司的经营起致命影响的是偿付能力不足的问题，如资金管理不善、资产和负债不匹配、准备金不足等风险。

保险公司风险的特殊性主要有五个方面，包括资产匹配、资金运用、金融产品、偿付能力、业务管理。总体来说，保险负债业务和投资业务是保险公司的首要任务，所以上述风险可分为投资类和负债类两种形式。

（1）负债类风险。与保险业务经营有直接关联的是负债类风险。产品定价风险、信用风险、资产匹配风险等都是负债类风险。

（2）投资类风险。资本市场的不稳定性造成了投资类风险。很多风险都是隐性的，如通货膨胀或利率调整带来的风险，其中包括汇率风险、市场风险和利率风险等。为了防止这些问题的突然发生，保险公司应该对不同的方面以及渠道做好考评和准备，做足相应的压力测试。

（二）保险公司风险管理过程

风险管理的过程包括以下几个环节，如图 7-2 所示。

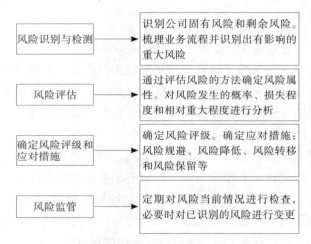

图 7-2 风险管理流程示意图

风险评估和控制程序，风险偏好范围体系和风险管理指标体系是风险管理评估检测中的重要理念。调控成本及效益与风险的匹配原则是评估检测风险中应该加以重视的。敏感性分析，压力测试和情景分析法是风险识别的重要方法。在风险事故发生时，实际支出值与预期值不符合的情况之下，压力测试比其他两者更常用。风险责任机制，公司内部重大风险应急机制以及风险管理策略都是保险公司为风险管理制定的保障性措施。保险公司应该根据过往的经验和同类事件的处理方式来解决固有风险；保险公司要以自身风险容忍程度为基础对处置后的风险进行有效管理，采用选择、转移或者是预留等工具来应对，达到风险和收益相平衡的效果。

（三）保险公司可控风险的管理

保险公司在对投保人的资料进行评审以后，会根据疾病率和死亡率的高低将风险划分为四个等级，其中包括不可保风险、标准风险、优质风险、弱体风险，后三项为可控风险。保险公司会利用控制性风险管理工具来对事前的不利因素进行控制，控制性风险管理工具主要有三点。①规避风险，将风险单位从根本上去除。但是这会导致隐性的收益不复存在。②损失预防，提前预估不利因素，事前将风险降到最低。③抵制属于事后控制，对于已经造成的损失，防止二次损失的发生并降低损失程度。

（四）保险公司不可控风险的识别及管理

被识别后可能在公司的可控范围以外并且难以被准确预测的随机性风险被称为不可控风险。对于不能预测和规避的风险，企业可以采用财务型风险管理工具，即将企业后备基金作为财务支持，弥补发生相应损失以保障企业的正常运转。风险自留是最主要的方法之一，一般分为主动和被动两大类别，节省相应的开支并降低一定的预防成本是主动自留的主要目的。保险公司在选择自留风险时必须先了解自己的承压能力和留存风险单位数量，才能在财务上进行相应支持。风险转移是另一种方法，其主要有财务型非保险转移和财务型保险转移两大类别。财务型非保险转移可以用合同的方式把损失转移给其他单位，主要是以经济核算的方式。财务型保险转移属于再保险范畴，是利用再保险公司承担风险，保障原保险人的合理权益。

二、保险公司内部控制的特殊性

（一）组织机构控制

组织架构是企业建立内部控制制度的前提条件，也是评价内部控制体系最直观的影响因素。内部控制管理的初期架构和流程框架是由组织结构的规划决定的。第一，公司要确立合理的法人治理结构；第二，对职能进行划分，明确管理层、业务部门和职能部门、基层单位的职责权限，以达到权责分明的结果；第三，梳理组织结构以使企业员工了解各自的岗位描述和权责分配的情况；第四，梳理组织结构图、业务流程图以发现可能存在的问题并进行即时修正。

（二）授权经营控制

引进授权经营模式是提高保险公司运作效率的有效方式，各分级机构仍由总部直接管理，但其性质是面对当地市场独立的授权营业部。总部会对由分级机构产生的业务及管理费用统一给予财务支持。实行负责人、财务人员以及出单人员组成的组委会实行独立决策权。其可以在财务控制方面建立独立的账套，具有经营报表查询权；总公司可以在理赔环节向经营部配备理赔服务人员负责勘察勘定理赔服务。

（三）财务会计控制

建立财务会计控制的目的在于保证财务报告信息质量，确保资金的安全性和完整性。核保、保费收取、数据流转、财务审核是由此制度进行规范的，形成了固有程序，并在公司内部形成了系统的会计控制程序。

（四）资金运用控制

保险公司通过建立风险管理导向的内部控制尽量避免偿付能力困难情况的发生，降低预估或已存风险可能对保险资金的安全性及流动性的不良影响。内部控制机制包括的方面有很多，其中资金运用控制是重要组成部分之一，我们要通过构建保险资金运用的组织机制和决策机制来建立相应的资金运用的组织架构，以实施程序系统化，确保不相容职位分离，严格把控资金的运用流程，防范风险的发生。

（五）业务流程控制

属于预防风险第一线的核保业务流程是保险业务的核心环节，其中包括核保决定环节的合同条款控制、保单打印环节的细节控制、投保初审的风险判断归类等主要内容。同时，对需要控制的内容设置不同的确认标准是审核过程中的重要步骤，我们将其分为两类：人工核保标准和自动核保标准。要认真对待每一业务流程，要在事前明确控制对象和内控目标，从而与既定标准进行对照，在整体范围内巡查业务并及时查漏补缺，防范细节控制不当造成的损失和风险。

（六）稽核监督控制

保险公司对内部控制实施过程和实施效果的监督和评价制度叫做稽核监督制度。公司成立稽核单位的目的就在于及时发现并收取缺陷信息，以合理地解决问题，同时还能够对各部门的业绩进行查验。进行内部稽核审查的同时，首先要知道公司的整体运作效率是否符合战略需求，要以核查情况为依据将信息以报告的形式向管理层提供有效的建议和决策信息，切实保障内部控制机制的有效实行。

除了我们所说的六项内控机制以外，保险公司还应做好信息反馈控制、计算机系统控制、其他重要业务控制以及关键部位控制等。

第八章　新时期保险企业风险管理的内部环境建设

第一节　企业内部环境概述

企业内部环境即企业内部的条件，主要指的是企业内部的文化环境和物质环境等的总和，包括企业的能力、文化和资源等。这是在组织内部的一种体系，即共享价值体系，包括一个企业的经营理念、所运用的指导思想以及工作作风。

企业的内部环境主要由四部分构成，即企业的物质基础、文化、组织结构和企业家的精神，这四部分相互影响、联系，并且产生作用，形成一个有机整体。企业内部环境的主要作用是促进企业正常的运营，同时促进企业利润目标的实现。分开来说，企业内部环境的生发器是企业家的精神，企业内部的硬环境是由组织结构和物质基础构成的，而企业内部的软环境主要是由企业的文化构成的。企业内部环境的演化过程是从简单到复杂，从低级到高级。对企业内部进行管理是为了促进企业竞争力的提升，创造有利的内部条件和氛围，从而实现企业利润的目标。

"内部环境"设定了企业内部控制的基调，对企业内部的组织人员也产生了很大影响。企业内部控制框架包括风险评估、控制活动、信息与沟通和内部监督等要素，同时在道德伦理上约束了这些要素。企业内部的环境包括企业对风险管理的理念，董事会的监督行为，企业员工的价值观、诚信问题与胜任的能力，还有对企业从业人员的组织和发展方式等。正如政治经济学中的"经济基础"与"上层建筑"的关系，企业如果有一个好的"内部环境"，就可以稳固地对内部进行控制；相反，如果一个企业"内部环境"有缺陷，即使该企业有很多管理办法和制度，其内部的控制也会极其不稳，有很多漏洞，这个企业就有了很多风险和隐患。

一、我国相关监管法规对于"内部环境"的阐述和比较

有不少企业在谈到内部环境的时候，要么觉得内部环境就是企业文化建设，要么认为企业文化、制度建设等整体性的内部控制环境已经很不错了，很难对本企业的内部环境有一个诚恳认真的态度并采取务实的行动来提升内部环境。

中国保监会 2010 年发布的《保险公司内部控制基本准则》认为，保险公司内部控制体系包括以下三个部分：

（1）内部控制基础，包括公司治理、组织架构、人力资源、信息系统和企业文化等。

（2）内部控制程序，包括识别评估风险、设计实施控制措施等。

（3）内部控制保证，包括信息沟通、内控管理、内部审计应急机制和风险问责等。

二、保险企业内部分析方法

对于一个企业内部环境的分析有多种多样的方法。这些方法包括对于企业的资源竞争、价值的分析，企业的经营能力、条件的分析，企业的内部要素、管理的分析，企业的潜力挖掘、素质、资源、业绩、能力的分析，企业的竞争地位、价格成本、所面临的战略问题以及战略运行效果的分析，还包括对于企业获得成本优势的途径、核心竞争力以及相关利益者的分析，还有对于企业生命周期、内部要素矩阵以及柔性的分析，对于企业特异能力和活力的分析，SWOT 分析，价值链分析和对于企业内外综合的分析。

总体来说，可以将以上的分析方法归结为横向比较分析和纵向分析两类。

（一）纵向分析

纵向分析是对企业在各个方面的职能的历史演化过程进行分析，这样一来就可以看出企业在什么方面得到了发展，在什么方面有所后退。对纵向分析得出来的结果进行分析并把历史分析作为基础，能够对企业在各个方面的发展方向做出判断。

（二）横向比较分析

横向比较分析是把企业自身的情况和这个行业的平均水平进行横向对比。在进行横向比较分析以后，企业就可以清楚地看到自身的优点与不足。其实，这种分析在企业未来的经营与发展方面有更大的现实意义。对某一个企业来说，可以进行比

较的行业指标有销售利润率和资金利税率、劳动生产率以及资金流动周转率等。

三、保险企业内部分析角度

对企业内部环境进行分析可以从以下几个方面进行，包括内部管理、市场营销能力、企业财产以及其他的内部因素等方面。

（一）内部管理分析

内部管理分析主要包括五个职能领域，分别是计划、组织、激励、任用和控制，这五个职能领域是相互依赖和影响的，其中计划是另外四种职能的基础。

1. 计划

计划是企业在不断的发展过程中，对目标的设定、如何实现目标以及在实现目标的时间和途径上的规划。计划是一个企业从现在向未来不断发展的桥梁与途径。企业的计划能力在某些方面决定了这个企业是否能够有效实施企业战略。计划不仅是有效战略的根基，更是企业战略能否得以成功实施的根本所在。一个企业的计划工作是否具有有效性，主要看计划工作是不是可以从上到下地得以执行，是不是真正地按照正式的计划程序被推进，是不是能够产生"协同作用"的结果，是不是能够了解和应对环境的变化。

2. 组织

组织是在企业不断实现目标的进程里，能够有秩序地、协调地使用企业的所有资源。之所以进行组织，就是因为对企业的所有活动以及职位按照合理有序的结构进行安排可以促进企业效率的提升。组织工作的有效性主要取决于是否可以把计划之中的活动与任务合理地分配给每一个岗位，同时根据岗位在某些方面的相似性，将这些岗位再组合成不同的部门，进一步将每个岗位完成任务所需要的职权进行下发分配。通过明确每一个岗位上的工作任务、要求以及岗位之间的不同分工与合作的关系，为企业战略的实施提供保障、为战略评价提供依据。要想组织工作可以有效地进行，既要尊重一般的组织原则，更要根据企业实际现状，将分工和协作、管理跨度的宽窄、分权和集权之间的关系处理好。

3. 激励

激励是指影响职工按企业要求去工作的过程。管理的激励职能主要有四个方面，包括团队动力学、领导、组织改变和信息沟通。企业内的员工是否可以被有效地激励起来和企业的领导能力与水平有很大的关系，也和企业各方面利益关系的协调密切相关。在企业里有一些非正式的团体，其行为规范在企业战略的实施方面起到了积极和消极的作用，这就需要企业的管理者充分地管理和利用这些团队，从而促进企业目标的实现。企业内部的信息共享情况和企业战略管理的成败密切相关，唯有企业职工充分理解和支持企业战略，才能够促进企业战略的制定、实施以及评价。在制定企业战略时应该随机应变，同时战略的实施会给企业带来极大的改变，在企业内部，员工对于组织改变的态度和适应能力会给企业带来极大的影响。

4. 任用

任用是管理职能中的一种，人们又称它为人事管理或者人力资源管理，包括对于企业职工的招聘、任用、培训、调配、评价、奖惩以及其他的一些人事管理的工作。在企业内，员工的自身素质和企业战略管理的成功与否密切相关。

5. 控制

控制指能够让计划和实际的活动相一致的管理活动。企业的管理者要对企业活动进行评价并开展必要的纠正活动，从而保证企业目标和计划的实现，尽可能地减少偏差带给企业的损失。

（二）市场营销能力分析

市场营销能力分析是指从企业的市场定位与营销组合这两个方面分析企业在市场营销方面的优点和不足。

所谓市场定位，就是企业内部的高层管理人员在制定新的战略之前，必须要回答"我们为谁服务"这一问题。一个企业首先要做到的就是明确自己的产品和服务的目标市场，从地理位置、市场、产品以及顾客的类型方面进行规定和表述。企业只有明确自己的市场定位，才可以集中企业自身在目标市场创造"位置优势"，从而在竞争中获得优势地位。一个企业市场定位的准确性取决于企业对市场的研究和调查的能力、对于目标市场的评价和确定的能力以及对于市场位置的占据和保持的能力。

所谓市场营销组合，指的是可以用于使企业在市场上取得竞争优势以及对于市场需求产生影响的一系列营销手段的组合，主要包括价格、产品、分销以及促销等变量。对于营销组合的有效使用，要根据目标市场设计营销组合，同时应该考虑到产品的生命周期的变动，从而及时准确地对营销组合进行调整。

（三）企业财务分析

企业的财务分析主要从两个方面进行，分别是企业财务管理的水平以及企业的财务状况。

1. 企业的财务管理分析

企业的财务管理分析就是看企业财务管理人员对企业的资金是如何管理的，是否能够按照企业的战略要求对企业资金进行筹措以及分配，监视资金的运作以及决定利润的分配。企业内的决策主要分为三种：筹资决策、投资决策和股利分配决策。筹资决策就是决定企业最佳的筹资组合或资本结构以最佳的方式进行决定，这就需要企业财务管理者根据企业目标战略和政策的要求按时按量在企业内外部利用最合适的方式筹集到所需的资金；投资决策是指企业财务的管理人员通过运用资本预算技术，根据新增销售、新增利润、投资回收期、投资收益率、达到盈亏平衡时间等将资金在各种产品、各个部门和新项目之间进行合理分配；股利分配决策就是指将红利以及利润留成的比例进行合理分配。

2. 企业财务状况分析

企业财务状况分析是判断企业实力以及吸引投资者的最佳方式。一个企业的清偿能力、债务资本所占有的比率、流动资本、利润率、资产利用率、现金产出以及股票在市场上的表现等可能排除许多原本可行的战略选择。一个企业的财务状况的恶化可能导致企业现有战略的改变以及战略实施的中止。财务比率的趋势分析是分析企业财务状况的常用方法，财务比率可划分为五大类：清偿比率、活动比率、增长比率、债务与资本比率以及利润比率。财务比率会因为一些原因在解释分析能力方面存在一定的局限性，如通货膨胀、行业的经营周期以及季节性因素等，但它依旧是分析企业内部优点与不足的有力工具。

（四）其他内部因素分析

企业文化是由企业员工共同分享并且代代相传的理念、价值观以及期望的集合。企业的文化具有巨大的作用，既可以增强企业员工的认同感，激励职工为集体利益而工作，又可以增强企业作为一个社会系统的稳定性，还能够作为企业员工理解企业活动框架和行为的指导原则。企业文化既可以规范员工的行为，又可以促进企业战略的实施。

在企业内部可以通过利用企业内部因素评价表这个战略分析工具对企业内部

因素分析结果进行反映，这样就可以对企业的市场营销、管理、生产、财务以及研究与开发等方面的优点与缺点进行概括和评价，为企业制定有效的战略提供必要的信息基础。

第二节 公司治理结构

一、我国保险公司治理结构存在的问题分析

（一）没有体现出保险行业的特色，没有足够重视被保险人的相关利益

目前，我国的保险公司在治理结构建设过程中，主要看重的是经营者的利益和股东的利益，对于被保险人的相关利益不够重视，并没有将被保险人的利益纳入公司的整体利益之中。有些保险公司在治理结构建设的过程中出现了个别股东追求短期利润，急功近利等问题。更有甚者，一些股东想要把保险公司作为其在一些其他企业进行融资的平台。

（二）董事会制度不健全

当今我国的保险公司大多建立起了董事会制度，并且有一些保险公司的董事会制度已经运行了很长时间，但是有很多不完善的地方。一是一些保险公司的董事会机构不健全，并没有设立专门的机构来负责董事会的事务。二是有些保险公司的董事长经常独自进行决策，并没有在董事会内部起到相互制约平衡的作用，这样就造成了董事会不能真正地承担起对所有受托人的义务。并且有很多保险公司的总经理和董事长是同一个人。

二、保险公司治理结构之特殊性

因为保险公司具有的特殊功能及其所在行业的特点，所以保险公司治理结构除了应该满足一般的治理结构外，还应该着力解决风险技术管理、经营人资格的审查、问责制度、损害补偿制度以及合规经营等问题。这些问题就是我们在不断推进保险公司治理结构改革时应该重点解决的问题。

（一）保险公司治理结构中的信息不对称更为复杂

就一般公司而言，治理结构上的信息不对称等问题主要发生在股东与高级管理人员之间，但是对于保险公司而言，信息不对称就相当复杂了。不论是投保人与监管公司之间还是监管人与投保公司之间或者是股东和经理之间，信息不对称的问题都有不同程度的表现。与一般公司相比，保险公司的治理结构更加复杂，除了需要解决董事会和股东、董事会与经理人之间的信息不对称外，还需要解决监管人、投保人和保险公司之间的信息不对称。

（二）风险的识别和控制对保险公司更为重要

因为保险公司把风险作为经营的主业，所以保险公司相对于其他类型的公司将面临更多的风险。

多种多样的风险使保险公司与其他公司相比经营失败的可能性更大。当某一个保险公司产生了危机，这极有可能造成金融体系的不稳定。所以保险公司的经营者不但要承担风险更要抓住风险带来的的机遇，应该在慎重考虑风险与回报的问题后，将合理的风险积极地承担过来。假如一个公司不注重风险，那么这个公司将面临的就是倒闭；假如一个公司不愿意去承担风险，那么这个公司将不会有更大的发展。所以，保险公司应该严格地筛选所开展的业务，更应该对不可承担的风险进行鉴别，从而有能力防范经营风险，促进企业生存能力的提升。保险公司迫切需要做的是加强公司在治理源头上的制度建设，把预防金融风险作为目的，从而真正地把公司的各项规章制度落到实处，使所有的业务活动在规章制度下进行。

（三）非制度因素对保险公司有更大的影响

非制度因素主要包括投保人、政府、市场舆论、会计师、行业自律组织的监督以及资本市场约束（上市公司监管）等方面。这些外部的约束机制对保险公司的董事会起到了督促的作用，同时能够促进公司的治理水平以及公司绩效的提高。

（四）公司经营的首要目标是保护投资人的利益而非使股东利益最大化

对于一般公司，公司不断进行治理与运作的目的就是使股东得到最大化的利益。但是，保险公司经营的产品是把信用作为基础、把法律作为保障的一种承诺，这就使保险公司应该优先履行承诺；保险公司不但具有支付的功能，而且具有经济补偿、资金融通以及社会管理的功能使保险公司应该优先保护那些不确定消费个体的利益。保险公司的这些特点就要求保险公司在资金运作的过程中，应该遵守的首要原则是安全性而不是营利性。

三、完善我国保险公司治理结构的路径选择

（一）将多种投资的主体引入，促进股权结构的不断优化；尽量将政治色彩在公司的经营过程中淡化；不断地建立和完善激励与监督的制度

在保险公司进行股权分散时，应该积极地寻找一些比较稳定的投资者作为股东。这样一来，由于投资主体是多方面的，股权得到了分化，形成了不同且相互制约的利益主体，明确了保险公司的产权管理。

要想建立一个有实际效果的制约机制，就一定要将公司经理人员的经营管理绩效与年终奖、基本工资以及长期激励（如股票期权）等一系列的奖励机制相结合。与此同时，应该将一系列相匹配的保险公司管理人员的监督制约机制建立起来。

（二）强化董事会的权利构建

在公司治理结构的核心方面，已经渐渐地由股东中心主义转向了董事会中心主义。不断完善公司治理结构的核心其实就是建设董事会，并且逐渐成为公司制定有实效的治理规则的前提条件。从现代经济学的角度分析，如果董事会想要把自身的作用发挥出来，履行好责任，就面临着三个问题。第一是逆向选择问题。其实潜在的经理人员在认识自己管理能力的问题上要比董事会更加高明。如果董事会想要选拔出有才能的 CEO 或者其他的高层管理人员，根本途径就是解决信息不对称这一问题。第二是道德风险问题。董事会是否有动机或者动力使企业获得最大化的商业价值？怎样在制度与规定上对董事会给予约束与激励？要建立合理的约束与奖励机制，从而使董事会发挥出最大的作用；还要对信息传导机制进行设计。其实，管理层是董事会信息来源的重要途径或者唯一的途径，这就可能导致管理层对董事会歪曲、误导或者隐瞒信息。由于决策角度或决策分析的不一样，管理层所提供的信息也未必是董事会决策所必需的信息。

董事会要想解决这三大问题，从加强董事会的权力的角度看，应该从两个方面着手。第一就是提升董事会的层次、技能、经验和知识等方面。第二就是通过建立有效的机制对董事会成员进行激励，使董事会能够有充足的动力投入到公司的运作中去。

将董事会的成员监督好也是公司治理的重点工作。明确董事会的责任有很大的好处，既可以把董事会的机会主义削弱，让董事会独立并且正确地做出对公司事务的判断，从而大大削弱管理层和董事会合谋的可能性；又可以进一步将董事会的义务与责任加强，这样一来，对于管理层的机会主义又起到了很强的防范作用。独立的董事一定要独立于公司之外，这就要求独立董事应该在公司的财务表现、战略和其他的事务上有着自己独立的判断。

（三）进一步完善信息披露制度

因为保险公司的特殊性，所以在治理公司时，信息需求者一定是需要保险公司进行信息披露的，除了投资者，还有很多进行决策的主体，包括投保人、监管机构、评级机构以及中介机构等，他们都想得到保险公司的财务或者是非财务信息。这就要求保险公司应该及时、准确、完整、真实地进行信息披露，提供的财务报告除与其他行业的财务报告具有可比性之外，还应该提供产品质量、偿付能力、产品线、盈利能力以及经营状况等一系列指标信息，以保护保险公司投保人以及债权人的利益。保险公司对于营业指标、背景信息、前瞻性信息、社会责任信息、保险公司人力资源信息以及保险公司的管理者对于财务和非财务信息的分析等非财务信息也要进行披露，从而将信息提供给保险公司每个方面的当事人。保险公司要建立起信息披露的标准以及程序，通过定期报告、及时公告的方式向独立董事、利益相关体（客户、员工等人）以及投保人等披露相关信息。

（四）完善保险集团公司的多层管理

要想不断完善集团公司的多层治理，应该把握以下四点：一是要明白子公司和集团公司在法律上的主体地位是平等的，并且明确总公司与子公司在管理上的界限；二是明确董事会、股东会、经理层以及监事会的责任，建立各负其责、相互协调、相互制约的机制；三是集团公司应该积极地承担起履行国有资产所有者代表的义务，向子公司派出监事、董事，同时集团公司的产权代表应该按照法律的规定行使职权，按照《中华人民共和国公司法》规范对子公司的管理；四是加强对派出去的董事、监事以及财务总监的培训、管理和考核，建立完善的企业经营业绩考核以及决策失误追究的制度，并且利用激励报酬制度进行绩效考核。

第三节 企业组织架构建设

保险公司如果想要使其内控体系有效地运转，那么就需要以科学的组织架构为保障。

一、影响组织结构设计的因素

通过上面对组织结构的研究，我们了解到，很多东西都会影响企业组织结构的形成和发展，分析哪些因素会影响组织结构可以使我们更加熟悉组织结构设计。企业的组织结构设计就是以企业总目标为基础，确定流程及方式，完成企业管理要素的合理配置，形成适合企业发展的、相对稳定的、科学的管理体系。与企业的目标一致是企业组织结构设计的根本要求，从企业的实际情况出发，无论最终组织结构的形态如何，只要可以有效推动企业稳健、快速地发展业务，就是适合企业的。当然，组织结构是没有固定模式的，因为其根据企业生产技术特点、内外部条件及目标会呈现出不同的形态，主要包括企业环境、企业战略、业务特点、技术条件、企业规模、企业文化等方面。

二、优化组织结构的推行保障措施

（一）加强员工对公司战略目标重要性的认识

公司对未来发展的整体动态规划被称为公司战略目标。公司战略指的就是公司为取得竞争优势所采取的行动，公司与环境的关系、目标的建立、基本发展方针、使命的确定和竞争战略的制定等都属于公司战略。所以，一定的张力和可调整性对新设计的架构来说必不可缺，这表明我们既要考虑短期的目标规模，又要考虑企业的远期战略。公司为了适应市场的快速变化，在不同阶段会制定相应的战略目标，以目标为准绳，不断地调整各项经营管理活动，这将对内部的部门和岗位以及其职能产生新的要求，还会使组织工作的重点发生改变，从而引起核心部门和岗位的变化，最后推动各管理职务以及部门之间的关系随之调整。

（二）完善人力资源管理机制

人力资源管理即管理的本质，有人存在的地方就会产生人力资源开发和管理。由于公司面临新的挑战，需要进行组织结构的再造，所以新增加部门和岗位对人才会有新的具体要求，无论是内部调动还是新招，对人员的要求都会更高，更需要团队合作意识好、创新能力强、快速适应性强的人才。同时，在组织结构变动时，保证组织的稳定发展是极其重要的，并且公司还要保证人员的稳定，因此人力资源管理机制对新的组织结构起到至关重要的作用。具体措施如下：

一是注重招聘人员，做好人员补充，完善人才结构；二是加强培训；三是建立合理的绩效考核体系；四是加强人员岗位管理。

（三）加强公司文化建设

人的主观意识对客观存在的一种反映便是文化，管理哲学和公司精神是公司文化的核心，人本管理理论凝聚了公司员工的归属感、创造性和积极性。并且，公司文化又以公司规章制度和物质现象为载体，管理工作的各个方面都属于公司文化。所以，对公司来说，构建其特有的文化是很有必要的。全体员工在逐渐接受了管理者的管理理念之后，自然会为公司的目标而奋斗，从而推动公司的发展。当建设公司文化的时候，要使全体员工充分了解组织结构变革的设计及运行机制的思路，再加上一些制度保障，这样公司文化就能顺利发挥作用，现有组织结构的缺点也就随之被克服了。当员工的积极性得到激发，员工自身的目标与公司满足顾客需求的最终目标渐渐一致的时候，公司就能够得到更好的发展。

（四）建立良好的沟通机制

公司要想进行组织结构再造，就需要有良好的沟通机制。当出现相关信息不能有效地被传达给员工这种情况时，员工会对公司的改革产生怀疑。由此可见，良好的沟通机制多么重要，它不仅会影响到员工的积极性，更会影响公司的向心力。换句话说，一套公开、完善的沟通机制对一家公司来说十分重要。

在整个组织结构变革的过程中，沟通机制的重要性都可以被展现出来。在前期调研和后期实施的过程中，员工的相关信息都应该及时被反馈，变动较大的部门及岗位更应该如此，这样员工才会有参与感，并且能充分理解和有效执行公司的计划，这也可以促进相关制度的完善。

第四节　企业人力资源建设

企业是由人组成的，如果把人才比作企业的血液，则符合企业文化、经过精心定制并不断优化的人力资源建设就像好的造血机制，将会给企业的生存和发展带来持续的、新鲜的、健康的血液；而落后保守的人力资源政策很可能导致企业这个躯体垂垂老矣。

人是完成企业所有业务活动的主体，也是企业内部控制的主要因素。在知识结构、道德水平、个人能力方面，如果保险公司内部组织的所有成员都有一定的水准，那他们将会成为有效内部环境尤为关键的组成部分。例如，有效的人力资源建设政策包括：完善的招聘、选拔方针和可操作的程序；通过培训增加新员工对企业文化的了解，加强对道德观和价值观的引导；制定纪律约束违反行为准则的事项并明确惩罚措施；员工的晋升和奖惩都依据阶段性的业绩评估结果；对业绩良好的员工进行奖励的薪酬计划；等等。

与银行业和证券业等金融行业相比，保险业拥有强大的营销力量，这是它最大的特点。而任何保险公司都需要建设高素质的营销人员队伍，这是公司的管理重点。

一、保险企业人力资源管理人才培养存在的问题

人力资源管理的重要性随着保险企业人才竞争的不断升级日渐显现出来。随着国外人才引进与本土人才培养相结合，人力资源管理方面的人才越来越多，其管理水平也越来越高，但是人力资源管理人才培养仍存在着一些问题，这些问题使人力资源管理水平止步不前。这些问题主要表现在培养理念滞后、培养目标不清晰、激励机制不健全、人才流动情况严峻等方面。

二、人力资源管理的重要性

（一）经济发展的趋势预示着加强和改进人力资源是必然的选择

十一届三中全会之后，我国推行改革开放的基本国策，从此我国经济开始高速发展。20 世纪 90 年代后，我国进入了知识经济时代，人力资源管理在这时得到了较快发展。2003 年中国加入 WTO，随着经济全球化的深入发展，人才资本成为各个国家之间，各个企业之间的核心竞争力量。我们都知道，人力资源在任何行业都是最基本的劳力，也是企业的创造力和核心价值的来源，人力资本的价值是企业发展经济，国家增强综合国力的重要因素。所以，在进入知识经济时代后，我国的企业愈发看重人力资源管理，更加了解人力资源的可移动性，明白了知识就是力量，没有本企业的核心人力资本，企业就会破产。进入知识经济时代后，国家开始重视人才素质和专业技能的培养，企业员工的生产效率也随之得到提升，素质高的人力资源也能提高边际生产力。对企业而言，企业的综合实力提升，生

产成本下降，都有利于企业的发展。保险公司的转型期对企业的人力资源管理也有了新的要求。

（二）人事管理理念的创新增加了企业加强和改进人力资源管理的必然性

在经济高速发展，科学技术日新月异，网络应用普遍与各大企业信息化的时代，企业的人力资源管理只有顺应时代潮流的变革，才能适应经济的发展，不然只能随着社会的变化而被淘汰。相对于传统方式而言，现今的企业人事管理主要有人力资源日益柔性化、组织结构逐渐扁平化等不同。

（三）加强和改进人力资源管理是真正建立现代企业制度的重要途径

俗话说无规矩不成方圆，一个企业要想发展，必须有一套符合市场需求，符合企业发展宗旨的职权分明的制度。所以，提升自我竞争力的关键就是建立一套这样的管理制度，保险公司需要凭借这套制度适应变化多端的市场竞争。众所周知，保险公司的产品本身没有相关明文规定的保护，也不能申请专利保护，这类产品刚刚进入经济市场时的利润十分巨大，这导致许多相同类型的产品进入市场，行业间的竞争越来越激烈。保险行业对员工的观察力和反应能力也有十分高的要求，对员工本人的专业素质也有极高的要求，能够迅速根据客户的个人特点定制符合客户要求的产品。所以，高素质的员工是企业能够在激烈的竞争中存活的关键，企业的管理制度与企业能否留住员工有直接的联系。从管理模式中，员工能够感受自身在该企业是否有发展潜力，是否能够被重视，所以企业在建立企业的管理制度时，要重视科学资源的合理配置、组织结构的科学化、激励与约束制度的秉承，重视推进创新型人才战略，改进和加强人力资源管理，建立有效的选人用人机制，建立现代科学的保险企业制度。

三、保险行业人力资源建设的发展方向

（一）采取发现策略，实现保险公司内部人才资源存量调整

我国的保险行业发展十分迅速，从 1995 年的 4 家公司，到现在分公司遍地可见，随着保险行业的快速发展，保险行业对专业人才的需求量也越来越大。我国在投资和理赔方面的人才资源十分匮乏，保险公司面对人力资源十分紧张的经济市场，且人力资源优势是保险行业的竞争核心，保险公司应该采取发现策略，吸纳优秀人才。

当传统企业的组织结构面临改变的时候，可以去寻找适合的人力资源储备起来，一般传统行业的人力资源相对丰富一些；从稳定但是发展空间不大的事业单位挖掘，对刚踏入社会没多久的人力资源而言，保险这种竞争大、提升空间也大的行业，具有强烈的吸引力。同时，企业以较高的薪酬和较大的个人能力提升空间为诱饵，能吸引更多的优秀人才。

（二）建立培训机制提升企业内部员工素质

保险公司为了提升企业内部员工的素质，优化企业结构，需要建立培训机制，对企业内部的员工进行专业培训。前面讲到，保险公司可以从国有企业和事业单位等传统行业挖掘需要的人力资源，但是这些人并不了解保险行业的知识。

具备良好的学习能力是年轻人最大的资本，对这部分人才专业知识的培养是保险公司内部应该重视的，保险公司要把这部分人力资源培养成企业核心竞争力的一部分；此外，还要巩固老员工的专业技能，尽管企业的一部分员工已经从事保险行业一定时间，但知识总是在不断地更新，理念和技能也在不断地完善，保险公司要重视对老员工的培训；培训的内容要结合国外的先进理念，符合时代发展的需要，力求提高员工的基本素质和专业素质。

（三）实现员工价值最大化，营造以人为本的企业文化

首先，企业要重视员工专业素质的提升和员工自身的发展；其次，企业要合理运用人力资源，以长远利益为基础，发展短期目标，建立长期的人力资源评价机制。评价的标准如下：①清楚本国情况和国际保险行业的规则，有全球化的眼光；②具备基本道德标准，熟悉保险行业的专业知识，具备基本的职业素质；③重视员工综合素质的培养，让每个员工都具有面对问题、解决问题的能力；④企业内部要营造以人为本的企业文化，尊重人力资源。

第五节　企业财务环境建设

企业财务环境是指企业在从事财务管理活动过程中所处的特定时间和空间。企业在一定的环境中进行的财务管理活动受环境变化的影响和制约，该时期的财务管理环境是特定时期的财务管理理论发展水平和实务规范程度的前提。反之，企业财务管理活动的发生对于环境的形成和变化也有着明显的反作用。因此，对于发展财务管理理论，提高财务管理水平和改善财务环境而言，研究企业财务环

境及其与企业财务管理活动的关系有着深远意义。

一、保险企业财务建设的主要内容

（一）财务预算控制

建立完善的预算管理机制，可以依照预算标准来处理财务事项。倘若在实行时出现需要调整的事项，就需要根据相关的权限进行审批，审批合格后才能继续执行。同时合理控制企业费用支出，保证执行效率，确保财务标准的全面落实。

（二）成本控制

赔付款项、业务成本、手续费支出以及税收费用的合理控制是成本控制的主要内容。为了达到提升经济效益的目的，利用成本核算、考核、管理等方式，使费用的支出减少，使成本投放产出效率得到提高。

（三）资金管理控制

加大资金运营管理力度，全面掌握资金的管理需求以及职责权限是企业的职责。秉持收支两条线原则，对企业资金的运用情况以及管理情况进行全面监管，保证企业资金的运营安全。定期对企业资金账户进行核实和盘点，确保资金的安全。

二、当前保险公司在构建财务内部控制机制时面临的主要问题

（一）执行力度不够

大多数保险企业只注重财务内部控制管理机制的监理工作，但并不关注内部控制机制的执行力度。如果财务内部控制机制无法被全面执行，那么这就会导致财务内部控制机制的执行力度逐渐递减。尤其是对于基层部门来说，他们将大部分精力放在业务开展以及保费收取方面。管理力度的逐渐弱化导致财务力量开始呈现下降的趋势，进而对财务内部控制机制的执行力度产生消极影响。

（二）执行制度缺乏刚性

对企业员工的工作情况进行约束是保险企业建立管理机制的主要作用，但是这个机制并不会对企业领导层发挥任何的作用。有些企业领导人员认为，制定内

部控制机制只是为了管理企业员工，并不涉及领导，自己开展各项工作时就不依靠相关的机制。另外，有一些领导人员以工作任务重为理由，没有依照相关的职责权限对财务事项进行审核，而是安排下级人员进行处理。一些企业财务管理人员不敢要求企业领导人员按照相关的制度来开展工作，这导致财务内部控制机制在领导人员面前丧失了作用。例如，有一些保险企业的领导人员，没有按照相关的机制来开展不兼容岗位的分离工作，一个人管理财务管理的全部工作，私自挪用公款，一些财务管理人员不敢对企业领导人员进行监管，存在睁一只眼闭一只眼的现象，进而给企业带来严重的经济损失。

（三）信息技术力量薄弱

一些保险企业最多只是利用电脑软件记录保险信息，没有建立有效的财务管理信息化处理平台，没有真正发现信息技术在保险公司财务内控中的潜力，不能从根本上规避人为干预以及操作失误的现象。还有一部分保险企业虽然已经建立了信息化处理体系，但是没有依照相关的机制进行操作。例如，在现实的工作中，通常会出现财务管理人员脱离岗位的现象，有些财务管理人员为了能够在规定的时间内完成相关的工作，把工作信息告知同事并让其代做。

三、保险公司财务环境建设的措施

（一）加大内部控制机制的执行力度

保险企业的相关领导人员在开展财务内部控制工作时，需要找到内部控制的重点，并且做好两项工作。第一，提高工作人员的综合素质。保险企业定期对企业财务管理工作人员进行专业知识和技能的培训，保证工作人员全面掌握相关的专业知识和能力。第二，保险企业相关领导人员应当适当地放弃一些权利，对各项工作职责和权利进行合理划分，并将管理职权落实到个人身上。对于一些重大内部决策，可以让企业的全体员工共同参与，并对其进行表决，这样可以保证内部控制机制的全面落实，进而使保险企业的财务管理水平得到提升。

（二）利用计算机技术进行财务信息处理

随着科技的快速发展，计算机的广泛应用使传统的人工信息处理模式被取代。将计算机技术融合到内部控制管理工作中可以使人为干预以及操作失误的概率降低，对传统的财务内部控制进行优化和提升，构建一个信息化管理体系，给今后内部控制机制的构建提供技术支持。在构建财务信息化平台的过程中，要保证规划的合理性，同时做好系统的运营维护监管工作，因为管理效率低或者控制不合理将会引发信息泄漏或者系统不能顺利运转的现象。为了规范财务管理工作人员的操作，实现财务控制的作用，需要构建完善的财务信息化管理体系。

（三）科学设置工作流程和人员岗位

当我们清楚保险企业的实际情况后，对保险企业的各个工作流程进行合理设置，保证企业工作人员完全了解自己的职责，确保重点岗位员工具备专业的管理能力，可以担任此项工作。企业员工素养是内部控制工作顺利开展的关键因素，所以，根据岗位的重要程度，保险企业对企业员工进行职业素养的培训，保证其可以全面掌握管理理念和技术，并将其具备的作用全面发挥在内部控制工作中。此外，还要建立完善的激励机制，并且激励机制和员工的业绩直接挂钩，以此来调动保险企业财务管理工作人员的工作积极性，并提高工作效率。

（四）构建完善的评估体系

首先，让企业财务部门的员工对自己进行评估。这相当于根据企业标准的实现以及风险的控制，企业财务部门员工进行自我评估。企业员工应该对自己的本职工作有全面清楚的了解，这样才能找出工作中容易出现的问题，这就是自我评价的依据，这样可以有效降低成本，符合"以人为本"的管理理念。此外，内部审计部门应该开展自我评估工作。保险企业内部审计部门根据相关的流程、方式审核企业财务内部管理情况，使内部评估更加科学、合理，及时找出内部控制存在的弊端，并第一时间上报给管理部门的领导人员，在相关领导人员的监管下，使内部控制更加完善。内部审计工作完成之后，相关部门也不应该放松对企业后续修整情况的监管，这样才能保证内部控制机制得到全面落实，达到防范财务风险的目的。

建立完善的财务内部控制制度有助于提升保险企业的财务管理水平，增强企业员工的内部控制意识，使保险企业得到较稳定的发展。完善财务内部控制制度要求保险公司加大内部控制的执行力度。然后通过计算机技术进行财务信息处理的方式，使内部控制的信息化得到保证。最后，让工作流程和人员岗位更加科学，职责分工都能够明确，促进保险企业的可持续发展。

第九章 新时期保险企业内部风险管理实务分析

第一节 传统资产负债管理的没落原因分析

资产负债管理是金融企业（包括保险公司）内部风险管理的传统方法，是20世纪70年代中期在西方开始流行的。这是因为当时西方金融市场利率、汇率等变动加剧，促使包括银行、保险公司等金融机构对战略管理和业务操作采用创新的实用技术。

传统的资产负债管理主要指利率风险管理，其目标包括：测量金融机构资产负债组合相对于利率变化的风险暴露，测量利率变化对利润的影响，设计资产负债利率风险对冲战略，以防范利率变动的风险。按照潘泽（Penza）和班塞尔（Bansal）在《用 VaR 度量市场风险》中的介绍，最常用的利率风险管理方法有当前收益法、市场价值法和敏感性分析法等。

（1）当前收益法。当前收益法的目标变量是当前的收益，利率的变化直接影响利差。

（2）市场价值法。市场价值法会用一个新的目标变量定义，这一目标变量即金融资产和负债之差，最后再计算这一市场价值。

（3）敏感性分析法。敏感性分析法与市场价值法相似，是以利率变动引起的未来潜在损失的"风险盈利"为依据，估测利率风险。

传统资产负债管理方法主要有以下不足：

（1）传统资产负债管理主要依据资产负债表分析，因此不能反映企业风险管理提高企业价值的目标。

（2）传统资产负债管理主要关注利率风险，没有全面考虑企业面临的所有风险，也不适合于企业整体的成本/收益分析框架。

（3）传统资产负债管理是以计算缺口和持续期等方法估测利率风险，但是对某类资产负债适用的缺口和持续期可能并不适用于其他类资产负债。

（4）传统资产负债管理不能用于表外交易，如衍生金融产品等。

传统资产负债管理方法存在不足，正逐渐被一个整体的风险管理框架所取代，这种框架就是所谓的全面风险管理（Enterprise Risk Management，ERM）。

第二节　保险企业全面风险管理的优势

一、保险企业全面风险管理的内涵与特征

全面风险管理以对整个机构中不同层次的业务单位、不同种类的风险的通盘管理为中心理念。Jerry Miccolis 认为，保险企业的全面风险管理是"贯穿整个保险企业的价值和风险的动态优化"，保险企业的全面风险管理系统在理论上可界定为战略、流程、基础设施和环境的结合，把风险管理的战略、流程、基础设施和环境作为基础，将整个保险企业各种风险纳入管理体系，并把承担这些风险的各个业务单位纳入这个统一的管理体系中，使企业的有效资源得到最有效的整合，风险和收益达到最佳平衡。

二、保险公司全面风险管理的优势

由于金融自由化、全球化趋势的加强，金融竞争日趋加剧，金融创新不断发展，尤其在我国加入世贸组织后，金融行业全面开放，保险公司必须要适应新的环境。当前，保险企业和监管机构最主要的任务是研究和建立适合自身的全面风险管理模式。

首先，全面风险管理是时代发展的必然要求。1980—1990 年，国际经济与金融环境和方式的改变，使得产品市场与金融市场变幻万千，企业经营充满风险，并且存在很大的不确定性。纯粹风险和投机风险经常不会独立出现，经营风险与金融风险经常相伴出现。各种风险相互影响、相互制约，对风险管理方法提出了新的要求，应兼顾解决不同风险的综合效应。其次，以整体风险管理思想和企业价值最大化为目标。企业的所有者、投资者和研究人员关心的是企业的市场价值。最后，全面风险管理可以在多个方面促进我国保险业风险管理水平的提高，增强竞争能力。应加强保险业监管，营造有利的竞争环境，推动保险企业建立合理的治理结构。

第三节　保险企业的资本配置优化

一、资本配置概述

资本配置（capital allocation）是指企业将资本金在其从事的各个项目也就是各业务线（business lines）之间配置的过程。资本配置对于保险公司来说具有特殊的意义，因为一般来说保险公司的债权人同时是公司的客户，即保单持有人。与其他非保险公司的债权人不同的是，保单持有人一般并不能通过多样化组合规避保险公司的偿付能力风险。对于各种保险，保单持有人一般只依赖于一家或几家保险公司。大多数投保人购买保险并非为了投资，而是需要应对各种意外风险，以减少损失。因此，偿付能力对于保险公司有特殊的作用，即使赔付额外成本很高，保险公司也必须持有足够资本以保证对被保险人的支付。

为了讨论资本配置，下面给出相关的数学表达式。定义 x_i 是公司权益资本中分配给业务 i 的比例。x_i 在 0 到 1 之间取值，这样 x_i 代表分配给 i 业务的资本比例，C_i 代表业务 i 的资本，即 x_i 与 C 的乘积，C 代表所有的资本总和。若公司共有 N 个业务线，则有：

$$\sum_{i=1}^{N} x_i \leqslant 1 \tag{9-1}$$

$$\sum_{i=1}^{N} C_i \leqslant C \tag{9-2}$$

即所有业务分配到的资本总和必须小于等于公司的总资本。

在完成资本配置过程后，对各个业务线就可以通过计算资本风险调整收益（Risk-Adjusted Return on Capital，RAROC）来进行评价。某个业务线的 RAROC 是指该业务净收入与其配置资本的比值，即：

$$\text{RAROC} = \frac{\text{业务} i \text{的净收入}}{C_i} \tag{9-3}$$

其中，C_i 是业务 i 的配置资本。

确定某一业务线是否会增加公司价值的另一个方法，是计算经济增加值（Economic Value-Added，EVA）。经济增加值是净收入减去资本的成本，也就是要求的回报率乘以该业务分配到的资本，即：

$$\text{EVA}_i = \text{业务} i \text{的净收入} - r_i C_i \tag{9-4}$$

其中，r_i 表示业务 i 的要求回报率。

如果 $EVA_i \geq 0$，那么业务 z 的运作就与公司价值最大化的目标一致。如果 $EVA_i < 0$，那么这条业务线就会降低公司价值。对 EVA 稍做变化可以使其成为比例的形式，即所谓的单位资本的经济增加值（Economic Value Added On Capital，EVAOC）。EVAOC 定义如下：

$$EVAOC_i = \frac{业务i的净收入}{C_i} - r_i \qquad (9-5)$$

这个定义与 RAROC 相似，但要减去资本的要求回报率。如果 EVAOC 为正，该业务将为公司创造价值。寿险精算实务中有内含价值（embedded value）的概念，可以在经济增加值的概念框架考虑。然而，目前实务中内含价值的常用计算方法一般是基于资本资产定价模型（CAPM）和监管要求的偿付能力，其理论背景尚有问题。下面将从上一章保险公司风险管理的经济学理论角度介绍资本确定和配置方法。

二、资本配置的方法

（一）CAPM 模型在资本配置中的应用

CAPM 是资本成本确定的经典模型，通过确定不同业务的 β 系数，保险公司可以利用 CAPM 模型进行资本配置和相关决策。CAPM 模型在资本配置方面的含义在于，每种业务的费用应至少等于资本的 CAPM 成本。

具体而言，就是将公司的 β 系数按不同的业务线分解为各个业务线的 β 系数。例如，假设某家保险公司有两条业务线，那么公司的净收入可以表述为：

$$I = r_A A + r_1 P_1 + r_2 P_2 \qquad (9-6)$$

其中，I 是净收入，r_A 是资产的收益率，r_1、r_2 分别是业务线 1 和业务线 2 的收益率，A 是资产，P_1、P_2 分别是业务线 1 和业务线 2 的保费收入。

上述净收入等式两边除以资本 E，可得：

$$r_E = r_A(E + L_1 + L_2)/E + r_1 P_1/E + r_2 P_2/E \qquad (9-7)$$

因此，β 系数可以分解为：

$$\beta_E = \beta_A(1 + k_1 + k_2) + \beta_1 s_1 + \beta_2 s_2 \qquad (9-8)$$

其中，β_E、β_A、β_1、β_2 分别表示公司、资产、业务线 1 和业务线 2 的 β 系数，k_1、k_2 分别表示业务线 1 和业务线 2 的负债比率，等于 L_i/E，$i=1$，2；s_1、s_2 表示业务线 1 和业务线 2 的保费杠杆率（保费权益比率），等于 P_i/E，$i=1$，2。

β_E 的上述表达式说明资本的 β 系数等于资产的 β 系数乘以 1 与业务线 1 和业务线 2 的负债杠杆率之和，再加上业务线 1 和业务线 2 的 β 系数乘以各自的保费杠杆率。

业务线 i 的要求收益率可以通过下列方程求出：

$$r_i = -k_i r_f + \beta_i (r_m - r_f) \tag{9-9}$$

其中，$i=1$ 或 $i=2$。也就是说，每条业务线应该付给股东资金成本 $k_i r_f$，得到的是业务线系统性风险的回报率 $\beta_i (r_m - r_f)$。

利用 CAPM 模型配置资本，实际是假定了公司各业务线的风险成本是由其系统性风险，也就是以该业务为单一业务成立的公司的风险成本决定的。CAPM 模型是完美市场中的定价模型，因此这种计算资本成本的方法是在完美市场的假设下得到的。

考虑到保险公司偿付能力和破产成本对其风险管理的关键作用，可以利用 VaR 和 EPD 这两种风险度量方法确定单个业务的资本。相应的资本配置方法主要有 Menon-Perold 法和 Myers-Read 法两种。

（二）EPD 方法在单个业务资本确定中的应用

保单持有人期望损失（Expected Policyholder Deficit, EPD）的概念与 CVaR 类似，实际上可以看作一种卖出期权。例如，假设某家存在违约风险的保险公司的资产（A）、负债（L）都是随机变量。假定负债（保单赔款）需要在未来某一时期偿付。如果在负债到期时，资产大于负债（$A > L$），那么保单持有人将得到赔款支付金，而公司所有人或其他债权人将得到公司剩余的资产。如果资产小于负债（$A < L$），那么公司就会违约，无法全额支付赔款，保单所有人将获取公司的全部资产。

资本配置问题需要考虑保险公司赔款在负债到期前的价值，也就是应该确定保单持有人对保险公司的要求索赔额在赔款支付前的经济价值。赔款的经济价值也就是含风险的负债的现值，等于违约风险为零时负债的现值减去卖权的价值。这个卖权是一个关于资产（A）、负债（L）、无风险利率（r）、到期时间（τ）、变化率（σ）的函数。用数学公式表达即：

$$\text{赔款的价值} = Le^{-r\tau} - P(A, L, r, t, \sigma) \tag{9-10}$$

其中，$P(A, L, r, \tau, \sigma)$ 是关于资产 A 的卖权，交割价为 L，利率为 r，到期时间为 τ，风险参数为 σ。风险参数 σ 反映了资产和负债的变化率，也反映了资产和负债的相关度。$P(A, L, r, \tau, \sigma)$ 即为保单持有人期望损失 EPD，又称破产卖权（insolvency put option）。假设资产、负债服从对数正态分布，根据 Margarbe 交换期权定价公式（1978），这里以 D 表示 EPD 的数值，则：

$$D = \left(\frac{\partial D}{\partial L}\right)L + \left(\frac{\partial D}{\partial V}\right)V \qquad (9-11)$$

我们有

$$\partial D / \partial L = N\{z\}, \partial D / \partial V = -N\{z-\sigma\} \qquad (9-12)$$

其中，$N\{z\}$ 表示标准正态分布的累积概率函数，L 表示负债，V 表示资产，$z = \dfrac{\ln\left(\dfrac{L}{V}\right)}{\sigma} + \dfrac{1}{2}\sigma$，$\sigma = \sqrt{\sigma_L^2 + L_V^2 - 2L_{LV}}$。与 VaR 方法相比，EPD 方法考虑了预期损失的绝对数额，而 VaR 方法则仅给出了损失超过给定水平的可能性。相对于资本配置问题，EPD 方法要求各种业务线保单持有人期望损失（EPD）表示为负债（L）的相同百分比目标水平（如 5%）。继续利用前面的三条业务线的例子，考虑使得保单持有人期望损失（EPD）为负债（L）的百分比 5%。此时与 VaR 方法的情况相同，风险业务 1、风险业务 2 和风险业务 3 要求的资产 / 负债比也依次增加。实际上，利用上述 EPD 比例公式可得（为简单起见，这里假设资产没有风险）：此时风险业务 1 要求的资产负债比要求为 1.35，风险业务 2 的资产负债比要求为 1.7，风险业务 3 的资产负债比要求为 2.1。

下面介绍多个业务的边际资本配置法。

（三）边际资本配置法

上述的 VaR 方法和 EPD 方法没有考虑到业务与业务的联系，仅考虑了每个业务的资本金要求，边际资本配置方法则考虑了保险公司的业务多元化效应。常用的边际资本配置方法有两种：Merton-Perold（M-P）方法和 Myers-Read（M-R）方法。

1. M-P 方法

M-P 方法由默顿（Merton）和佩罗德（Perold）于 1993 年提出，M-P 方法考虑整个业务加入的资本要求，实际上并不是严格意义上的边际概念，并不能完全配置资本金。这里以上面介绍的三条业务线为例介绍这种方法。

假设保险公司这三条业务线的负债期望价值都为 1 000 万元，各自的标准差为 $\sigma_1 = 0.375$，$\sigma_2 = 0.5$，$\sigma_3 = 0.625$。考虑三条业务线之间的相关性，假设三条业务线的负债对数值的相关系数分别为 $\rho_{12} = 0.5$，$\rho_{13} = 0.75$，$\rho_{23} = 0.5$，其中，ρ_{ij} 表示业务线 i，j 之间的相关系数。

为了计算边际资本配置额，先考虑三笔单独业务各自的资本要求额。假设 EPD 占负债的目标比例为 5%。三条业务线要求的资产分别为 1 361、1 672、2 107。具体见表 9-1。

表9-1　单独业务的资本要求额

EPD 为负债的 5% 的情形			
业务线	资产	负债	单独业务的资本
1	1 361	1 000	361
2	1 672	1 000	672
3	2 107	1 000	1 107
$\sigma_1=0.375$，$\sigma_2=0.5$，$\sigma_3=0.625$；$\rho_{12}=0.5$，$\rho_{13}=0.75$，$\rho_{23}=0.5$；$r=0$；$\tau=1$			

因此，三种独立业务的要求资本之和为 2 140（361+672+1 107）。

如果将三条业务线组合成一家公司，由于多元化带来的效应，包含这三条业务线的公司所需的资本小于三笔独立业务的资本之和。实际上，为达到 5% 的 EPD 比例，该公司的资本只需要 1 427（下面具体计算），明显小于三项资本之和 2 140。考虑到此问题，M-P 方法包含两个步骤：

（1）计算从事其中每两种业务的风险资本要求，共有 3 种组合，即业务 1&2、业务 1&3、业务 2&3；

（2）计算加入第三种业务时的边际资本要求，M-P 方法认为这就是第三种业务加入后需要配置给该业务的边际资本。

为了计算边际资本，先计算两两业务组合的资本。为达到 EPD 为 5% 的目标，要求的资本见表 9-2。表 9-2 考虑了所有的组合情况，如业务组合 1&2 计算业务 3 的边际资本；业务组合 1&3 计算业务 2 的边际资本。对于每种两两业务组合的情况，两种业务的组合要求资本小于单独的这两种业务的要求资本之和。

表9-2　两两业务组合的资本要求额

风险分散的影响例子		
混合业务线	混合资本	单独业务资本之和
1&2	745	1 033
1&3	1 175	1 468
2&3	1 276	1 779

本例中先依次计算业务组合 1&2、业务组合 1&3、业务组合 2&3 的标准差分别为 0.38、0.47、0.49。再由 EPD 比例公式依次求出三种组合的要求资本分别为 745、1 175、1 276。可以发现，三种组合的要求资本确实比各自组合中独立业务的要求资本之和小。

下面按照 M–P 方法的第二步，计算第三种业务加入已包含两种业务的公司时该业务要求的资本。M–P 方法计算的某业务的资本等于包含三种业务的公司资本总和减去包含两种业务的公司资本额。例如，包含业务线 1、业务线 2 的公司的资本额是 745，而包含所有三种业务线的资本额是 1 427，那么业务线 3 要求的边际资本额等于 682（1 427–745）。业务线 1、业务线 2 的要求边际资本的计算类似可得。

三种业务组合的标准差为 0.43，由 EPD 比例公式，可以计算出三种业务组合的总资本要求为 1 427。依次可计算出三种业务的 M–P 边际资本，见表 9–3。

表9–3　组合中各业务的资本要求额

现有业务	增加业务	M–P 边际资本	独立资本
1&2	3	682 = 1 427–745	1 107
1&3	2	252 = 1 427–1 175	672
2&3	1	151 = 1 427–1 276	361
总和		1 085	2 140
σ_1=0.375，σ_2=0.5，σ_3=0.625；ρ_{12}=0.5，ρ_{13}=0.75，ρ_{23}=0.5			

表 9–3 的结果显示，按照 M–P 方法，保险公司不能将所有的资本完全配置，即各个业务的资本配置额之和小于公司总的要求资本。实际上，公司的三条业务线的边际资本配置总额为 1 085，而公司的总要求资本为 1 427，也就是包含三条业务线组合的公司为满足 EPD 要求的资本配置额为 1 427。为解决这个问题，迈尔斯（Myers）和瑞德（Read）在 2001 年提出了新的边际资本配置方法，即 M–R 方法。

2. M–R 方法

M–R 方法也采用 EPD 方法进行资本配置。与默顿和佩罗德提出的整体增加一种业务的边际方法（即 M–P 方法）不同，迈尔斯（Myens）和瑞德（Read）的方法（即 M–R 方法）研究每一种业务的微小变化，分析其产生的效应，并根据这一效应配置资本。M–R 方法与 M–P 方法的计算结果因此存在很大的差异。M–R 资本配置法的具体运用过程如下。

假设某公司拥有 M 条业务线，那么该公司的负债 $L=\sum_{i=1}^{M}L_i$，其中 $L_i=PV(L_i)$，总的盈余（即资本金）等于所有业务线的盈余之和，并且与总负债有如下关系：

$$S=\sum_{i=1}^{M}L_is_i=Ls \qquad (9-13)$$

其中 s_i 是业务 i 的每单位负债要求的盈余，即 $s_i=(\partial S/\partial L)_i$，$s=S/L$ 为总盈余与总负债的比例；资产等于负债加盈余，即

$$V=\sum_{i=1}^{M}L_i(1+s_i)=L(1+s) \qquad (9-14)$$

设 X_i 是业务 i 的负债占总负债的比例，即 $x_i=L_i/L$，则 $S=\sum_{i=1}^{M}s_ix_i$。设 $d_i=\partial D/\partial L_i$，表示第 i 种业务对破产卖权 D 的边际贡献，则有 $\sum_{i=1}^{M}L_id_i=D$。

迈尔斯和瑞德证明了当要求各种业务的 EPD 比例相同（也即各种业务的 EPD 比例等于业务组合的 EPD 比例，即 $d_i=d$）时有如下公式：

$$s_i=s-\left(\frac{\partial d}{\partial s}\right)^{-1}\left(\frac{\partial d}{\partial \sigma}\right)\left\{\frac{1}{\sigma}\left[(\sigma_{iL}-\sigma_L^2)-(\sigma_{iV}-\sigma_{LV})\right]\right\} \qquad (9-15)$$

以上面三种业务线的案例为例，有下述资本配置结果，见表9–4。

表9–4 资本配置结果

混合业务线	增加业务线	Merton–Perold 边际资本	单独业务资本	Myers–Read 边际资本
1&2	3	682	1 107	811
1&3	2	252	672	392
2&3	1	150	361	224
总值		1 084	2 140	1 427
业务线 1、2、3 混合的资本		1 427		
配置资本总额		1 084		
剩余未配置资本		343		

第四节　保险企业偿付能力的提高

一、偿付能力分析

（一）偿付能力是保险公司生存的前提

保险经营是一种负债经营，其偿付能力的大小至关重要。特别是在现代市场经济条件下，竞争的力量使公司的生存时刻面临着危机，而决定公司能否继续生存的重要条件就是公司的偿付能力。公司破产通常就被理解为资不抵债，而所谓资不抵债，说到底还是偿付能力问题。因此，偿付能力是保险公司赖以生存并维持连续性经营的重要条件，也是保险公司市场竞争能力的重要组成部分。偿付能力关系到保险公司能否健康稳定发展，还是保险公司的"生命线"。

（二）偿付能力是维护被保险人利益的基本保证

保险业偿付能力的大小与广大公众的利益息息相关，因而社会性是保险业的特性之一。想要真正保护被保险人的利益，保证被保险人群体发生风险时，可以得到保险合同承诺的经济赔偿，就应确保保险公司具有足够的赔偿和给付能力，从而使保险公司乃至整个保险业得到长期稳定的发展，社会秩序正常与稳定地发展下去，社会效益不断提高。

（三）偿付能力是保险监管的核心内容

保险公司和其他的一些公司是不一样的，保险公司潜藏着巨大的经营风险。保险双方在权利和义务的时间上是不一致的，所以如果发生偿还能力的不充足或者面临破产的状况，那么保险人不但保险保障不存在了，还会有严重的经济损失；与此同时，保险公司也就不可能进行正常的经营，那么就会影响整个经济的运转甚至对社会的稳定也会产生巨大的冲击。所以保险公司的偿付能力应是保险监管的核心内容。

二、中国第二代偿付能力监管体系

"偿二代"是中国第二代偿付能力监管体系的简称，相比较"偿一代"的规模导向以及定量监管，"偿二代"使用了现在国际上通用的三重支柱框架，分别为定量监管要求、定性监管要求以及市场约束机制。其明显的特点就是行业实际、风险导向以及国际可比。

自 2003 年到现在，中国的偿付能力报告制度已经逐步建立完善起来了，可是"偿一代"对于偿付能力指标的要求不清，保险公司与业务规模的偿付能力不相适应，这就造成了保险公司不能够将偿付风险展现出来。保险公司偿付能力的评估过程反映的就是"偿付能力充足率"这一个数率，但是现实的资本运作过程就是采用简单的认可方式——监管准则，和市场价值的不相符造成了相对较差的市场可比性。之所以不能将保险公司的风险充分地反映出来，很大程度上是因为仅考虑了两项风险的因素：保费规模与综合赔款。

"偿二代"与"偿一代"相比，导向发生了很大的变化，由原来的以规模为导向转变为以风险为导向。在监管指标方面，"偿二代"不仅顾及偿付能力充足率的指标，还在此基础上将其细化成"综合偿付能力充足率"和"核心偿付能力充足率"，对于我们经常容易忽视而且具有极为重要参考价值的内容，还增加了风险综合评级这一制度；在实际资本方面，保留账面价值（也就是我们所说的"账面价值认可比例"），将认可比例数值除掉，以达到将资产风险转入最低资本计算的目的；认可负债出现了新的标准规定，也就是以基础利率加综合溢价为折现率曲线、在折现率曲线基础上的最优估计准备金；在最低资本方面，"标准模型"和"在险价值"则在新的标准之中更为突出，以前的因子法、列举法就不再适用了，这要求财产保险公司要根据保险、市场、信用以及控制等一系列风险进行计算，并且应该将以前硬性规定数值的方法改掉。研究表明，在"偿二代"之下，差不多全部的资产风险因子（资本消耗比率）都是呈现上升趋势的。只是一少部分的风险因子在减少，如投资性不动产以及基础设施股权计划在内的少数风险因子。

相比"偿一代"，"偿二代"有两个主要的特点。第一，"偿二代"是把风险作为导向，并且走向国际，和国际的监管模式以及监管理念相结合，不仅对规避系统性和区域性风险有好处，还提高了资本的使用效率与效益。第二，"偿二代"以国家的监管为前提，注重展现我国新兴的保险市场实际情况，和我国保险业的发展相吻合，注重资本以及成本的使用效率、市场动态性、市场适应性和市场确定性的监管。

在保险公司进行风险管理的过程中，使用"偿二代"有两个优势。第一，科学准确地反映公司所面临的风险。"偿二代"的使用能够明显提高保险公司风险识别的水平，可以比较准确地识别和区分高风险公司以及低风险公司，高风险公司在"偿二代"之下的偿付能力充足率出现明显下降，还有可能出现不足；反之则是低风险公司的偿付能力充足率有了很大程度的提升。例如，一些保险公司的传统险占有较高的比例，其偿付能力充足率就会有很大程度的提升；再如，一些保险公司的高现金价值产品占有的规模大，高风险投资品种占有比例高，他们的偿付能力充足率比"偿一代"低。第二，保险公司就有了更加合理的风险结构，"偿二代"是把风险的最低成本进行了量化处理，把三大量化风险进行了综合反映，这三大风险分别是市场风险、保险风险以及信用风险，并且考虑了各种风险之间的分散效应。从保监会已经展示出的测试结果来看，风险的分散效应以及风险的结构是比较合理的，这也能说明我国现在保险市场的情况。

三、影响偿付能力的主要因素

（一）资本金

充足的资本金是保险公司的基础，也是公司正常经营的重要条件。保险公司要确保有足够的能力应对本身的风险性业务，开业初期是非常重要的阶段，如果没有充足的资本金作为基础，遇到风险时就会因赔付不起而面临倒闭。所以，保险公司运营的前期经费来源就是保险业的资本金，并且需要用于经营和扩展公司的业务，以及对于公司偿还能力的维持。保险业的资本金可以在最后的关键时刻应对失去偿付能力的问题，从而应对资本无法清偿负债以及准备金提存不足的问题。可见，保险公司积累资金的坚强后盾便是保险公司的资本金。资本金具有重大的作用，在保险公司进行清算以及重组时支持所需要的相关费用，并且能够减少债权人以及被保险人的一些损失，所以各个国家的法律对保险公司的最低注册资本都有严格的要求。

（二）保险责任准备金

影响保险公司偿付能力最为重要的因素就是保险责任准备金。保险公司经营过程运作的基础就是大数法则，被保险人需要向保险平台缴纳一定合理公平的保费以承担风险，可是保险合同具有射幸性的特征，就是被保险人向保险公司缴纳的费用是一定的，而且是在保险合同中明确规定的，但是保险人一般是在事故发生之后进行补偿的，这个过程必须依靠或然率的计算，可是人们对于事故在什么时候发生以及事故发生严重程度的大小都是不可知晓的，这时保险人就需要各种准备金的提存了。因此，保险责任准备金的提取直接关系到保险业的偿付能力。责任准备金的提存应当特别注意充分性。准备金提存不足或不实为保险业失去偿付能力的重要原因之一，所以保险行业的运作过程就必须应该按照法律规定将各项准备金准备充足。保险公司的监管部门应该承担责任，严格检查，防范保险公司因为准备金不足而导致保险公司丧失偿付能力的事情发生。

（三）保险保障基金

根据《保险法》的相关规定，保险保障基金就是为了对保险人的相关利益进行保护，促进保险公司的持续经营发展，按当年保费收入的一定比例提取。保险公司若偿付能力不足或濒于破产需动用保险保障基金，需向保险监管部门申报，经保险监管部门批准后方可使用。保险保障基金是行业统筹性质，是保证整个保险行业偿付能力和持续经营的重要保障。

（四）资本保证金

按照《保险法》规定，保险公司成立后，应当按照其注册资本总额的 20% 作为法定的保证金，存进保险监管部门指定的银行中，当保险公司因解散或清算时用于清偿债务。国家控制保险公司偿付能力的一个重要手段就是存出资本保证金，以保证保证金的提取，从而对一部分实有资本进行掌握。对保险公司的变现资金数量进行保证，这是对被保险利益的最后保障。

（五）一般风险准备

一般风险准备是保险公司为了那些后果难以预料、发生周期比较长的一些大灾大难以及一些巨额危险而进行的准备金提留。一般风险准备要年年积累，经过较长时期形成一笔巨额资金，成为保险资金的一个重要组成部分，也是保险公司偿付能力的重要组成部分。对提存一般的风险进行不断准备并且发展到一定程度以后会对保险业的发展起到促进作用，也可以保障保险公司的偿付能力，保护保险人利益。一般风险准备是保险公司偿付能力的重要组成部分，所以提取一般风险准备的额度是多方面因素决定的，包括保额的损失率、保险公司承担保险责任的规模、保险业外部环境以及保险资金运用机制等。例如，承保地震的保险公司应该比承保火灾危险的保险公司提留更多的一般风险准备，分保机制比较完善的保险公司则可少提一点一般风险准备。

（六）资金运用状况

根据以上分析可以知道，保险公司应该提取各种准备金，确保自己有足够的偿付能力承担偶然保险事件的责任。保险公司通过承担风险而将保险准备基金积累起来，这时受益人或者保险人都不可能按照自己的意愿提取保险准备基金，保险准备基金的提取以保险事故的发生为前提。保险准备基金以及赔偿金的支付之间的时间差内，会有一大部分的资金在运营过程中处于闲置状态，这就需要将这部分闲置的资金稳健地加以运用，使其产生增值，从而增强其偿付能力和竞争能力。像人身保险这种长期寿险业务合同期非常的长，有的可能达到三四十年，收与支之间有一个较长的时间差，保险公司闲置资金积累的时间较长，金额大，这些资金就更应该进行保值升值。这些资金如果长期不运用，在最后可能会出现入不敷出的现象，很难将保险基金返还给客户，这就很难经营保险业务。保险公司通过资金运用降低大量保险资金贬值的风险，否则就可能造成原来的资金用于支付赔偿或者给付不够用的现象。另外，保险行业的竞争日益激烈，降低费率是吸引保户投保的重要手段。根据实际损失率计算我们可以得到保险费率，费率下降，业务收入减少，自然就不足以支付赔款，导致业务亏损，这就需要通过资金运用创造的收益来弥补。而且各保险公司在确定保险商品价格时，都将资金运用收益考虑在内，如不运用资金创造收益，保险业务经营势必造成亏损。因此，为了在市场竞争中处于不败之地，增强偿付能力，保险公司就必须进行资金运用，从而使保险业务按良性循环的轨道发展。资金运用是否得当不仅关系广大保户权益，而且对保险公司的存亡影响极大。因此，资金运用的结果应使资金增值。通过运用保险资金实现保险资金这种内在要求的资金运动形式。

三、提高保险企业偿付能力的措施

从现实的情况来看，中国的保险监管部门对保险公司偿付能力的监管力度不断地加强，一系列措施也不断在完善，对提高保险公司偿付能力的监管力度的具体措施也在不断增加。比如，依据《保险公司偿付能力管理规定》，监管部门实行的具体措施有：限制商业性广告、限制董事、高级管理人员的薪酬水平和在职消费水平；责令增加资本金或者限制向股东分红限制增设分支机构、限制业务范围、责令停止开展新业务、责令转让保险业务或者责令办理分支业务；责令拍卖资产或者限制固定资产购置；限制资金运用渠道；调整负责人及有关管理人员指导接管。这些措施不仅可以增多实际资产以及资本，限制高管以及董事会的资金作用，还可以降低业务成本，推动偿付能力充足率的提升，避免更为严重的后果产生。其有利之处是很明显的，包括维护保险公司长久稳定的发展以及维护投保人的根本利益，同时实现监督被保险人的权利。综上所述，一是政府要加大对保险公司的监管力度，二是保险业促进自身险种的优化、风险的分散以及稳健持续的发展。

第十章　新时期跨国保险企业战略竞争与风险管理研究

第一节　跨国保险企业的竞争战略

一、世界保险业的发展趋势

受高新技术的推动和发达国家经济增长的内在约束，国际经济呈现出空前的自由化，并推进形成了金融全球化。与这息息相关的世界保险业也呈现出新的趋势和特征。保险业的经济自由化主要表现是：打破保险、金融、寿险、非寿险业务的界限，放松保险管制，相关业务有很强的融合、渗透的发展趋向。而在发展中国家，来自外部的压力有要求其减少或取消保险市场准入的屏障，按"国际惯例"的原则监管，放松管制保险业。发达国家保险业大力向以新兴市场国家为主的国家渗透，向海外寻求高额利润来源以及新的发展空间已经代替局限于激烈竞争的国内市场。发达国家的保险业必将受到来自发展战略带来的极为严峻的挑战。

兼并风潮源自保险业云集的发达国家，表现为强强兼并、跨国兼并、跨业兼并。自 1996 年起，全球有涉及金额近 1 100 亿美金的 5 100 余宗保险业的并购。不管是在国家内部，还是在全球市场，保险市场和金融市场上的各个主体经营环节都受到了并购风潮的影响。技术创新成了国际化和保险业兼并的重要推动力。一场空前的技术创新正改变着保险业，新险种的开发利用和保险网络化、自动化、电子化以及新的保险需求的形成，成为新世纪保险业技术创新的主要内容。电子信息技术发展如此迅速，同国际互联网正在引发保险业的一场新革命，作为新的商业模式和经营方式的保险业电子商务，所蕴含的商机已经得到越来越多保险人和保险中介机构的认识。保险经营服务质量、管理水平、经营方式将受到技术创新重大而深远的影响。近年来，互联网上提供保险咨询和销售保单的网站在欧美如雨后春笋般大量涌现，网上保险业务猛增。

此外，西方国家经济、金融自由化的一个直接结果就是保险业和银行业之间日益明显的相互融合和渗透。因为全球养老保险基金规模越来越庞大，其在金融市场投资的规模和影响力前所未有，进一步扩大保险与银行的广度与深度，影响了整个金融业的融合趋势。

二、跨国保险企业在华竞争战略

凭借国际化、信息化和混业经营的优势，跨国保险企业势必与东道国的保险企业展开激烈的竞争，包括产品、客户、成本、规模、体制相同的竞争等。跨国保险公司要想在竞争中取胜，则对其经营管理、组织模式等提出了更高的要求。例如，由于跨国保险的业务和投资遍布世界各地，对国际保险的管控力度提出了更高的要求；跨国保险的雇员来自世界各地，面临不同文化在企业内融合的要求；同时，国际保险业的白热化竞争趋势对国际保险的技术、产品开发和创新提出了更高要求。

（一）跨国保险公司市场拓展战略

一直以来，在对中国保险市场的攻略上，外资保险站得高看得远。远的有100年前发源于上海的友邦保险"回家"行动，近期有英国鹰星集团，正如桑迪·李署所云，"我们不是只在中国待一两年，我们有长期打算，准备应付挑战"。任何一个国际保险巨头都不会把中国市场眼前可得的蝇头小利放在眼里，但都不会漠视中国市场的巨大潜力而无动于衷，如何发掘中国的巨大市场潜力并占领市场才是关键。

随着中国加入WTO，保险业逐步开放，媒体上常见外资保险公司进入中国的消息。从地区看，当前外资和合资保险最集中的城市还是上海。上海是中国保险业第一个对外开放试点城市，保险业的发展具有明显的地位优势和先发优势。因此，多数外资保险公司选择上海作为其进入中国市场的桥头堡；另一个外资、合资保险公司聚集地是广州。信诚人寿、中意人寿、中宏人寿等公司都把长远眼光放在广州，其中中宏人寿已进军广州。除此之外，加拿大永明人寿保险公司、荷兰保险也分别与中国光大集团合资的光大永明、北京首创集团合资的寿险公司有合作。自1992年中国对外开放保险市场，美国友邦保险公司登陆以来，外资企业数量已超过中资。2001年末，中国保险监督管理委员会在批准了4家新筹备的中资保险公司的同时，又批准了11家外资保险公司（其中有7家是欧盟保险公司，4家是美国保险公司）。虽然外资公司在整体市场份额上只拥有1%的中国保险市场，但在局部市场上，中国保险公司已经能感受到外资公司的竞争压力。仅在上海，友邦保险公司的市场份额就占到了11%。截至2018年年初，我国已设立了57家外资保险公司，共有来自16个国家和地区的境外保险公司。下设各级分支机构的共1 800余家，世界500强中的外国保险公司也都进入中国市场。

外资保险公司参与中国市场的组织形式主要有：设立代表处、设立独资分公司、参股中国企业。建立代表处是国外保险公司收集信息和建立知名度的第一步。在开发海外市场时，只要当地法规允许，国外保险企业一般更愿意建立完全属于自己的业务分支机构，他们在多数亚洲国家的战略皆是如此。这种组织形式的好处是可以更好地执行母公司的国际战略和市场意图，但通常要经过长时间的努力才能获得较满意的市场份额。于是，参股当地企业也就成为跨国保险企业热衷的市场拓展战略。在目前情况下，跨国保险公司先要投入一定的资金和技术，但出于中国目前对外资参股保险企业股份上限的严格规定，外方暂时难以在合资企业中拥有控股权，推行国际化战略需要经历渐进的过程。即便如此，先期进入的优势仍很明显，也就是在中国仍对市场准入进行严格控制的阶段先人一步进入市场，可为日后的全面扩张积累丰富的经验和准入资格。瑞士保险集团曾进行过以下分析："跨国保险公司设计了不同的打入亚洲保险市场的战略，但这些战略通常只有通过在当地获准建方合资企业的形式实施。因此，合资保险企业成了最符合严格的政策法规和最能迎合当地企业对专有知识需求的合作形式。这通常也是当地政府部门对外开放、引入竞争机制时要坚持的原则立场。"

跨国保险公司以合资形式，"由外而内"的进入策略打开中国市场。继全球最大的保险经纪公司霍顿牵手浙江万向后，美国纽约人寿刚拿到执照就牵手海尔，成立了海尔纽约人寿保险公司。双方各持股50%，注册资金两亿元人民币。有消息称，美国大都会的威廉·托比选择的合作伙伴不一定是保险公司，他希望合作者能够更多地学习保险方面的知识。据纽约人寿中国区总经理乔依德介绍，他们选择中资伙伴时有3个标准：① 有长期投资准备；② 管理经营理念和纽约人寿类似；③ 财务健全，合资公司要发展，所以会需要注入更多的资本金。

纽约人寿因为要在中国成为全国性的人寿保险公司，所以合资方的服务对象、产品和销售网络也应该是全国性的，这才会有对小国的市场和消费者有更深刻了解的可能，中资保险公司才有可能拥有历史形成的健全网络，外资对手最大的弱点就在于此。为此，外资保险公司设定了理想合作伙伴标准：深刻了解中国的市场、消费者和本土文化，他们注重合作伙伴能带来其他领域的专长。

与外资企业合资有助于国内保险公司吸取人事和业务管理方面的经验。中外双方体制上的差异固然会引起经营理念、方式和企业文化等方面的冲突。然而，中方对国际性保险业的生疏留给外资方在经营管理上更大的决策空间，使外资在日后的业务和企业前景领域有了更大的控制权。

在开发中国市场的具体业务种类方面，跨国保险公司则运用企业核心竞争力，各显神通。先期进入中国市场的丰泰集团选择了其擅长的寿险业务。巨大的人口规模、收入的迅速增长和有待唤醒的保险意识意味着寿险业务在中国，尤其是农村地区有巨大的发展潜力。瑞士寿险业的主力——瑞士人寿公司也瞄准了这一市场。

中国对引进外资保险公司持谨慎的态度，明确保险业的开放只能是逐渐进行，加之外国保险企业从市场开发期到盈利期有一个漫长的过程。因此，国际保险公司致力于多方面扩大影响，夯实业务的基础。

以瑞士丰泰保险集团（Winterthur Insurance Company）为例，该集团为早日进入中国市场做了多年努力，积极对华合作。近期的动作包括：举办中国经济发展与投资环境问题研讨交流会。丰泰国际研讨会是由丰泰集团主办的世界经济研讨活动，每年一届，参加者均为世界著名的政治家、经济学家、学者及大型企业高级管理人员，因此享有"小达沃斯世界经济论坛"的美称。该公司还出资支持中国的教育、文化事业。

可见，外资保险运用公共关系扩大影响力，力图谋求长远发展。各外资保险公司针对中国市场的战略均有一个重要前提，那就是充分了解市场，通过大量的前期准备工作为今后进入市场打下坚实的基础。

（二）跨国保险公司产品、服务战略

跨国保险公司与东道国保险公司在客户方面展开全方位的争夺战，集中表现为两者在产品、服务上的较量。外资成功进入中国市场后，为稳固和扩展业务，就要充分利用服务和技术的优势，提高保险产品的附加值。高质量、高水平的附加服务是外资保险公司吸引中国客户的法宝。

鉴于各险种赔付率高低、经营风险大小、金融功能和社会覆盖面的差异，结合国际上保险市场结构的变化趋势，可以断定外资保险机构首先进入的将会是人寿保险市场，其次为非人寿保险市场，最后为再保险业务。因此，不同险种市场竞争的激烈程度会有较大的差别。外资保险公司进行市场竞争不依赖于传统保险产品，而是主要集中在新设计开发的产品以及一些高风险、高技术或高科技的保险产品上。在客户服务上，外资保险公司有自身的方法和理念，能够提供非常个性化的服务，险种设计更贴近客户的需要。另外，许多国际著名的大型保险公司拥有我国公司所没有的信誉与经济实力，能让客户获得更多、更好的实惠和服务。

保险金融服务不同于一般商品，保险服务的关键在于"信誉"，而品牌正是保险服务能否兑现其对客户服务需求承诺的外在体现。没有哪个客户会将自己的养老和救命钱交由一家资信不佳的金融机构。金融品牌如同金融企业的染色体。统一的金融品牌策略是竞争力的基础。它不仅是金融企业实力和信誉的体现，更可为树立金融强势品牌节约投入的成本。

外资保险为打开中国市场，试图以高质量的产品与服务取胜。美国友邦保险有限公司上海分公司（以下简称"友邦"）向上海居民提供多种人身保险业务，包括人寿保险、人身意外保险以及健康保险等。为了保证良好的服务质量，友邦斥巨资建立了国内保险业首创的先进且强大的计算机支持系统，该系统在国际保险业居领先地位。其自动核保系统，实现了一张保单从核保、理赔以及保户服务的全过程服务。友邦还与银行密切合作，在国内首先采用了保费通过银行自动转账的处理系统，方便了客户缴纳保费和领取理赔款。

除了打出高品质服务，锁定高端客户群已成了外资保险公司的共识，公司通过个性化的服务迅速提高保费收入。当然，这种策略的成功建立在市场定位明确的营销决策基础之上。正是细分化的策略使外资保险公司的业绩优于国内同行。对高端客户的特殊服务筑就了市场壁垒，避免了落入简单的价格竞争误区。

第二节　跨国保险企业的独特风险

一、政治风险

（一）国家对保险业的保护程度

一个国家为保护国内保险业不受外资的冲击，会限制进入本国的外资保险公司的经营范围，严格外国保险公司的市场准入机制。在发展中国家，这种保护举措比较普遍。跨国保险公司在这些国家开展业务时，因业务经营范围受到限制，在竞争中往往处于不利地位。

（二）监管风险

保险相关法律或行政法规的变动，也可能对保险公司构成重大风险。例如，一个国家取消对保险企业的优惠税率或提高税率，使保险公司税收支出增加。国家监管部门为保护投保人的利益，增强保险公司的偿付能力，可能规定保险公司的偿付额度必须达到一定水平，未达到标准的保险公司将面临两种选择：一是增大资本金数额，二是削减承保的金额，这对保险公司而言具有极大的风险。

二、经济风险

（一）经营风险

保险公司的目的是通过自身的经营活动，达到经营目标，实现财务的稳定性和盈利性。在承保的保险责任确定的情况下，保险公司的保费收入是一定的（假如费率不变的话），而公司的赔偿或给付却是不确定的，这种情况下公司存在着经营亏损或倒闭的可能性。

1. 费率风险

保险公司在承保时，要考虑的一个重要因素是保险费率，费率的高低直接关系到保险公司收入的高低。保险公司要根据在一定时间和范围内的各种灾害事故的损失概率，计算实际的保险费率。保险公司通常把同一险种的赔付率视为比较稳定的常量。然而，随着社会、经济不断向前发展以及技术的进步，实际赔付率存在波动性。

2. 承保过度的风险

保险公司所承担的责任必须与其自身财力相适应，才能符合稳健经营的原则。如果保险公司只追求赢利，而不顾自身偿付能力，过多地承接保险业务，将会增加其由于无法赔付而宣告破产的可能性。

3. 赔付率过高的风险

保险公司的赔付率是在一段时间内赔付的金额占所收保费的比率。保险公司的支出主要以赔付形式进行，所以赔付率的高低，决定了保险公司支出的多少，决定了其赢利或亏损。一般而言，赔付率的高低有一定规律，但是会受投保人的道德因素和心理因素影响而上升。道德因素指投保人为了获得私利而采取欺诈或故意毁坏保险标的的行为。心理因素指投保人由于参加保险而放松对保险标的的谨慎保护，放松警惕性。另外，自然界异常灾害也会使保险公司遭受巨大损失。

（二）利率风险

保险企业面临的利率风险主要体现在两个方面：一是在利用债务杠杆经营的

情况下，保险公司在对外融资过程中因利率的改变，有增加直接融资成本或间接机会成本的可能，从而难以实现保险公司的预期利润，或者在同行业竞争中不占优势。二是当保险公司利用其收取的保险基金和提取的各种准备金进行金融市场投资时，利率的改变会大幅度降低其拥有的金融资产的价格，可能使投资收益率大幅下降，甚至可能使保险公司的投资产生巨大亏损，导致保险基金和各种准备金的金额急剧下降，导致今后的赔付困难重重，甚至破产。

（三）市场价格波动风险

各种债券、普通股、优先股、商业票据等金融资产的价格都具有波动性。其中，普通股的市场价格风险最显著，保险公司所遭受的市场价格风险主要指普通股的市场价格波动的风险。对于保险公司来说，由于投入资金较多，因此很容易进行分散化投资，也就是说其投资的非系统风险可以通过投资组合给予抵消。

所以，保险公司所面临的市场价格波动风险主要是系统风险。当股票市场中价格正处于循环低点，而保险公司由于临时赔付需要不得不将持有的股票变现时，保险公司就会遭受巨大损失。

（四）流动性风险

由于自然灾害和意外事故的发生具有随机性，保险公司的赔偿和给付也是临时性的，这就要求保险公司随时可将持有的证券变现，因此对其资产的流动性要求很高。保险公司将持有的金融资产变现，如果在短时间内找不到合适的买家或不得不大幅度压低价格时，就会遭受由流动性风险所引发的损失。

（五）通货膨胀风险

通货膨胀的急剧上升对保险公司来说，也意味着潜在风险。从直接方面看，由于通货膨胀的高居不下，具有保值条款的给付金额也必然增加。从间接方面看，高通货膨胀的压力将导致利率的提高，使保险公司的证券投资的收益大幅减少。

三、汇率风险

对从事国际保险项目的跨国保险企业而言，汇率风险影响着保险公司的融资和外汇资金的运用。保险公司在国际金融市场融资时，如果汇率下降，在将外汇兑换成本币时，兑换金额也会有相应幅度的减少。在归还本息时，如果相对于借款时汇率上升了，保险公司也不得不用较多的本币兑换外汇以支付本息。同样的情况在保险公司收取国外保险费和对外进行赔付时也会发生。

四、信用风险

保险公司的信用风险主要由两个方面构成：一方面，是一般意义上的信用风险，指保险公司对外的贷款和购买的债权及其他到期所需还本付息的债权，由于债务人财务恶化、破产和其他一些主观原因而不能按期或根本无法偿还，造成保险公司本金和收入的损失。另一方面，如果保险公司所投资的普通股和优先股，由于受发行公司经营不善、竞争激烈等因素影响而变得利润微薄甚至亏损，那么，保险公司就只能得到很少的股息或在投资期间根本得不到任何收益。利润和股息降低意味着公司未来盈利的降低，也必然引起其发行股票价格的下跌，使保险公司的投资遭到严重损失。这种收益减少风险和跌价风险也是信用风险的一种。

五、网络保险发展优势及风险分析

（一）全球范围内网络保险的蓬勃发展

当今世界，在信息技术革命大潮的推动下，保险业这个沉睡的巨人开始苏醒，开始摆脱以往守旧的形象，逐渐向当代信息技术敞开大门。

网络保险是保险业电子商务的创新产物。从狭义上讲，网络保险指保险企业通过网络开展电子商务买卖保险产品和提供服务；从广义上讲，网络保险包括保险企业的内部活动，保险企业之间，保险企业与非保险企业之间以及与中国保险监督管理委员会、税务部门等政府相关机构之间的活动和信息交流。所以，网络保险是保险企业采用网络开展一切活动的经营方式，即在保户、政府及其他参与方之间通过电子工具共享结构化和非结构化信息，并完成商务活动、管理活动和消费活动。利用电子商务，保险公司不仅可以通过网络直接了解千千万万的新客户，还可以随时为老客户提供详尽周到的服务，并且同一时间与各行各业交流合作，从本质上降低运营成本，精简业务环节，提高企业的效益与效率。

相较于美国，欧洲因特网普及率较低，缺乏统一的政策和系统的规范，形成跨国界网络保险市场目前还存在很多问题，但针对各个国家而言，网络保险的发展形势非常乐观。英国在 1999 年建立的"屏幕交易"网站提供 7 家本国保险商的汽车和旅游保险产品，在开始的几个月里用户数量以每月 70% 的速度激增。通过互联网这个特殊的媒体，传统的保险销售手段发生了深刻的变革，保险公司的业务领域得到很大的拓展，服务体系也越来越完善。全球最大保险集团之一的法国安盛，1996 年开始网上直销，目前 8% 的新单业务都是由互联网完成。

全球保险电子商务由三家网上保险服务公司（LIMNET、RINET、WIN）组成，又被称为 WISE（world insurance ecommerce）。这种一体化的趋势，能促进全球保险业电子商务环境的发展。

（二）网络保险的优势

网络保险方式得到保险机构的大力支持，与传统的营销方式比起来，有以下优势。

最显而易见的优势是网络保险可以极大降低经营成本，信息技术改变了传统保险产品的销售方式。首先，客户需要自己拨号上网，然后按照申报程序步骤，完成申报。这样的话，一方面，不需要太多保险公司人员，减少人力浪费。另一方面，保险商也不需要支付传统营销中电话委托所产生的话费，而且也不需要花费多少网站后期维护成本。这三者加起来，不仅降低了公司成本，还增加了经济效益。传统的营销方式需要开设营业点，销售成本和广告成本很高，这更凸显了网络保险的低成本优势。

据国外有关资料，与传统营销方式相比，网络保险商通过互联网向客户出售保单或提供服务至少节省了58% ~ 71%的费用。保险公司只需承担廉价的网络服务费，并且不需要代理人、经纪人等中介和客户进行接洽，就能在全球范围内进行经营，并且24小时持续运营。大大缩短了传统经营中投保、承保、保费支付和保险金支付等所需要的时间。网络保险不仅在量上得到了增加，在质的方面也得到了优化。

不仅如此，网络保险还提高了保险公司规避风险和管理的效率。外资保险机构在利用先进的计算机系统上相当出色，他们利用这些系统对内部资源进行优化配置，对公司财产进行严格监控。公司的决策层能通过内部网及时掌握各种业务数据和政策信息，根据这些数据，可以进行科学和及时的判断，做出正确决策，从而提高管理效率。依靠这些先进的计算机系统及时采集到相关数据，公司人员就能控制各项指标，对这些数据进行及时管理，从而有效规避各种风险。由于先进的信息技术打破了时间和空间的限制，公司管理起来相当的灵活，因此公司必将在组织结构、管理模式上进行优化，从而增强公司的竞争力，提高公司的利润。

除以上所说的优点以外，还有两个方面。一方面，对于网络保险公司来说，有利于拉近他们与客户的距离，为客户提供优质的服务，从而提高整体服务水平。有了网络保险，保险公司不用通过代理人或经纪人等第三方人员与客户进行沟通，双方能够直接交流。另一方面，对于客户来说，不用找代理人，就可以自己在网上查找保险公司的相关资料，掌握相关情况并且可以将各种保险公司进行对比，迅速做到货比三家，这样不仅可以避免代理人对自己的误导，让自己更放心，同时避免了和代理人沟通的麻烦。这种"自助式"网络服务系统可以为客户提供很大的方便。不仅如此，保险公司通过因特网设立站点及建立网页，可以在网上介绍保险知识，解答保险疑问以及展示家庭理财、保单设计、投保技巧等相关资料和信息，吸引更多客户。

（三）网络保险风险分析

随着网络技术以及网上金融的发展，实施网络保险业务已经是业界潮流，跨国金融企业正开展包括销售网、服务网、信息网在内的三网合一的营销方式和管理方式及网上作业的全方位金融服务。

然而，网络保险业同样存在着缺陷，如果跨国保险企业在发展网络保险的过程中，不能及时对这些缺陷进行弥补，就会在一定程度上阻碍网络保险的发展。目前网络保险业主要存在三个问题：一是网上保险营销方式相较于传统经营模式，想在人才、管理、技术、法律等方面取得进步，有一定的难度。二是保险电子商务工程与银行、电信等多个行业相关联，网上又充斥着许多不安全因素，如黑客的攻击会对计算机网络系统的安全产生威胁，所以网上保险服务存在安全隐患，并且针对网上货币和网上签名等方面还没有一个满意的解决方案，这一工程的完善还需要花费很多时间。另外，安全和保密问题也要引起重视，主要是公司的安全问题和客户的个人隐私问题，这些都需要解决。三是网上投诉、理赔容易滋生欺诈行为。

最后特别值得注意的是，虽然网络省去了大量的人工交流，但一些险种还是适合于传统营销模式，很难在网上进行。比如，对于家庭财产保险（30%）、医疗保险（46%）、意外伤害保险（21%）、企业财产保险（14%）等险种，消费者仍然希望采用传统的投保方式进行投保。Cyber Dialogue 在一份调查报告中指出，通过各种推广以及行销手段，各种网站都能在这个市场上独占一份。通过调查，在670万网上购物者中，只有不到1/5（130万人）申请在线保险。可以看出，消费者会通过网络了解保险公司，但是在决定到底购不购买时，还是需要专人的帮助。

第三节　跨国保险企业风险管理

保险是在大数法则的基础上，保险人通过向投保人收取保费，建立保险基金，以对自然灾害和意外事故所造成的财产损失或人身伤害进行经济补偿或给付。作为经营保险业务的法人主体，保险公司是一类特殊的金融机构，面向社会提供保险服务，起到社会稳定器的作用。跨国保险公司作为保险公司中具有代表性的行业领导者，对减小国际经济活动风险起到了积极的作用。

一、跨国保险企业的风险

跨国保险公司在经营的时候本身就存在着风险。风险主要来源于经营时的外界因素和自身因素。外界因素指社会经济或自然环境的不利变化，自身因素指由于本身经营不当，造成了保险公司财务损失。根据造成保险公司失利的原因，保险公司的风险又可分为竞争风险、经营风险、投资风险、利率风险、通货膨胀风险以及汇率风险。

前面已详细介绍了经营风险、投资风险、利率风险、通货膨胀风险以及汇率风险，接下来重点介绍下竞争风险。

（一）竞争风险

保险市场的竞争情况在一定程度上影响着保险公司的财务状况。对保险公司财务状况产生影响的竞争有以下四种。

1. 行业里的竞争程度

衡量行业内的竞争程度，有以下 3 种指标。第一，计算保险公司在某一国家或某一地区的数量。第二，排名靠前的保险公司在保险市场上所占份额的大小。第三，在同一个地区，同一种保险业务有多少保险公司经营，如果有两家或两家以上，说明竞争程度较高。

2. 行业间的竞争程度

在许多国家，银行业、证券业、保险业和信托业也是分业经营、分业管理的。非保险机构禁止从事保险业务，但目前西方某些国家如加拿大已经允许银行涉足保险业。由于传统保险公司的部分业务被实力雄厚、网点众多的大银行抢走，因此对传统保险公司的财务状况产生了不利影响。

3. 竞争的有序程度

竞争的有序程度主要根据一个国家或一个地区对保险市场和保险人员监管力度确定。监管分为两部分：一是保险业的行业自律。二是保险的管理部门制定的法律和行业规章对保险业的监管。跨国保险公司在保险业正处于发展阶段的国家经营业务时，会遇到更多的市场监管不力、市场竞争混乱无序（如乱收保密费、随意调高或调低费率、乱抢业务等）等增加企业经营风险的问题。

4. 国家对保险业的保护程度

一个国家为保护国内保险业免遭外来保险业的冲击，会通过市场准入规则，限制或严禁外国保险公司进入国内市场，或者对进入的保险公司加强管理，限制它的经营范围。这种对保险公司的保护措施，在发展中国家被广泛应用。由于业务经营范围受限制，跨国保险公司在这些国家的竞争力会受到很大影响。

二、保险业金融风险管理

跨国保险企业作为金融机构和跨国银行一样非常重视金融风险的管理。跨国保险企业在管理理念和方法上与跨国银行有许多相似之处。由于保险业自身业务特点，跨国保险企业的金融风险管理又有其特色。

（一）定价和承保

保险业的经营遵循"先有定价，后有成本"程序。这与一般工商企业的"先有成本，后有定价"的程序恰恰相反，并给保险管理者带来了风险。针对这种风险，跨国保险公司采取的一种比较切实可行的办法，就是在定价和承保中采取谨慎的态度。例如，寿险公司在定价中，死亡率、利率和费率是三个重要的考虑因素。为了降低风险，尽可能估计到上述三种比率不利的一面，并为恶劣的经营环境做好充分准备。谨慎承保也是不可忽略的重要环节。承保过程中对保户标准的松严直接关系到承担风险的大小，因此寿险公司在进行风险管理时，谨慎承保是一个重要方面。

（二）分散化投资

保险企业可进行投资的金融资产种类较多，每种金融资产具有不同的风险和与之相适应的预期收益率。不同金融资产在同一时刻的收益不同因素的影响，即使它们同时受同一种因素影响，受影响的方向和程度也是不相同的。也就是说，各种金融资产都具有各自的非系统风险，且非系统风险对金融资产的影响性质和大小是不相同的。对于资产安全性有严格要求的跨国保险企业而言，资产组合是降低其金融风险的一个有效简便的方法，被各跨国保险企业广泛采用。通过分散化投资，虽然不能消除所有金融资产面临的系统风险，但可以把非系统性风险降到最低限度。

（三）利率风险的防范

保险公司的资产和负债不相称，是造成利率风险的主要原因。如果资产和负债能对称的话，利率的波动就不会对保险公司造成巨大的威胁。因此，跨国保险公司在防范利率风险时，应着重管理资产负债情况。资产负债管理既有资产管理又有负债管理，内容复杂，和商业银行的资产负债管理非常相似。就保险企业防范利率风险的目的而言，资产负债管理最重要的是保持资产和负债的对称性，这主要体现在以下 3 个方面。

（1）资产和负债规模对称，使两者的风险能相互抵消。

（2）资产和负债的期限结构对称，长期负债对应长期资产，短期负债对应短期资产。另外，资产和负债的到期日力求能够一致。

（3）两者性质相对称，浮动利率负债对应浮动利率资产，固定利率负债对应固定收入资产。

利用利率期货的套期保值是避免利率风险的最好方法。保险公司可以通过卖出套期保值避免利率上升造成的融资成本上升和购入金融资产后价格下降所带来的损失，还可以通过买入套期保值转移利率下跌使融资后相对成本上升和金融资产准备购入时价格上升的风险。利率套期保值利用"均等而相对"的原理，使资本现货市场和利率期货市场相互提供了保护屏障。

保险公司还可以利用利率期权交易防范利率风险。利率期权交易规避利率风险的原理和套期保值规避利率风险的原理相同，即利用期权市场的盈利弥补现货市场的亏损，从而转移价格风险。在利率期权市场中，可通过购入卖方期权或卖出买方期权以规避利率下跌风险，即当利率下跌时，利用期权权利金收入或行使期权所获得的收益，可以弥补融资后间接成本和购入买方期权或卖出卖方期权的亏损，还可以转移利率上升的风险；当利率上升时，期权权利同样会给交易者带来收入，行使期权也会给交易者带来收益。这些刚好可以弥补融资时成本的上升和资产价格下跌而给保险公司造成的损失。

当保险公司资金的性质与保险公司金融资产的性质不匹配时，保险公司会遭受利率风险。当保险公司所获取的资金有浮动利率或者包含利率保值条款，而金融资产多是固定收入，或者相反的情况，就会发生负债与资产的不对称。

保险公司可以在资本市场上以较优惠价格获取固定（流动）负债，将其转换成保险公司需要的流动（固定）负债，即通过利率调换得到其所需性质的负债，且融资成本也极大降低。

（四）市场价格波动风险防范

市场价格波动风险主要是指保险公司所投资的股票市场价格波动风险。保险公司主要利用股票指数期货合约，规避证券市场价格波动风险，即利用股票指数期货合约卖出套期保值、买入套期保值两种主要操作方式规避风险。

（五）道德风险的防范

保险公司试图依据投保者所做出的影响受损概率的选择，在投保者中实行差别费率。例如，保险公司通常对建筑物内有无洒水防火系统的企业实行不同的费率，对吸烟者或者不吸烟者的健康保险收取不同的费率。然而，由于保险人和投保人的信息不对称，保险公司并不能知悉他们承保的那些被保户的全部相关行为。为了减小此类风险，保险公司向被保户提供一种"非完全"的保险合同。在这种合同中含有免赔额条款，即在某一特定数额或比率以下的损失，需要被保险人自己承担，超过部分则由保险公司赔偿。由此一来，投保人或被保险人就有可能需要自己承担损失，这样投保人或被保险人就具有忧患意识，不会完全依靠保险公司，在发生损失时，就会极力阻止或者控制损失，及时止损，以防自己承担损失。同时，还可以建立保险金返还制度。也就是投保人（被保险人）在保险期限内，诚信守则，在运营时，和没有投保时一样，谨慎经营，极大降低保险事故发生的概率，那么保险公司应该按保险金的一定比例返还给投保人。

（六）再保险管理

再保险是保险公司进行风险管理的一个相当重要的工具。保险公司通过签订再保险合同的方式，支付规定的分保费，然后将其承担的风险和责任中的一部分转移给另一家或多家保险公司，从而降低保险公司所承担的风险。签订再保险合同，可使保险人积极大胆地开拓业务，承保超过其自身能力所能承担的业务，同时在大灾发生时，保险公司不致遭受重大损失。

附录　新华人寿保险股份有限公司内部风险控制管理

一、新华人寿保险股份有限公司基本情况简介

1996 年 9 月，新华人寿保险股份有限公司（以下简称"新华人寿"）在北京正式成立。它是《中华人民共和国保险法》颁布后，成立的第一批全国性股份制人寿保险公司之一，同时是严格按照《中华人民共和国公司法》和《中华人民共和国保险法》建立的规范的股份制金融企业。新华人寿经营着各种业务，如人寿保险、健康保险和人身意外伤害保险业务等。新华人寿的总部设在北京，通过网络，分销全国，已经为 2 966.4 万名个人客户及 4.3 万名机构客户提供一系列寿险产品及服务，并通过子公司——新华资产管理股份有限公司和新华资产管理（香港）有限公司管理和运用保险资金。截至 2017 年 12 月底，公司总资产逾 7 102.75 亿元。资产实力不断雄厚，偿付能力也不断提高。2017 年，公司实现保费收入 1 092.94 亿元，市场分额稳居市场前 5 名。

二、新华人寿内部控制体系

（一）内部控制环境

新华人寿建立了良好的内部控制环境、内部控制组织架构和管理控制的基本规则。按照公司章程，董事会、监事会和经营管理层之间形成了决策、监督和经营管理的相互制衡。新华人寿也在不断完善法人治理结构，在"立信于心，尽责至善"的企业文化理念的引导下，在企业的发展中，重视员工道德文化建设，提升其社会责任感。通过建立员工行为准则和各项政策制度，建立防范舞弊风险程序和员工行为守则，规范员工职业道德行为，大大提升了员工素质，从而实现了内部人员的优化，促进了业务的快速发展，两者相辅相成，缺一不可。促使本公司依法合规经营，推动本公司的可持续发展。新华人寿积极宣传内部控制文化和

理念，在全系统范围内组织开展了《员工行为守则》与《合规经营和风险控制手册》等制度的考试，参与率、合格率达到 90% 和 80% 以上。公司设置了审计部等内部控制监督检查部门，为优化内部控制提供了坚实的基础。

（二）主要业务控制活动

新华人寿严格遵循国家相关法律法规和监管部门的要求以及本公司内部的各种规章制度，以良好的内部控制环境为依托，结合本公司自身业务特点和管理要求，在货币资金、保险业务、对外投资、实物资产、信息技术和财务报告等方面制定和实施了一系列会计控制方法，用来维护资产的安全和完整，提高会计信息质量。

新华人寿在内部管理上很严格，针对保险营销员，采取了一系列措施。为了加强对保险营销员的管理，公司完善了管理制度体系，促进了管理制度的统一，使管理过程更加规范，提高营销员管理的效率，推动系统优化升级。利用高速发展的信息技术手段，通过调整组织结构，加强对营销人员的管理和控制，以减少从业风险。为了提高业务管理和销售管理的效率，公司发布了《新华人寿销售人员诚信执业行为规范指引》，促使销售人员诚信经营，使公司合理规范经营。

新华人寿制定了《寿险实务》《核保手册》《理赔手册》《保全手册》《客户服务规范》等业务管理手册，保留了核保、核赔、保全等业务的流程特点，制定了在业务操作中的准则，规定了服务质量标准以及开发了新的业务管理系统，如单证管理系统、档案管理系统等，进一步规范了业务处理权限。

依据《中华人民共和国反洗钱法》和有关法律要求，公司踏实地做好反洗钱的工作，创设了反洗钱组织机构，推进了反洗钱宣传培训任务，建立了完善的反洗钱工作体制机制，开拓了反洗钱信息报送体系，并践诺了正式报送责任。

（三）内部控制监督检查

新华人寿的审计委员会由董事会内部控制，主要负责完成两个任务，第一，管理层践诺令人信任的信息披露机制和程序以及财务报告内控机制的任务。第二，监控公司的财务、信息披露机制和程序以及内部控制及风险管理制度，需要公司管理层审阅和讨论公司的信息披露机制和程序以及财务报告内控机制。每年，董事会须出示公司内控自我评估报告、风险评估报告以及合规报告。

在新华人寿中，多种方式被用来开展内部控制的监视反省任务，监视和反省根据中国会计准则编排的会计报表的内部控制制度的执行情况，保证内部控制制度的顺利进行。公司审计部及相关部门每年都会开展有关审计的一系列事情。例如，经济责任、财务收支情况、保险业务管理等有关会计核算及会计基础工作考核的项目，以上这些工作有利于保障本公司规章制度的彻底实现，减少本公司经营的风险性，加强对公司内层的监控，改进本公司资源的优化配置，健全本公司的经营管理工作。当出现员工违法违纪违规的案件，公司有关部门需按照有关规定先上报，后调查，最后处理及追究责任。风险控制中心为具体负责方，切实坚持实时认真处理员工违法违纪违规案件，并严厉查办有关人员的违法违纪违规行为。

（四）风险管理

目前，一个健全的风险管理及内部控制组织机构已在新华人寿内部建立起来，整个组织机构有不同层级，各个层级分别承担各自的职责。在公司内部，董事会下设风险管理委员会和审计委员会。该公司总裁室有风险控制中心，主要由合规部、审计部以及法律事务部等职能部门构成。该公司制定发布了《分支机构组织架构设置方案》，对分公司风控管理组织架构进行标准化配置，实现总部与分公司风控职能的有效对接、权责分明、运行顺畅。

新华人寿在经营管理过程中面临的主要风险包括市场、信用、保险、操作、战略、流动性等方面。

1. 市场风险

新华人寿持续监控高风险资产占比、风险价值（VaR）、资产负债长期缺口率等市场风险核心指标，同时设置指标阈值，当有风险出现时，可以提前预知。另外，针对新华人寿的敏感性分析和压力测试等方法可以帮助处理偶尔出现的极端情况，计算因为压力的影响公司受损失的程度，及时关注市场和利率的变化以及投资资产公允价值变动对公司偿付能力的影响。

2. 信用风险

（1）投资业务信用风险。在新华人寿中，为了了解、监控投资对象（主要）及交易对手的信用评级和交易集中度情况，可以使用具有控制信用评级较低特点的投资占比的方法，控制信用风险敞口（整体）。

（3）再保险信用风险。由于再保险信用存在风险，新华人寿按照再保险交易对手的信用评级情况进行评估。2017年，新华人寿与12家再保险公司存在合约关系，这些公司都具有A级以上的信用评级。其中，获得标准普尔评级的11家，从分布上看，"AA+"评级1家，"AA−"评级3家，"A+"评级5家，"A"评级1家，"A−"评级1家；另外1家获得贝氏"A+"评级。

3. 保险风险

固定时间回顾历史经验数据、利用主要假设的敏感性分析等技术手段监控保险风险，这有利于新华人寿进行保险风险的评估，密切注意退保率、死亡率、疾病发生率等对公司经营结果的影响。

4. 操作风险

（1）退保及满期给付风险。满期给付及退保风险是指由于满期给付及退保金额较大或偏离预期，导致公司现金流不足、投诉纠纷或群体性事件等的风险。满期给付存在一定的问题，当前期销售最好时积累的保单一步步进入满期领取期时，公司会面临一定压力。个别产品可能由于满期收益低于客户预期，而导致投诉纠纷风险。

（2）销售误导风险。销售误导风险是指业务员、保险代理机构在销售保险产品过程中存在的欺骗、诱导等销售误导行为引发客户投诉、媒体负面报道、监管处罚、群访群诉等事件，给公司造成经济损失、声誉损害或其他不利影响的风险。根据监管要求和新华人寿战略转型需要，综合治理销售误导是公司的一项重点工作。

（3）保险司法案件风险。保险司法案件风险是指保险公司发生侵占、挪用、诈骗、商业贿赂、非法集资、传销、非法经营等案件，给公司造成经济损失、声誉损害或其他不利影响的风险。2017 年，新华人寿保险司法案件数量较 2016 年有所下降，案件类型包括保险诈骗、非法集资和伪造印章等。

（4）违规销售非保险金融产品风险。最近几年，保险行业受到第三方理财机构的不合法竞争的负面影响越来越大。

5. 战略风险

新华人寿持续深入推进战略转型发展，聚焦期交业务和保障型产品，继续优化业务结构，实现首年期交保费及其他核心经营指标的持续稳定增长。

6. 流动性风险

新华人寿整体现金流情况较好，传统保障型业务现金流增加显著。但是，仍存在因为某些产品出现大量退保情况，导致在很短的时间内出现某些用户现金流动性变差的不良影响。

三、新华人寿内部风险控制管理措施

（一）市场风险应对措施

为应对市场风险，可以使用 7 种较为有效的办法：①把重点放在经济（宏观）的区域，认真严肃地预计国内市场和国际市场的发展趋势；②在一定时期内剖析较大资产的历史风险与利润情况；③在管理权益资产仓位上掌握主动权，在一定时期内设置压力测试，投资利润情况和偿付能力充足率通过该项测试能表现出来，稳定可控风险敞口；④进行稳定安全的投资，保证资产负债匹配管理为重中之重；⑤保持一定数额的价值投资，择优选择其中价值会提升的资产，能够保证较长时间的投资收益；⑥把价值管理作为重点，整体资产流动性作为辅助点，新增资产被逐步组合再经过整合，得出切合公司的价值和风险管理要求的资产组合；⑦强化对风险的限制和预测，做好风险应急管理的工作。

（二）信用风险应对措施

当出现大的投资业务信用风险时，主要采取以下措施：①进行严肃的交易对手内部授信及信用评级工作，严格检查信用投资品种产品；②给予非标金融产品投资实施主体一些权利，避免某些信用风险；③重视非标金融产品投资信用增级；④规定测定投资组合信用风险的时间段，计算发生信用违规情况的可能性及影响。

为防范再保险信用风险，新华人寿修订了《再保险管理办法》，其中清楚地表明对再保险公司的选择原则，而且要求在规定时间内监督旗下再保险公司的信用变化情况，以便第一时间应对不同的情况。

（三）保险风险应对措施

新华人寿在产品开发、承保策略、再保险安排等环节通过以下机制和办法控制保险风险：①在产品开发管理制度下，在深入的市场研究和定价盈利能力分析基础上，设计恰当的产品条款，控制产品定价风险；②通过实施审慎的承保策略与流程，对承保个体按照合适的条件承保，并保证其风险在公司可承受范围内；③根据保险对象的风险特征选择合适的再保险安排，保证再保险合同基本涵盖含风险责任的产品，有效转移保险风险；④定期回顾公司经营数据，进行经验分析和趋势研究，并以此作为调整定价假设和评估假设的基础；⑤及时将经验分析发现的问题和相关信息反馈到产品开发、核保核赔等环节，优化相关业务流程和风险管理措施。

（四）操作风险应对措施

（1）为有效应对满期给付及退保风险，主要采取以下措施。①停止销售中短存续期产品，坚持回归保险本原，加大保障型产品开发和销售力度，注重发展长期期交业务；②完善渠道业务品质管理办法，进一步加强销售品质的监管，保证销售业务品质；③优化退保业务的工作，梳理整合退保管理制度，同时定期监控各机构满期给付及退保业务规则规范的执行情况，保证业务操作合规，完善《突发事件应急管理办法》，保证突发事件应急管理渠道的清晰和畅通；④确保客户投诉渠道畅通有效，做到投诉问题的快速响应，同时强化投诉问题的闭环处理，做好客户咨询投诉服务，切实保障消费者合法权益，防范化解投诉风险；⑤建立月度退保及满期给付风险监测机制，跟踪重点机构和重点产品，在总公司的高度上，把握分支机构及产品的退保及满期给付情况，在第一时间掌握重点产品的风险要点，每月定期召开风控合规工作视频例会，对重点机构及时进行风险提示。

（2）为了更好地降低销售误导风险，可以采取以下办法：①进一步解决考核指标体系中存在的问题，加强销售误导治理成效，在规定时间内追踪考核指标阶段性达成情况，督促机构持续提升销售误导治理效果；②做好日常风险监测与预警，根据监测结果，对销售误导高风险机构进行风险提示，督促机构及时采取措施，防范化解风险隐患；③增加合法产品宣传资料的数量，避免出现信息披露、产品宣传资料、产品培训宣导、产品销售宣传、产品信息发布等设计制作错误问题；④加强符合法律规范的活动和警示教育，不断总结系统内存在的各类销售经验，对全系统开展风险防范宣导和警示教育。

（3）为有效应对保险司法案件风险，主要采取以下措施：①制定并下发《防范和处置非法集资工作方案》，细化落实包括组织领导、责任落实、风险排查、监测预警、警示教育、责任追究等在内的全流程案件管控体系；②做好案件风险监测与预警，利用客服电话中心对客户投诉中潜在的风险隐患进行监测，加强柜面、客服、销售等环节的日常风险监测，同时通过常规数据监测、有奖举报机制有效拓展监测范围；③开展案件风险排查，在全系统开展非法集资及资金案件风险排查，并针对重大保险司法案件进行案件风险专项排查；④持续开展警示教育，向全系统下发典型案例培训材料，通过剖析真实案例，揭示违法犯罪后果，起到惩前毖后的作用。

（4）为防范化解违规销售非保险金融产品风险，主要采取以下措施：①下发《关于进一步防控第三方理财及非法集资的通知》《防范和处置非法集资工作方案》，加强机构防控工作管理措施；②加强监测预警，利用投诉、举报等内外部信息，建立多个维度的风险监测体系；③对销售不合法律规定的非保险金融产品的行为和线索进行调查，警惕一些涉嫌非法集资的行为；④增强组织力，制定完善的内部管理制度，在全系统范围内加强销售管理，强化对业务员的限制和规范营销流程，鼓励合法展业行为；⑤现场督导检查分支机构开展防范非法集资及第三方理财风险防控行动，督促分支机构落实总公司各项防控要求。

除针对上述重要操作风险采取的相关措施外，新华人寿还通过优化管理流程、强化内部控制、开展风险排查、强化合规管理、加强内部审计监督等措施应对日常操作风险。

（五）战略风险应对措施

可以采取以下措施规避战略风险：①把握行业情况，关注行业热点、行业发展趋势，挖掘寿险发展机会，考虑公司经营的现实情况，确定发展道路，确定战略布局；②坚定"坚持稳中求进、深化转型发展"的工作总基调，制定未来中长期战略发展目标，并综合公司的现实情况，制定核心经营指标；③努力实现 经营计划目标，推进战略引导与管理，切实保证本公司战略规划在各层级的执行；④建立战略追踪评估体系，制定战略评估指标，定期追踪战略进度；⑤加强战略管理部门与相关职能部门之间的沟通，完善战略规划、反馈机制，根据内外部环境的变化及时调整战略目标。

（六）流动性风险应对措施

为应对流动性风险，主要采取以下措施：①调整业务结构，禁止销售存续期较短的产品，从根本上降低公司未来退保压力，缓解现金流不足问题；②在产品销售管理阶段，严格控制违法的销售行为，提升业务品质，降低非正常集中退保引发的大规模给付风险；③为应对可能出现的临时大额给付需求，专门建立结算备付金制度，用于应急支付；④响应"偿二代"流动性风险管理的要求，定期进行未来现金流情况预测及压力测试，关注综合流动比率、流动性覆盖率等指标，持续做好日常风险监测，关注指标异常变动，提前制定解决方案；⑤对长期流动性进行规划和管理，通过投资指引综合考虑资产和负债流动性状况，调整中长期资产配置；⑥加强应急管理，制定流动性风险应急预案。

参考文献

[1] 陈彬.保险公司治理对企业绩效影响的实证研究——以中资财产保险公司为例 [D].上海：复旦大学,2011.

[2] 刘新喜.财产保险公司风险管理研究 [D].武汉：武汉大学,2011.

[3] 张锐.中国保险监管适度性研究 [D].成都：西南财经大学,2011.

[4] 高志强.保险公司资本管理研究 [D].天津：南开大学,2010.

[5] 宋坤.金融机构操作风险的度量及实证研究 [D].成都：西南财经大学,2013.

[6] 王姝.主要发达国家保险监管制度比较研究 [D].长春：吉林大学,2013.

[7] 王振华.完善企业风险管理 (ERM) 体系构建之研究 [D].天津：南开大学,2012.

[8] 邢婷婷.保险公司内部控制研究 [D].天津：南开大学,2013.

[9] 罗胜.保险公司治理评价与治理监管研究 [D].天津：南开大学,2012.

[10] 尚颖.中国寿险公司偿付能力动态预警及监管研究 [D].天津：南开大学,2012.

[11] 王艳.中国保险公司制度变迁与创新研究 [D].长春：吉林大学,2014.

[12] 张强春.保险公司多元化经营行为研究 [D].济南：山东大学,2014.

[13] 郭祥.我国保险公司经济资本管理研究 [D].北京：对外经济贸易大学,2014.

[14] 张仕英.保险公司的风险、外部监管与资本结构的决定 [D].上海：复旦大学, 2008.

[15] JALLOW A K, MAJEED B, VERGIDIS K, et al.Operational risk analysis in business processes[J].Bt Technology Journal, 2007, 25(1):168–177.

[16] 陈宇宁.我国财产保险综合偿付能力监管研究 [D].厦门：厦门大学,2008.

[17] 唐庚荣.转型时期寿险公司风险管控研究 [D].武汉：武汉理工大学,2008.

[18] MIKES A.From counting risk to making risk count:Boundary–work in risk management[J].Accounting Organizations & Society, 2011, 36(4):226–245.

[19] 陈岗.金融混业企业集团风险及监管研究 [D].上海：复旦大学，2009.

[20] 李薇.中国寿险业经营风险研究 [D].沈阳：辽宁大学，2009.

[21] 张琴.基于价值创造的保险公司全面风险管理研究 [D].天津：南开大学，2009.

[22] 强强.中国现行保险监管法律制度研究——以强化保险偿付能力监管为视角 [D].长春：吉林大学，2010.

[23] 杨馥.中国保险公司治理监管制度研究 [D].成都：西南财经大学，2009.

[24] 江先学.中国保险保障基金制度研究 [D].成都：西南财经大学，2009.

[25] 周宇梅.中国保险公司操作风险管理研究 [D].成都：西南财经大学，2010.

[26] 刘浩.金融控股公司发展模式及风险管理研究 [D].成都：西南财经大学，2010.

[27] 张敏.保险公司全面风险管理研究 [D].天津：南开大学，2010.

[28] 王姝.金融控股公司的生成演变、风险控制与发展研究 [D].成都：西南财经大学，2010.

[29] 高海霞.中国保险公司多元化经营及其模式研究 [D].成都：西南财经大学，2008.

[30] 吴晓辉.我国财险公司偿付能力风险的内部管理研究 [D].成都：西南财经大学，2008.

[31] 苗雨露.我国保险资金投资于股市引发的风险及法律监管研究 [D].济南：山东大学，2017.

[32] 王艺蒙.我国寿险公司偿付能力监管第二支柱的构建研究 [D].成都：西南财经大学，2013.

[33] 康洁.保险公司建筑安装工程保险承保后风险控制机制研究 [D].天津：天津理工大学，2007.

[34] 于良.我国保险资金股权投资动因及风险研究 [D].北京：对外经济贸易大学，2016.

[35] 袁婧玛.保险公司资金管理内部控制研究 [D].南昌：华东交通大学，2017.

[36] 林琳.我国再保险市场供需现状分析与对策研究 [J].上海保险，2014(12):43–48.

[37] 郜丹.我国网络保险风险管理问题及政策建议 [J].东方企业文化，2015(4):145.

[38] 张晶.内部审计在保险企业风险管理中的应用 [J].现代经济信息，2015(7):283.

[39] 英晓燕，姚云良.基于经济资本管理的中国保险业风险管理研究 [J].金融与经济，2012(4):70–74.

[40] 陆岚冰，罗翠苑，江楚璇．论移动保险的操作风险管理 [J]．经济师，2012(6):38–39+41.

[41] 杨京钟．巨灾保险财税政策的国际经验及中国借鉴 [J]．中国软科学，2012(6):33–42.

[42] 司长明，司艺雯．关于保险企业风险防范与控制的探讨 [J]．现代营销 (学苑版)，2012(7):43.

[43] 王保立．浅谈内部审计在保险企业风险管理中的作用 [J]．现代商业，2010(5):240–241.

[44] 段海英．对保险企业成本费用管理的几点思考 [J]．现代经济信息，2010(8):16+13.

[45] 赵蕾，张懿．后金融危机时期我国保险企业的风险管理 [J]．金融与经济，2010(6):76–77.

[46] 赵松．浅析金融危机下中国保险风险管理的策略 [J]．现代经济信息，2010(23):98.

[47] 吉彩红．保险企业的运营风险防范研究 [J]．商业时代，2009(28):56+20.

[48] 陈琳．互联网保险健康发展与风险管理对策研究 [J]．甘肃金融，2014(8):47–49.

[49] 杨镇泽．商业健康保险风险控制对策研究 [J]．时代金融，2016(2):166–167.

[50] 史鑫蕊．国际知名再保险企业的核心竞争力分析 [J]．中国保险，2016(7):60–64.

[51] 丛亮．保险企业针对新会计准则变化的应对策略 [J]．中国乡镇企业会计，2011(1):54–55.

[52] 吴定富．加强监管 防范风险 促进保险业又好又快发展 [J]．保险研究，2007(5):3–7.

[53] 朱文革．保险公司风险管理 [M]．上海：上海财经大学出版社，2016.

[54] 王周伟．风险管理 [M].2 版．北京：机械工业出版社，2017.

[55] FREEMAN P K, KUNREUTHER H. 保险与环境风险管理 [M]．王玉玲，秦余国，王志新，译．北京：中国金融出版社，2016.